轨道交通机电系统调试
及功能验证指南

主　编　刘　靖
副主编　赵　驰　杨建兴　黄伟雄　王术合

中国铁道出版社有限公司
CHINA RAILWAY PUBLISHING HOUSE CO., LTD.

轨道交通机电系统调试及功能验证指南
编　写　组

编写单位：广州地铁集团有限公司

中铁电气化勘测设计研究院有限公司

主　　编：刘　靖

副 主 编：赵　驰　杨建兴　黄伟雄　王术合

参编人员：田　松　张　伟　尹照福　邓　忻　何　涛

刘培基　冯腾飞　唐允宝　张志福　姜亚楠

李文轩　刘　昶　罗定鑫　黄国庆　罗　洋

卜立峰　党红玲　周桔红　刘建委　黄智超

万　俊　陈伟杰　蔡文玲　龚怀世　罗玉斌

袁仲雅　张　波　周　婷　田　哲　余志良

梅李颉　张洪陵　赵银超　卢家成

序　一

广州是改革开放前沿的一线城市，广州市委市政府一直着力于将其规划、建设成为国际化的大都市。由于城市化的快速发展，城市交通拥堵与发展需求的矛盾日益突出，大力发展城市轨道交通建设以缓解交通压力，将成为广州基础设施建设的重点之一。

广州市城市轨道交通工程建设具有规模大、风险高、综合技术要求强的建设特点，特别是“十二五”至“十三五”期间，广州市城市轨道交通工程面临大规模的集中建设，对于建设单位来讲不仅是机遇，更是巨大的挑战。为此，广州地铁集团有限公司建设事业总部在认真分析研究广州地铁近几条开通与在建机电工程项目管理的基础上，为解决轨道交通行业机电工程项目管理业务薄弱的现实问题，进一步提升人员业务水平，梳理总结出一整套行之有效的机电工程管理技术成果，推广应用于项目管理人员，锻炼培养轨道建设管理人才。

在总结以往广州地铁多条线路机电工程建设管理经验及其得失中，我们发现在机电系统调试及功能验证阶段集中暴露出大量机电设备本体、各系统内、系统间的功能问题，解决时需要花费大量的资源和精力，且严重影响后续各项验收工作甚至工程工期目标的实现。追根溯源，这些暴露出的问题是在工程建设前期各阶段的工作没有做实、做透，从而反映到这个阶段集中凸显出来。城市轨道交通机电系统功能的实现，绝不仅仅是在安装调试阶段的科学管理和有序开展，更是需要在机电系统全过程实施过程中严谨如一地进行系统化、科学化的管理。此外本阶段既受机电安装进度和质量的制约，又存在时间紧、工作量大的特点，一条线接口调试的状态点动辄按十万的单位来计算。若组织实施失序、过程管理失控，无异于一场灾难。针对这个痛点，广州地铁集团有限公司建设事业总部思考总结、权衡比较，以集中资源打歼灭战为原则，采用本书所介绍的机电系统调试及功能验证管控模式，并通过机电系统设备监造采购商（以下简称设备监造商）独立于施工体系外的角色特点，暴露施工问题，反推施工进度，取得较好效果。

广州地铁集团有限公司建设事业总部

2020 年 10 月 28 日

序 二

我国城市轨道交通起步较晚，近20年来，随着国家对城市轨道交通的大力支持和投入，我国城市轨道交通行业发展迅速，运营线路总长度持续增长。2015—2019年，城轨新增运营线路长度分别为445公里、500公里、880公里、714.5公里、974.8公里。截至2020年上半年，中国内地累计有41个城市投运城市轨道交通线路，总里程达6 917公里，全年新增运营线路有望超过1 000公里，创历史新高。同时，经国家批复实施的建设规划里程，包括在建的和规划的，超过7 000公里，正处于高速增长阶段。值此城市轨道交通行业快速发展时期，我们必须不断提高整个工程建设阶段的工程管理水平，以保证整个行业的健康、快速和科学发展。

中铁电气化勘测设计研究院有限公司(以下简称中铁电化院)始创于1955年8月，应我国第一条电气化铁路——宝成线的建设而生，后经风雨砥砺和发展壮大，中铁电化院从单一的铁路电气化及电力设计发展到铁路、地铁、市政电力领域并重的多元市场体系，其中既涵盖了城市轨道交通综合监控系统、机电设备系统为特色的专业化设计，又经营发展了集设计、研究、咨询、工程总包为一体的综合性管理实施模式。

城市轨道交通机电系统工程是一项涉及多个专业的庞大、复杂工程，在工程建设过程中也需要统筹协调多个单位协同作业。中铁电化院综合自身项目管理经验和设备管理优势首先在广州地铁7号线、广州地铁14号线尝试施行机电设备集成管理和机电设备系统调试相结合的管理实施模式，发挥本院在轨道交通项目机电设备管理方面的优势来促进和推动轨道交通项目机电设备系统调试的优质高效实施，以后又在长沙、西安等城市不断总结经验教训，提高专业化、精细化、系统化管理、实施水平，逐渐摸索出一套集机电设备管理和机电设备调试为一体的轨道交通机电系统设备管理实施模式。该管理服务模式萌发且成熟于广州地铁项目，并在广州地铁后续线路、长沙地铁、西安地铁等多个城市的多条地铁线路上成功实施，当前已被越来越多的城市所接受。

城市轨道交通机电系统一般由机电系统、通风空调、低压配电、给排水、屏蔽门、防淹门、扶梯及无机房电梯、门禁、气体灭火、高压细水雾、火灾自动报警、环境与设备监控、供电、主变电站、立体仓储、安防、通信、车站装修、综合监控等设备和系统组成。

机电系统调试和功能验证是城市轨道交通工程建设的关键阶段，要在有限的工期时间内迅速协调组织各机电相关单位，对机电设备系统进行调试及测试工作，使相关设备系统可以进行正常运转并达到设计既定的功能要求，并在建设单位向运营单位正式进行"三权"移交之前，验证机电设备系统功能完备性，及时记录、解决影响运营安全的问题，确保运营安全及使用。

因各城市轨道交通系统设计差异，各线路实际情况可能与本书略有区别。

中铁电气化勘测设计研究院有限公司

2020 年 10 月 23 日

前　言

广州地铁的建设构想起于60多年前。1953年，首都北京开始地铁建设规划，仅仅5年后，远在中国南端的广东，时任广东省省长陈郁也提出了南中国门户广州建设地铁的设想。

有趣的是，当时中国经济百废待兴，交通并不拥堵。国家修建地铁的初衷也并非增强运力，而是为了备战。

1965年的春天，越南战争不断扩大，“北部湾事件”爆发，危机一触即发。广州提出，要抢建一条“平战结合”的隧道。战时用于疏散群众、保护人民群众的生命财产安全；战后，可以用来铺设地铁、发展交通。该建议迅速获得中央首肯。随后，“广州地下电车工程建设指挥部”在市政府大院内悄悄成立。

20世纪60年代，这是战备工程，需要高度保密。由于地下工程的“地下”二字共九笔，时任广州市副市长林西把该工程命名为“九号工程”，办公地点也搬到了广州北郊的古墓旁边。

今天，偶有游客走进越秀山兰圃公园的北端，或许还能看到这个小小的院落。正是在这里，广州迈出了地铁建设的第一步。

“九号工程”挂牌后，广州市进行了首次地铁规划与地质勘测，初步决定修建为“十”字形隧道。纵向为南北线，从南方大厦、人民路、解放北到三元里；横向是东西线，沿东风路至东山。

南北线率先投入建设，但修建过程饱经困难。由于物资匮乏，工程总共只筹措到一千多万元。再加上战备形势所迫、技术条件限制，建成的隧道断面较小。1970年5月，“九号工程”竣工，隧道长度仅8公里，内部狭窄低矮，岩石、支架裸露，拼尽全力修建出来的隧道，无法运行地铁，只能满足人防功能。这样的结果，令人遗憾，但并不后悔。随后几年，广州地铁多次上马，但都折戟于经费或技术难题。“九号工程”未能实现广州的地铁梦，却是广州地铁最早的探索产物。

“九号工程”在地底蛰伏。地面之上，南中国正跑步进入改革开放的新时代。步入20世纪90年代，广州经济迅速腾飞，人口、车辆剧增。战争阴云早已散去，地铁建设再度提上议程。

1997 年 6 月 28 日，广州地铁 1 号线首段西朗至黄沙开通观光试运营

1993 年 3 月，国家批准了广州地铁 1 号线工程的可行性报告。当年年底，1 号线正式动工。四年后，伴随着悠长的轰鸣声，嘉兴号货轮抵达广州黄埔港，轮船上，装载着由安达-西门子制造的广州地铁首列列车。崭新的明黄色列车长不见尾，让参与 1 号线建设的工程师们激动不已。它的到来，标志着 1 号线开通进入倒计时阶段。

1997 年 6 月 28 日早上 10 时整，首趟 1 号线列车载着 500 多名乘客，从西朗站向黄沙站疾驰。从那一刻起，广州拥有了第一条地铁线路，也是全世界第 81 条城市地铁。

两年后的同一天，广州地铁 1 号线全线贯通。

这是一道时代的分水岭，广州城市交通建设史翻开了新的一页。从此，广州跨步迈向“地铁时代”，并喊出了自己的口号——“为广州提速”。

2000 年，2 号线动工；2001 年，3 号线动工；2003 年，4 号线动工；2004 年，5 号线动工；2005 年，6 号线动工；2006 年；APM 线动工；2007 年，广佛线、3 号线北延段动工……2020 年 1 月 1 日，广州地铁总运营里程 514 公里，日客流突破 1 156 万人次。

广州地铁 1 号线在机电系统工程中采用了项目管理模式（OPM），由德国德穗集团代表建设方对地铁机电各个子系统设备的内在质量、整体性能、相互之间的接口进行组织、协调、监督、管理，并对项目的工期安排进行规划。2 号线在总结 1 号线 OPM 经验的基础上，由广州地铁总公司和中铁电化院共同研究，最终在广州地铁 2 号线供电系统中实施了集成管理服务的工程设备质量、进度、投资管理机制。随着机电设备系统集成服务管理模式的探讨、试行及推广，拓展了工程建设管理者的思路，带来了优良的技术方案，提高了管理效率，有效地控制了工程建设风险，实现了建设周期的合理规划，保证了工程投资的优化组合。在这以后，全国各地地铁的建设管理者根据自身的项目管理需求，按照不同的专业组合方式引入机电设备系统的集成管理服务商，实施对机电设备系统项目实施的全过程集成化管理，获得了良好的工程效果。

当前，我国大型基建工程进入了高速度、高质量发展阶段，管理体制机制正发生深刻变革，由传统的粗放式的管理模式向精细化的管理模式转变，由事后通过责任认定控制风险模式向事前和事中的主动规避化解风险方向转变。这种变革更符合大型基建工程建设的本质要求，更有利于专业化、社会化、精细化的工程管理。

广州地铁的建设提速，考验地铁建设单位的精细化管理能力，特别是机电设备工程受制于土建施工进度，机电安装时间紧，轨道、供电、机电、弱电多系统几乎同时期交叉作业。如何保证设备制造品质，如何保证现场设备到货需要，如何保证设备调试有序开展，如何保证线路高品质移交给运营单位？本书希望通过介绍广州地铁在调试及功能验证方面摸索出的一套行之有效的方法，对读者提供有益借鉴。

广州地铁的建设历经55年艰难探索，从“缺钱、缺人、缺技术”，到成功研制出具有完全自主知识产权的车辆和信号系统；从短短5.4公里的1号线首段，到总运营里程514公里建成15条地铁线路，位居世界前三；从行车间隔近半小时一趟，到2分钟以内一班车的行业领先水平；从最初不足0.5万人次，到日最大客流超过1 100万人次……

一组组数字背后，是不断变革、不断延伸的广州城市格局，是70年中国城市经济建设的突飞猛进，是广州地铁建设奋发进取、勇于创新的靓丽成绩单。

本书总结归纳了广州地铁在调试和验证的开展模式和组织实施做法，并详尽描述在调试、第三方检测、验证阶段的具体实施方法和标准。全书共分为五章，第一章介绍广州地铁机电系统调试及功能验证模式，第二章解释机电系统调试组织和实施过程中具体的项目管理流程和实施步骤，第三章讲解第三方检测的内容和检测要求，第四章阐释广州地铁功能验证的内容和步骤，第五章记录机电系统调试过程中几个典型问题的分析和处理过程。

由于我们在道交通工程建设方面经验的局限性及编写时间匆忙，本书内容尚需在机电工程管理过程中不断完善，不周之处，敬请本行业同仁批评指正。

编　者

2020年11月

目　录

第一章

广州地铁机电系统调试及功能验证模式

第一节　基于机电系统功能实现目标的建设过程管控模式

城市轨道交通机电系统工程是一项庞大、复杂的工程，涉及车辆、轨道、供电、机电、弱电、装修等多个专业，建设单位需要在工程建设全过程中统筹协调设计、勘察、施工、监理、设备供货商、设备监造商、第三方检测、运营等单位协同作业。如何精细、高效、有序地实现机电系统功能，达成高品质移交给运营单位的目标，是一道摆在所有轨道交通建设单位面前的思考题。

城市轨道交通机电系统功能的实现，绝不仅仅是在安装调试阶段的科学管理和有序开展，而是需要在机电系统全过程实施过程中严谨如一地进行系统化、科学化的管理。广州地铁运用现代工程管理以及信息管理的方法，通过合理的计划、调度、协调、组织和控制手段，通过进度控制、质量控制、投资控制、安全控制等一系列控制手段与管理方法，对轨道交通机电系统实行全过程精细化管控，务求做实做细工程建设每个阶段，为机电系统调试及功能验证阶段打下坚实基础。

一、控制手段与管理内容

（一）进度控制

1. 进度控制目标与原则

（1）进度控制目标

根据轨道交通机电系统工程工期策划和关键工期要求，对机电系统工程的进度进行全过程控制、使设备生产和供货以及调试进度符合建设方制定的阶段工期目标和工程总工期目标。按照工期要求，高质量地完成机电系统工程建设任务。

（2）进度控制原则

在生产进度计划的实施过程中，由于各种因素的影响，常常会出现打乱原计划的安排而出现的进度偏差，因此要经常对生产进度的执行情况进行检查和监督，分析产生偏差的原因，设备监造商会在工程进度因各种原因受阻时及时提出解决办法，并采取一切合理有效的措施尽量消除合同工期受阻造成的不良影响。

①机电系统设备进度控制的依据是各设备采购合同所约定的工期目标。

②在确保机电系统设备质量和安全生产的原则下，控制进度。

③应采用动态的控制方法,对工程进度进行主动控制。

2. 工作流程(见图 1-1)

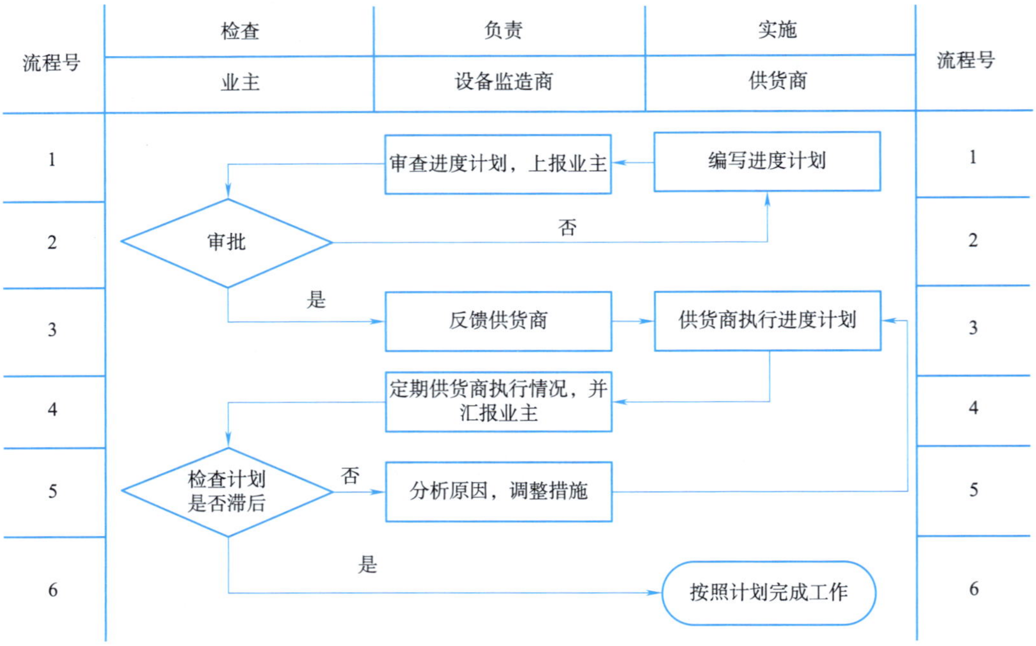

图 1-1　进度控制工作流程

3. 软件配置

进度管理采用 Microsoft Project 2019 及以上版本的项目管理计划软件,编制各类计划和进度控制图表。

软件的功能如下:

①将所有工作内容用棒条图等多种形式形象地表示,包括内容、工作时间及各工作之间的联系。

②自动计算时间和调节时间。

③确定目标及进度。

④计划资源及成本。

⑤追踪执行情况,出现偏差,可立刻调整。

⑥用图表形式提供计划报告,资源、成本报告以及矩阵报告。

4. 目标计划编制与控制

(1)目标计划编制

设备监造商需根据建设方的总工期策划制订相应的指导性计划,同时督促供货商根据指导性计划编制对应的生产计划,对其计划进行合理性检查。

项目计划是在履行供货合同过程中对合同的延伸、细化和补充,根据轨道交通工程整体工期安排,在设备监造商制订的一级计划(总体)、二级计划(设备)并经过建设方审批的原则下,供货商应在最后一次设计联络会议结束之后编制出设备的项目执行计划,即三级计划(生产)。三级计划(生产)经由建设方审批之后,供货商方可按照该计划安排设备材料的生产工作。

①一级计划编制指对各阶段工作进行总体计划安排,为建设方的控制性计划,是项目具体实施的总的指导性计划。一级计划中反映了整个项目中的各个大项的计划安排以及本系统工程的阶段性目

标(关键里程碑)控制点。

一级计划由设备监造商依据总体工期策划、各供货合同和整体工程的需要进行编制、协调和修订,由建设方批准确认。

②二级计划编制是对一级计划的分解和细化。就供货商而言,二级计划就是其履行供货合同的项目执行计划。二级计划是对各供货合同项目执行时间表的进一步明确,其中的各项活动安排必须在保证供货质量的基础上,符合总体工程进度一级计划的要求。各供货商根据自身在设计、资金、生产、运输等方面的能力,对其在产品设计、订购(验收)某项(批)原材料(配件)、生产制造、出厂试验及验收、供货、培训、服务等各个阶段主要工作内容进行分解和进度安排。

二级计划由设备监造商编制并上报建设方,批准后实施。

③三级计划编制是对二级计划的进一步分解落实。就供货商而言,三级计划主要指设备在生产过程中的工作计划。即在设备的生产过程中,明确供货商所应落实的具体活动(任务)的内容和起止时间,如订购(验收)某项(批)原材料(配件)、制造(安排)某台(批)设备(组件、工序)、进行针对某台(批次)某项检验(试验)、进行某次工厂(现场)培训等。

三级计划由供货商编制,再由设备监造商审查。在该计划能够满足二级计划的前提下,经建设方审批,由设备监造商督导供货商按照计划执行。

在项目实施过程中,为确保项目已经按确定的计划进行和完成,要求在目标计划确定的前提下,将付款与关键里程碑的实现相结合进行安排,若出现项目已经或将产生延期的情况,监造商将根据其对项目的影响程度和《设备采购合同》的规定,建议对有关责任单位扣留部分或全部工程进度款,直至对其拖延的进度通过采取有效措施而使偏差得以修正,使进度达到目标计划受控范围内时,再根据合同付款。采取付款与进度相结合的方法是进度控制的有力手段。

(2)目标计划控制

审核供货商提交的合同项目执行计划,并根据最终审批的项目计划,对项目执行过程中的各项任务进行动态管理。

设备监造商对工程的进度进行监督、检查和全过程控制。

设备监造商采取各种控制手段保证项目的各个阶段按计划开始和结束,并记录相应的时间和完成程度。

设备监造商密切注视制造进度,出现可能引起重大延误时必须立即向供货商提出,敦促其采取有效措施解决并通报建设方。

各阶段工作结束时,设备监造商结合工期、成本、质量评价项目进度情况,分析其中的问题,并提出下一阶段工作安排。

设备监造商采用图表的方式表示各阶段进度情况。设备监造商对已延误的工作说明其原因,制订并采取补救措施完成计划。

进度控制方法包括:

①计划分解及检查。

a. 要求供货商将三级计划分解为周、月、季度计划。

b. 设备监造商通过监造来落实实际的计划完成情况,并定期向建设方汇报。

②计划控制。

a. 如计划滞后,由设备监造商分析是否会影响总体计划,在不影响总体计划的情况下,可由设备监造商督促供货商采取相关弥补措施。

b. 若是关键工序进度及对总体计划有影响，则由设备监造商组织相关方进行专题会议，提出相关解决方案，由建设方审批后，监督供货商予以执行，并及时将执行情况反馈至建设方，便于建设方掌握最新情况。

进度控制措施包括组织措施、技术措施、合同措施、经济措施和信息管理措施等。

①组织措施。

a. 落实项目监造班子中负责进度控制的人员、具体控制任务和管理职责分工。

b. 进行项目分解，并建立编码体系。

c. 确定进度协调工作制度，包括协调会议举行时间、协调会议的参加人员等。

d. 对影响进度目标实现的干扰和风险因素进行分析，对各种因素影响进度的概率及进度拖延的损失值进行计算和预测，并应考虑有关项目审批部门对进度的影响等。

②技术措施包括要求设备供货商建立多级网络计划和施工作业计划体系，增加同时作业的施工面，采用高效能的施工机械设备，使用施工新工艺、新技术，缩短工艺过程和工序之间的技术间歇时间。

③合同措施

a. 按已批准的进度计划和分解目标，每周检查一次其计划执行情况。

b. 工程实际进度与进度计划不符时，及时要求设备供货商提出改进措施，经专业工程师确认后，报请建设方批准，按改进后的计划实施。

c. 对因故暂停施工等事项及时上报建设方，协商处理，明确责任，尽快复工。

d. 对设计变更等造成的工程延期，依据合同规定，及时提出工期顺延或赶工的意见，上报建设方批准。

④经济措施，如实行包干奖金、提高计件单位、提高奖金水平等。对由于设备供货商的原因拖延工期进行必要的经济处罚，对工期提前者按合同实行奖励，以确保工程形象进度的要求。按时支付工程款，保证资金及时到位。

⑤信息管理措施，主要是通过收集现场实际进度信息，对计划进度与实际进度的动态比较，定期地向建设单位提供比较报告等。

5. 进度控制内容

(1)制订进度计划

根据供货合同规定的进度，要求供货商作出月、季、年度计划，并对其与工程总进度进行对比分析，以确定其计划的合理性与可行性。

- 设计和设计联络、审查(次数、内容)。
- 样机生产。
- 样机检测。
- 生产准备。
- 投入和批量生产。
- 首批设备出厂。
- 样板站安装。
- 设备安装督导。
- 技术文件、随机附件、专用工具交货。

➢ 设备调试。

➢ 联调及验收。

(2)进度动态控制

根据当期计划,结合动态实际进度,分析进度差异,找出进度的关键工序或关键进度控制点,及时与设备供货商取得联系。采取必要措施改变制约因素对总计划目标的影响。必要时将向设备供货商发送监造通知,令其采取果断措施并向建设方呈报。如果经过努力,还是造成工期延误,则应请设备供货商写出书面分析报告,呈请建设方单位说明工期拖后的原因,并提出拟交货时间。在建设方同意批准后,作为新的进度计划目标,继续实施进度控制。

(3)建立记录、报告制度

建立设备监造日记,详细记录设备各阶段进度情况。每月(周)进行一次进度分析,找出影响进度的因素。提前向设备供货商提出应注意的进度控制点,并在每次月报中向建设方报告。

(4)进度动态调整

由于建设方的责任,或设备供货商遇到不可抗力的原因,而造成进度延误,监造工程师应及时写出延期原因出具证明,报建设方提出意见后,可要求生产厂对原计划进行调整。

(5)严格执行合同

由于设备供货商或分包、委托等单位的原因造成影响生产进度而延误交货期限,则应由设备供货商负连带的经济责任。按供货合同双方约定的延期交货时限,对设备供货商进行经济责任追究。监造单位按合同条款写出罚扣款证明。如果合同双方达成谅解,则监造单位应索取谅解证明备查。其后续工期按调整后计划执行。

(6)及时反映设备合同进度情况

监造人员坚持每月进行进度、质量分析会。对一个月监造日记进行总结,写出月报,呈报建设方单位。每月月底对进度质量等监造的工作进行总结、分析。生产过程中的质量进度问题及时写出监造月报,明确向建设方呈报全部进度情况以及影响进度的因素。预计下月进度情况,使建设方及时掌握设备合同的执行情况。

6. 进度控制过程

(1)月度进度报告

①为有效地管理设备监造商的工程进度,设备监造商于每月 25 日向建设方提交进度月报,内容包括但不限于以下几点:工程进度摘要;本月度工作进度汇报(包括遇到设计问题及其解决方法);本项目设备制造计划及进度跟踪表;接口工程进度;提交文件及审批进度;工程调试计划及进度跟踪;潜在及审批的工程变更;下月度工程计划安排。

②设备监造商在月度进度报告中附上已批核的工程进度建议书,以其为基线表示各项工作的完成情况供项目进度监督。

(2)工作进度会议

为有效地管理设备监造商的工程进度,建设方在每月(或每周)均有本项目工作进度会议,监督本项目的整体进度,内容主要讨论设备监造商提交的月度进度报告及工程相关事项。设备监造商派项目负责人及相关工程负责人出席,并跟进会议中的工作(包括但不限于会议记录、整理资料等)。

7. 进度计划执行与调整

根据项目计划中的一级、二级、三级计划对供货商实行严格把控,如遇到工期调整,依据正式文件,向供货商提出计划变更函件。执行过程中根据供货商设备生产的实际进度进行实时的调整;根据建设方的要求对供货商供货、设备安装、单机测试和系统联调等总体进度进行实时调整。

8. 形成文件

①计划文件、进度计划横道图。

②供货商周、月、季度进度计划完成汇报。

③进度计划问题解决方案(如进度出现问题时)。

(二)质量控制

设备监造商严格按照ISO 9001质量保证体系的规定,制定项目质量控制标准,保证在项目执行的各个阶段均得到有效控制,所有质量控制过程均有质量记录,以便进行产品质量的追溯。

1. 质量控制目标

质量总目标:各机电系统总体质量合格、部分项目达到优质工程。

分项控制目标:设备总体质量是由各专业设备的质量来保证的,通过制定各专业设备的质量标准来保证整个设备工程的质量。

质量目标:各专业设备质量合格率100%,质量等级达到优良标准。

2. 质量控制依据与原则

(1)质量控制依据

①国家或行业颁发的法律法规、标准、规范。

②有效的设计文件及设计变更文件。

③制造商提供的设备图纸和技术说明书中的技术条件和标准。

④招标文件中指定的设计规范及技术补充条款。

⑤广州市地铁集团有限公司制定的工程验收标准。

(2)质量控制原则

①"质量第一"的原则。"百年大计,质量第一",在机电系统工程建设投资、进度、质量三大目标控制中,始终把"质量第一"作为质量控制的基本原则。

②"以人为本"的原则。要求监造商将有丰富地铁工程现场经验的项目管理人员派驻工程第一线。如发现设备供货质量问题应立即组织供货商及时解决。项目经理、专业工程师和现场管理人员,层层把好质量控制关,形成一个"以人为本"的质量控制网络,以确保机电系统工程的质量。

③"以预防为主、过程与结果并重"的原则。质量控制的重点工作是做好工程的事先控制和事中控制,工作中要有前瞻性,以预防为主,加强质量的事先控制,力求避免出现对工期和投资影响较大的工程返工。

④"坚持标准、严守合同"的原则。在工程质量控制中,项目管理人员必须按规定的规范、标准严格检查机电系统工程质量。坚持标准是十分重要的原则,这直接涉及建设方和供货商之间的合同条款。严格检查供货商签订合同的设备技术标准与设计采用的标准是否一致,以维护建设方的合法权益和正当利益。

⑤遵守职业道德规范。在工程质量控制中,项目管理人员必须坚持科学、公正、守法的职业道德规范,坚持以数据说话,以规范、标准为评定机电系统工程质量的准则,客观、公正地处理质量问题。坚持原则,遵纪守法,秉公管理。

3. 各阶段质量控制

本项目将对项目实施的全过程进行质量控制，控制范围包括：完整的质量保证体系；有效的质量程序文件；质量控制计划；联络设计及产品设计控制；接口技术；采购、元器件控制；文件控制；生产过程控制；测试检查控制；出厂检验控制；非标控制；不合格产品控制；产品检验状态控制；仓储、包装、装卸、发运控制；设备技术文件控制；质量记录；培训；质量保证期。

(1)设计联络

①设计联络的目的是交流设计思想，澄清技术问题。联络的及时性、设计方案的确认与技术细节的澄清是控制的要点。形成的会议纪要是质量记录的基础性文件。

②建立和贯彻控制监督程序，专人专责对供货商产品设计进行监督。

③要求供货商的设计以图纸、方案、规格、要求、计算或分析等表示。以进行细致核对，避免一切不完整、含糊或矛盾的设计。

④对供货商的安装设计进行校核，确保设计质量。

⑤对发现的问题记录在案，及时组织设计联络会议进行沟通，澄清技术问题。

⑥该项工作经建设方评定验收后才能结束。

(2)采购及元器件筛选

①对供货商的所有外购材料采取有效的质量控制措施，监督核实供货商到货检验及检验数据，清晰记录。

②审核供货商原材料及元器件的采购程序及记录，采购必须符合合同要求及质量标准。

③检查供货商应具备的验货所需的符合标准的精密工具、仪表等。

④监督生产所需元器件是否按照一定的程序进行筛选，并采用标准器件，必须用非标的，应按照非标控制方法进行。

(3)产品设计控制

①检查供货商的所有图纸和产品资料是否具有明确的质量标准，如使用的原材料和器件、所需的装配过程、采用的机加工、装潢及涂覆等。

②检查供货商的设计文件是否准确无误地反映核定的设计思想及要求。

③检查供货商是否准确而快速地分解设计进行组织生产，保证质量，保证进度。

④监督供货商建立设计资料清单，标明每一张图纸的状态，包括提交日期、审核情况、版本等。

(4)生产加工

①监督供货商的检查机构是否独立于生产机构，具有控制权。

②检查供货商的质量控制计划能否说明整个生产加工过程中的质量控制检查点和测试点、检测过程，以及是否具有详细的指令、执行的标准、检查的参数。

③检查供货商的材料及器件是否具有标识，如等级、批次、编号等，能否利于产品质量可追溯性检查。

④监督供货商的材料、器件、半成品等加工的状态、产品组装阶段性检测等是否具有明了的检测记录和跟踪简要说明。

⑤检查供货商的产品各质量控制点的检测记录是否完整，参数及质量等不达标的是否有处理说明。特殊处理的生产环节是否同此办法执行。

(5)测试及出厂检验

①检查供货商是否使用了未经检查或鉴定的产品、设备。

②检查、校验供货商的实验、测量、试验设备。

③审核供货商提供的设备出厂检验的文件。

④核对供货商生产过程中各阶段的测试文件、记录及其产品的状态。其产品或元器件、材料的标记、标识、受控章、状态卡、检测记录等是否符合控制标准。

⑤对供货商重点质量控制测试点进行测试、记录。

⑥监督检查供货商的最终检查和测试是否足以满足合同要求,整个生产过程全部经过内部审核并通过。

(6)仓储、包装和发运

①检查督促供货商建立一定的对产品的装卸、储存、包装、发运的程序,并实施。

②监督检查供货商的装卸、储存、包装、发运方法、手段、标准能否满足本工程的特殊要求。

③监督检查供货商是否按照建设方、设备监造商的要求、计划进行包装和储运。

④检查供货商实际的包装、装卸、储存、发运状态、记录。

⑤检查供货商随箱文件是否齐全、标识是否完整、交付及发运手续是否符合要求。

(7)安装调试

①检查供货商是否结合设计要求制定安装标准、计划,报建设方、设备监造商批复,并严格按其执行。

②监督供货商设备(系统)的安装、调试符合计划及标准。

③监督检查供货商对安装不合格部分的修理、修改和更换。

④参与最终测试,检查供货商设备(系统)的最终检验、测试项及数据是否符合标准要求。

(8)联调验收

①设备监造商结合设计及施工计划,制订联调计划,组织联调。

②对联调中的质量控制点进行控制,并做好记录。

③按计划、标准组织最终检验、测试、验收,并做好质量统计、分析、总结及其记录。

④协调处理不合格部分设备及整个系统不合格指标的改进、返修、更换等工作。

⑤将最后的质量评定提交建设方报批。

(9)非标及不合格产品的控制

①检查供货商对非标产品、不合格的材料、器材的控制程序。

②检查供货商是否对必须使用非标产品的按非标产品使用办法严格跟踪、控制。其状态记录、测试记录齐全有效。

③核对记录,检查供货商对不合格的材料、器件是否确保其退出制造过程。

④检查供货商对不合格的材料、器件的物理区分及其分析、审查规程及执行情况。

(10)质量记录、文件和图纸

①设备监造商的质量记录齐全性及其保管应符合要求,检查供货商的质量记录齐全性及其保管是否符合要求。

②设备监造商的质量记录的质量及有效性应符合要求,检查供货商的质量记录的质量及有效性是否符合要求。

③检查供货商的图纸、文件是否齐全有效、有序,便于查阅。

(11)培训

①检查供货商的培训计划符合要求。

②监督供货商对使用及维护者的培训按计划进行。

③检查现场培训、厂家培训方式、方法、内容符合合同要求。

④检查培训记录、培训效果达到要求。

4. 检查和试验

设备监造商保证未经检查或鉴定是否符合所规定要求的产品不被使用或加工。鉴定严格按照质量计划或明文规定的规程进行。

设备监造商在设备出厂试验、验收前1个月要求供货商提交试验、验收文件(包括但不限于检验项目、检验方法、检验标准等)和计划,予以审核后,报建设方确认批准。

设备监造商派足够的人力监督供货商在本阶段的工作,检查供货商是否按照出厂试验、验收规格书进行相应的试验,要求供货商不得以任何借口减少试验项目和内容。

①加工过程中的检查和试验:按质量计划或明文规定的规程检查、试验和鉴定供货商的工作。

②检查、测量和试验设备:设备监造商应要求供货商对其检查、测量和试验的设备进行定期控制、校核和维护,以显示这些产品与规定的要求相一致。

③检查和试验状态:设备监造商要求供货商对其产品的检查和试验状态应用标记,规定授权的印章、标签、标识、卡片,检查记录,试验软件,物体的放置或其他合格的手段加以识别,表明其经过检查,试验是合格还是不合格。上述识别标记在产品的制造、安装过程中一直保存,以保证只有通过所需检查,试验的产品才能发放、使用或安装。记录上明确合格产品发放的授权检查单位。

④最终检查:设备监造商按照质量计划和成文规程的规定,执行所有的最终检查并最后确认供货商所完成的产品满足合同技术规格书和各次设计联络会议纪要的要求。

⑤设备监造商编制和保存证明产品已按规定的验收条件通过了检查和试验的记录。

⑥设备监造商核对设备及材料二维码,确保各设备材料按照广州地铁二维码要求正确提供,如发现不满足要求可拒绝设备及材料出厂。

5. 质量记录控制

设备监造商将监督供货商做好产品质量记录,以保证产品达到要求的质量标准,所有产品的质量记录应清晰可辨。

所有质量记录将妥为保存,以证明产品达到所需要的质量要求,以及质量保证体系的有效工作。

设备监造商的质量记录工作组织程序为:

目的:证实供货商质量管理体系符合要求及有效运行并为纠正改进提供依据。

适用范围:适用于供货商各种质量记录表格的管理工作。

职责分配:质量工程师负责质量记录的管理,并指导和监督各供货商正确记录和管理有关质量记录。

运作程序:

①设备监造商控制的质量记录主要包括:合同评审记录、审核记录、维修保养记录、文件收发记录、培训记录、会议记录及各种报告、报表清单、台账等。

②办公室负责合同评审记录、审核资料、有关工程实施记录、查货记录和计量记录、各种培训记录

的收集归档。

③设计和(或)开发记录由系统工程师负责管理。

④质量管理工程师负责项目部质量记录的编码,列出项目部质量记录清单。

⑤各部门负责对本部门内的质量记录做好标识、收集编号、归档、保存和处理工作,并制定部门质量记录清单。

⑥项目部的质量记录要制定好保存的期限,并按要求进行保存。

⑦项目部质量记录增加或减少时由质量部负责做相应的变动。

⑧填写质量记录的规范。

⑨用统一规范、合理的记录表格。

⑩记录要求清晰、工整、完整、不保留有空栏或空行。

⑪记录不得随意涂改,若需涂改在涂改旁边签名,可采用画线或用涂改液。

⑫质量记录一定要有记录人签名。

⑬质量记录完成后,交由指定人进行保管。

⑭过期的质量记录将根据需要由各部门自行处理,并做好处理记录。一般工程记录保存期限要符合国家规定,并考虑质量记录的特性。

6. 质量控制措施与方式

(1)质量控制措施

①人员的培训。设备监造商对项目部所有的人员进行 ISO 9001 质量管理体系培训,使之达到相关要求获得相应认证后,再予以上岗,同时还将建立定期的培训体制,加强在项目执行过程中各人员质量管理业务水平的提升。

②质量体系审核。设备监造商编制合同期内总体《供货商质量体系审核计划》,明确供货商在合同期内接受审核的时间(季度),报建设方批准后,发至各供货商,用以审核其质量保证监督措施是否与计划安排的相一致,并用以决定质量体系的有效性。

审核工作应根据其活动的重要性和状态进行安排。

审核及随之而来的活动应根据文件规定的程序进行。

使审核的结果和形成的文件引起被审核的有关部门负责人的注意,该部门的负责人员应对所发现的问题及时采取措施。

③质量记录控制。设备监造商编制和保存证明产品已按规定的验收条件通过了检查和试验的记录,并对质量控制过程中的工作情况编制报告。关于质量控制过程中形成的报告主要如下(包括但不限于):

a. 供货商质量管理体系审核报告。

b. 分阶段提交的质量督导报告。

c. 合同设备监造报告。

d. 合同设备出厂验收报告。

e. 质量控制过程特殊问题专项报告。

(2)质量控制方式

①在设计联络过程中对设备的规格型号、重要参数进行严格把控。

②设备元器件、材料采购严格把控。

③生产过程中质量控制。

a. 生产准备状态检查。

b. 工序质量控制。

c. 生产过程管理。

d. 产品包装过程控制。

④设备安装督导过程的安装质量控制。

7. 质量控制要点

①设计控制。

②外购材料的控制。

③工具及测量仪器。

④制造控制。

⑤不合格材料。

⑥搬运与包装。

⑦检验人员资格。

⑧售后。

8. 质量控制风险点

①设计联络阶段中设备参数的确定。

②接口谈判中接口协议的确定。

③主要元器件。

④设备生产组装工艺。

质量控制风险点如表 1-1 所示。

表 1-1　质量控制风险点

序号	名　称	风　险　点
1	外协件	产品质量把关、功能、性能、兼容性
2	接口测试	在设计联络会议中，必须重视各系统之间的接口互通，需要同各专业进行探讨确认并测试互通性，能够在设备出厂之前将接口互通问题解决，以保证整个工程的顺利进行
3	样机测试	样机组装后上电测试功能、性能、兼容性，同时需要关注外协件的主要性能检测及包括外协件在内的设备整体性能试验
4	设备包装	包装材料、特殊要求包装
5	系统联调	与相关系统接口调试、与 ISCS 系统调试、火灾报警测试

（三）投资控制

该项工作由建设方负责，设备监造商协助建设方进行工程投资控制与管理，对控制工程成本给出合理化建议，协助建设方执行投资管理，协调有关各方保证相关措施的贯彻；对工程结算书进行审查，并向建设方提交审查意见；对供货商提交的变更进行审查，并向建设方提交审查意见。

①设备监造商根据项目的各个阶段，组织供货商制定合理的资金使用方案，报建设方审批。

②设备监造商组织供货商有关人员，对国内外原材料市场进行预测，协助建设方躲避风险。

1. 控制目标

在项目实施的各阶段中，把建设工程投资控制在允许的范围以内，随时纠正发生的偏差，以保证项目投资管理目标的实现。

从组织上采取措施，包括明确项目组织结构，明确项目投资控制者及其任务，以使项目投资控制有专人负责，明确管理职能分工。

从技术上采取措施，包括重视设计多方案选择，严格审查监督初步设计、技术设计、产品设计、施工图设计，深入技术领域研究节约投资的可能性。

2. 控制依据和原则

(1)控制依据

①工程项目招投标文件、合同。

②工程项目设计图纸及其说明。

③设计变更、设计修改及技术变更签证。

(2)控制原则

①合同原则。设备招标采购合同是为了保证工程建设项目顺利进行，确保建设单位和供货单位的利益不受损害。根据国家的经济政策和基本建设管理制度及法规，按照工程设计要求，并综合各种因素制定的有关设备采购供货的综合性文件。因此，投资控制应依法严格按照合同规定的条款，同时在国家法规政策的范围内进行合同费用的确认和支付。

②公正原则。设备监造商在合同管理、供货数量的确认和设备款的支付具有独立性，基于合同及建设方赋予设备监造商的权利，设备监造商应恪守公正的原则来进行设备合同的投资控制，准确的计量、正确的判断，尤其是针对合同变更、合同索赔和各种特殊情况等，设备监造商均需要独立而公正地做出判断并对其进行准确估计。设备监造商在投资控制时，必须以实事求是的精神和客观公正的原则做好每一项工作。

③责、权、利相结合的原则。“责”是设备监造商在设备监造过程中要承担的任务和责任；“权”是设备监造商为了顺利、高效、准确地完成设备合同投资控制所拥有的权利；“利”是针对设备监造商在合同投资控制任务中完成工作的好坏所受到的奖罚。

责、权、利相结合的原则是设备监造商开展投资控制工作的前提，也是设备监造商在进行投资控制中必须遵守的基本原则。

设备监造商必须分清建设方和供货商的责、权、利，以公平、公正原则监督各单位履行好自己在本工程中所应承担的责、权、利。

3. 投资控制主要内容

(1)资金计划管理

根据供货商确认工程的总体计划和设备供货合同情况，编制项目资金使用计划和项目实施各阶段详细的资金管理计划。

在项目实施过程中，将分别编制年度资金管理计划、月度资金使用计划，提交建设方审查确认，并按建设方确认后的资金计划控制和管理机电系统项目款项的使用。

根据机电系统系统项目实施的各阶段，组织设备供货商编制资金计划，制定合理的资金使用方案。供货商的资金使用方案中包括但不限于以下内容：资金的用途、支付时间、外购外协、原材料采购、生产测试设备等资金使用的详细情况。

设备监造商将组织供货商有关人员，对国内外原材料市场进行预测，协助建设方躲避风险。

(2)资金使用管理

对供货商的项目资金进行控制是保证供货商顺利组织设备生产、交货提供服务的有效措施。

供货商在设备生产阶段,将对供货商设备原材料的采购进行控制,对国内外原材料市场进行预测,规避风险。从合同签订之日起,将要求供货商承担风险。

供货商根据工程条件、合同要求、产品要求、市场状况、资金使用情况、生产进度等,编制详细的原材料采购计划。

督促供货商资金计划实施,以保证供货商所提供的设备按要求生产和供货。

(3)资金支付管理

协助控制供货商的资金流向,督促供货商按计划和要求完成有关工作,对供货商的资金支付与项目实施结合起来,促进本项目资金的专款专用。

当供货商由于非建设方的原因造成项目工作的延误时,可以采取停止支付项目款项,责成供货商制定相应的措施追赶计划进度,以使阶段工作得到保证。

供货商的资金支付首先由设备监造商审核,以更为有效地管理供货商。

4. 控制措施与方法

①掌握货款交付所需的各项必要手续和必要的质量、数量凭证。在坚持原则,保证公正,确保产品质量数量的前提下及时办理必要的凭证手续。

②依据设计图纸与合同约定的要求建立设备合同台账。

③按照合同约定的设备到货时间,编写设备货款,支用预算计划。并要求设备供货商按照交货时间编写年、季、月度货款资金使用计划。监造商根据合同相关条款对其进行审核,并呈报建设方。

④对工期延误进行原因分析,及时写出分析报告,并明确有关责任方应承担的经济责任。办理违约罚款相应凭证手续,交建设方审批后执行。

⑤监造商应坚持报验资料不全或与合同文件约定不符,不予审批支付申请。

⑥定期分析货款支付动态,分析出现偏差原因。在每月监造月报中以文字形式呈报建设方。

⑦掌握设备采购合同有关货款约定的条款内容,熟悉相关条款的法律效应。

⑧掌握合同条款约定的甲乙双方的权利义务和相关的违约所应承担的经济责任。

5. 控制流程

①建立、健全各种责任制度:包括有关工程项目成本管理的各项责任制度、成本计划、成本预测、成本核算分析制度及完善的投资目标责任体系。

②建立和健全原始记录:记录是核算和管理的依据,为保证成本核算的及时和准确,对涉及投资管理方面的原始记录都要求有关专业人员认真准确地做好原始记录,做到凡是有经济活动的地方,都应建立原始记录。

6. 索赔管理

设备合同索赔由设备监造商协助建设方收集相关索赔资料,提交给主管建设方,配合建设方进行合同索赔工作。

按照供货合同中详细规定,供货商未能按合同约定要求或投标书承诺提供设备材料和服务时,向建设方提供赔偿(包括设备材料赔偿、质保期赔偿等)的方法和额度。

协助建设方相关部门对供货商的违约责任提出索赔,主要有短装索赔、质量索赔、延迟到货索赔、商业运行时间延时索赔、质保期赔偿等。并督促供货商履行赔偿义务。

(四)安全控制

1. 安全控制目标

安全控制的目的是在整个项目的施工过程中,采取有效的管理措施防止安全事故的发生,保护设备的安全可靠运行和工程施工活动中参与人员的安全与健康。根据监造商以往的工程经验,在监造服务过程中,安全控制包括以下两方面。

(1)设备材料安全控制

设备材料安全包括设备材料的安全可靠和设备材料在安装后是否对人身安全造成潜在的威胁。设备材料的质量是保证安全的条件之一,但质量好的设备材料并不代表其安全可靠,更不代表能保证不对人身安全造成潜在威胁。

(2)参与人员的安全控制

这包括负责自身参与人员的安全、督促管理供货商参与现场服务人员的安全以及协助建设方完善整个工程的安全控制。

总的来说,控制目标可概括为:

①无因工死亡和重伤事故。

②无机械设备事故。

③无火灾事故。

④无重要器材设备危爆品被盗和爆炸事故。

⑤无责任交通特大、重大、大事故。

2. 安全控制管理方针与原则

安全生产控制管理必须坚持"安全第一、预防为主"的方针。

为加强安全施工管理,消除或控制危害及有害因素,保障人身安全、设备完好无损及设备安装顺利进行,必须遵守《中华人民共和国安全生产法》。

安全控制管理工作实行建设方,各驻地监造单位(监造商)、各施工单位(各供货商)的三级管理体制。

建设方负责组织该项工作的检查、评定和总结工作。

监造单位负责协助建设方负责督促各项安全生产制度、文明施工制度的执行,负责监督供货商在执行合同的全过程中的各项安全生产制度、产品制造安全规定、文明施工制度的执行。

实行施工单位全面管理负责制,即各工点的安全生产、文明施工、消防、社会治安等由各施工单位全面负责。

驻地监理单位负责监督施工现场各项安全生产制度、文明施工制度的执行。

供货商负责所供设备的质量满足安全、可靠运行,负责参与现场安装督导、现场调试人员执行各项安全生产制度、文明施工制度以及进入施工现场的管理制度。

3. 安全控制管理职责

(1)建设方安全控制管理职责

①坚持"安全第一、预防为主"的方针。必须遵守安全生产法律、法规的规定,保证建设工程安全生产,依法承担建设工程安全生产责任。

②不得对乙方单位提出不符合建设工程安全生产法律、法规和强制性标准规定的要求，不得压缩合同约定的工期。

③在编制工程概算时，应当确定建设工程安全作业环境及安全施工措施所需费用。

④不得明示或者暗示合同签约单位购买、租赁、使用不符合安全施工要求的安全防护用具、机械设备、施工机具及配件、消防设施和器材。

⑤及时、如实报告生产安全事故。积极开展生产安全事故应急救援。

(2)设备监造商安全控制管理职责

①设备监造商针对安全管理和技术文件进行安全技术交底。

②设备监造商主动服从建设方对项目的管理和监督，参加建设方的安全管理活动和安全生产会议，执行建设方的指令，提供建设方需要的资料或报表。

③设备监造商负责设备交货过程安排事项管理工作。

(3)供货商安全控制管理职责

①建立、健全并组织落实安全生产责任制。

②贯彻执行安全生产的法律、法规、规章和有关国家标准、行业标准。

③定期开展安全生产检查，检查从业人员不安全行为、物的不安全状态和安全管理问题。制止和查处违章指挥、违章作业、违反劳动纪律的行为。

④主动服从建设方和设备监造商对项目的管理和监督，参加建设方的安全管理活动和安全生产会议，执行建设方的指令，提供建设方需要的资料或报表。

⑤供货商负责设备生产、仓储、包装、运输等交货前的设备安全质量管理控制工作。

4. 安全控制管理办法

(1)人员配置

项目经理全面负责监造服务过程所属的安全控制。

设备监造商各专业工程师兼做安全员，接受安全培训，掌握安全知识，负责各系统设备供货商的安全控制。

监督、审核供货商按要求设置相应的人员组织机构，供货商的安全控制人员必须全面负责合同设备的生产质量、所供设备的安全可靠性以及安装督导、现场调试人员进入施工场地的安全。

施工监理、施工单位的人员组织由施工监理监督设置，设备监造商协助建设方核查施工监理、施工单位的人员配置是否符合要求。

(2)安全控制管理制度

设备监造商编制管理服务安全控制管理制度，报建设方审批后执行。

设备监造商编制供货商安全控制管理制度报建设方审批后，监督供货商按要求编制提交工厂制造的质量管理制度、安全生产制度、设备材料安全性控制要求和安装督导、现场调试安全控制制度经设备监造商审查再报建设方审批后，由设备监造商负责监督供货商执行。

施工监理的安全控制管理制度由施工监理负责编制，设备监造商协助建设方审查。

施工单位的安全控制管理制度由施工监理监督、施工单位编制，设备监造商协助建设方审查。

(3)安全生产技术管理

设备监造商的安全生产技术管理由建设方负责监督。

供货商安全生产技术管理由设备监造商负责监督，建设方进行检查、评审和总结。

设备监造商对供货商提交的合同执行安全控制方案进行审查交建设方审批后，设备监造商负责供货商安全生产技术管理的监督。

供货商按设备监造商下发的安全控制管理制度编制提交合同执行安全控制方案，内容如下：

①如何保证所供系统、设备安全可靠的措施。

②如何保证所供系统、设备在包装、运输安全可靠的措施。

③如何消除所供系统、设备在安装、维护、巡检、检修等过程中对人身安全造成潜在威胁的措施。

④安装督导、现场调试安全控制方案。

⑤参与安装督导、现场调试人员的安全控制方案。

⑥施工监理的安全生产技术管理由建设方负责监督，设备监造商协助。

⑦施工单位的安全生产技术管理主要由施工监理监督，设备监造商协助建设方进行检查、评审和总结。

⑧各施工单位在工程开工前编制包括安全技术措施在内的施工组织设计，技术复杂的项目还要编制专题安全技术方案，经施工监理审查报建设方审批后方可实施。施工组织设计主要指文明施工、施工防火、施工用电、脚手架工程、模板工程、各种施工机械等。

⑨各施工单位分项工程及各施工工序开工前必须逐级进行安全技术交底。安全技术交底应有书面资料（作业指导书或操作细则）。

⑩各施工单位实行机械安全控制管理和安装验收制度。各种施工机械、机具和电器设备在安装前，应当按照规定的安全技术标准进行检测，经检测合格后方可安装；在投入使用前，应按规定进行验收；经验收合格，才可投入使用；在使用期间，应当指定专人负责维护、保养，确保安全运作。特种设备要经劳动部门验收、发准用证。

⑪施工现场临时用电要有施工设计或方案，按规定检查验收。并健全安全用电管理制度和安全技术档案。

（4）安全教育管理

各合同单位做好本项目部、工区（队）、班组的三级安全教育，新工人、要变换工种的工人未经三级教育及考试合格，不得上岗。特殊工种教育须经劳动部门培训，持证上岗。新工法、新工艺、新设备、新材料要进行专门培训。

安全教育的内容：一是通用安全知识教育，包括劳动保护、安全用电等知识；二是专用安全知识教育，主要是岗位安全生产知识，安全操作规程；三是特殊工种专业知识（安全）教育；四是有关新工法等专门知识教育。

设备监造商监督供货商除对其参与人员做好以上安全教育管理外，设备监造商还应重点监督供货商做好安装督导工作，特别是安装前培训涉及新工法、新工艺、新设备、新材料的系统设备安装。

（5）检查评价

根据工程各阶段的特点，监造商依据安全控制管理制度，负责对供货商、协助建设方对施工单位进行安全检查和评价。检查、评价的内容包括但不限于：

①质量体系控制过程执行连续。

②安全生产管理制度健全并能执行。

③安全生产责任制落实。

④安全生产管理机构设置并履行其职责。

⑤人员配备得当并能胜任。

⑥安全教育工作开展正常。

⑦安全技术操作规程完善并能执行。

⑧安全技术措施计划完善并及时实施。

⑨主要安全设施齐备。

⑩各类设备安全防护完整。

⑪人员的安全装备完整、有效。

⑫安全检查制度坚持执行。

⑬安全记录、台账、资料、报表等完整、真实。

⑭作业前的班前安全会坚持召开。

(6)安全检查的形式

设备监造商负责或配合建设方采取定期检查和突击检查相结合的方式进行。

(7)安全评价

通过检查,根据安全控制管理制度和相关的安全规范,设备监造商对各供货商、施工单位的安全控制管理工作进行总体评价并报建设方备案。

(五)合同管理

1. 管理依据

①国家和广州市有关法令、法规或规定。

②设备有关的技术规范、标准和规程。

③建设方与供货商签订的设备采购及服务合同文件及其补充协议(若有)。

④建设方、设备监造商、供货商在工程实施过程中产生的有关文件或记录。

⑤设备系统初步设计及工程设计相关文件

⑥第三方对设备工程做出的科学结论等。

2. 合同支付与资金使用

(1)合同支付

该项工作由建设方负责,由设备监造商按合同规定的格式审核支付申请,根据设备合同进度督促供货商申报资金计划,并确保支付申请按时提交。

供货商的资金支付先由设备监造商审核,设备监造商根据设备合同进度督促供货商申报资金计划,并确保支付申请按时提交。设备监造商按合同规定的格式审核支付申请,然后提交建设方审核并办理后续的资金支付手续。供货商的合同资金款项按以下几个阶段支付。

①签订合同后—预付款。合同正式签订后供货商提供。

②设计审查完成后—进度付款。最后一次设计联络审查后,供货商申请支付进度款。

③设备到货后—到货付款。建设方收到每批货后,供货商提交支付申请该批到货货款。

④备品备件、专用(特种)工具及测试仪器—到货付款。供货商提交支付申请该批到货货款。

⑤设备安装、调试完成—服务付款。

⑥试运行成功—预验收付款。建设方签发预验收证书后,供货商提交支付申请。

⑦完成合同结算—结算付款。政府终审部门出具合同结算后,供货商提交支付申请。

⑧质量保证期结束—最终验收付款。建设方签发了最终验收证书后，供货商提交支付申请。

(2)资金使用控制

设备监造商将根据项目的各个阶段，组织供货商编制资金计划，制定合理的资金使用方案，报建设方审批。供货商的资金使用方案中应包括但不限于以下内容：资金的用途、支付时间、外协件、设备投入等资金使用的详细情况。

设备监造商将随时了解供货商资金使用情况，掌握供货商项目资金的流向，并及时向建设方汇报。

在供货商设备生产阶段，设备监造商将对供货商设备原材料的采购进行控制，组织供货商有关人员，对国内外原材料市场进行预测，躲避风险。从合同签订之日起，将要求供货商承担风险，但尽量避免非建设方原因引起的任何风险。要求供货商根据项目的要求、合同要求、产品（设备）要求、市场状况、资金使用情况、生产进度情况等，编制详细的原材料采购计划，并督促供货商实施，以保证供货商所提供的项目设备按要求生产和到货。

3. 变更管理

在工程实施过程中，负责设备材料变更管理，包括设备材料变更工程量与设计的确认、下达变更工程量指令给供货商、督促供货商供货、变更工程量统计等工作。

(1)变更依据

变更的工作需参考设备合同条款以及广州地铁变更管理手册相关规定。

变更时需准备如下资料：

①变更会审表（供货商提供）。

②变更申请表（供货商提供）。

③变更预算审批表（供货商提供）。

a. 价格汇总表变更对比表。

b. 设备材料价格对比表。

c. 随机附件价格变更对比表。

d. 专用（特种）工具和测试仪器价格变更对比表。

e. 服务费变更对比表。

④变更审查会议纪要（建设方组织变更会议，形成会议纪要）。

⑤其他变更支持材料。

(2)变更流程

①设备监造商接到建设方的启动变更指令后，督导供货商按照合同部门最新的合同变更管理办法编制合同变更材料电子版并发送至设备监造商审核。

②设备监造商对电子版合同变更审核无误后，通知供货商提交签字盖章的正式合同变更申请材料至设备监造商。

③设备监造商对正式变更申请文件进行仔细审核并签字盖章，然后上报设计单位、物资公司签字盖章，完成后由物资公司上报至建设方。

④设备监造商跟踪建设方变更进度，并完成后续督促供货商签字盖章等事宜。

4. 合同结算与决算

(1)合同结算

合同的最终结算以政府终审部门审定的金额为准。

如有需要，本项目可分段结算。

监造商要求供货商完成合同规定的全部项目完成变更后的60天内，编制符合结算要求的竣工结算书并提交给监造商审核。

监造商要求供货商的竣工结算书报建设方和政府结算审核部门后，要配合建设方和政府结算审核部门做好核对结算数据、提供结算支持材料、对评审结果进行确认并加盖单位公章等结算事宜。

建设方或政府结算审核部门在审核结算过程中，口头通知供货商前来核实结算金额、办理评审结果确认表等结算事宜15天内，供货商不配合相关结算事宜的，由建设方或政府结算审核部门再以书面函件催告（函件中说明建设方或政府结算审核部门审核的结算金额），供货商在收到该书面催告函件30天内仍不配合办理相关结算事宜的，视为认可建设方或政府结算审核部门的评审意见，其中政府结算审核部门出具的评审结果直接由其与建设方两方确认，责任由供货商承担，供货商不得再对合同结算金额提出异议或请求鉴定。

结算手续办理完毕后，供货商负责归档并办理工程尾款支付申请手续。

如合同执行期间政府部门出台相关合同结算要求，按政府文件执行。

（2）合同决算

设备监造商协助供货商、建设方进行本合同的决算工作。

5. 国产化编制

设备监造商辅导各供货商按有关原则编制国产化计算详单，审核各供货商提交的国产化计算详单，并汇总形成本工程的国产化计算详单；协助建设方进行文件编制、收集资料。

6. 合同管理重难点及关键节点

从项目建设方或设备监造商角度进行合同管理，主要内容包括设备合同变更管理、工程延期管理、设备费用索赔管理、合同违约处理、合同分包管理、合同风险管理等。

（1）设备合同变更管理

①严格控制设计变更，主要进行设计变更事前控制和事后控制。

设计变更事前控制。熟悉并掌握合同文件、设计文件，并进行全面细致的研究，对设计文件进行现场核查，发现问题及时向建设方提出，按照建设方规定的程序进行研究处理。

设计变更事后控制。在设计变更发生后，供货商按规定的程序向监造管理工程师申报，并严格审核，经项目建设方相关部门审批后严格执行设备变更工作。

②设备变更可由供货商、建设方、设计单位及监造管理工程师提出，经各方讨论、评估和测算。凡符合下列条件之一者，可考虑变更设计。

a. 保持原设计标准，可降低投资或节省造价且不延长工期。

b. 保持原设计标准，不增加投资或增加不多，能解决特殊的技术问题，对缩短工期效果明显。

c. 原设计虽可行，但不够合理。

d. 由于设计条件等方面的不可预见因素，必须变更原设计方案。

e. 在不增加投资的情况下，便于采用新技术、新工艺、新材料、新设备，有利于提高工程质量标准，提高工效和增进技术进步。

f. 不增加投资或投资增加不多，有利于改善行车条件或节省工程的维修养护费用。

③设备工程数量及价格变更。

设计变更经各方审批同意后,应对变更的工程数量、工程价格进行评审和确定。

④对设备变更数量的评审依据为设计变更通知及变更图纸、监造管理工程师和建设方代表的现场计量。

⑤设备单价的确定,应按以下原则审核:

a. 如果变更项目与设备清单中项目相同,采用设备清单内的单价。

b. 如果变更项目与工程量清单中项目相近,参考设备清单内的单价。

c. 采用合同内规定的价格计算方法。

d. 采用国家、部、省(市)级机构颁布的概预算定额、费率标准及计算方法。

e. 采用计日工方法。

⑥由于供货商责任造成的或供货商为方便采购和生产而提出的变更,所增加的费用不予补偿,所节省的费用按合同中的有关规定执行。

(2)设备合同分包管理

①设备分包内容审核,设备合同的分包必须符合有关法律、法规的规定。

②设备分包商资质审核。

③分包商的资格及证明,包括企业概况、财务资本情况、技术人员的资历、生产机械状况等必须经监造管理工程师及建设方的审批。

④分包商同意不解除供货商根据合同规定所承担的任何责任和义务。

⑤供货商对分包商必须进行统一的管理,将分包计划纳入供货商的计划,并对分包商所完成的供货负责。

⑥合同实施中发现不合格分包商,应责令其立即退场。

(3)合同延期管理

严格控制机电系统采购、设备生产和供货进度,是设备工程延期管理的关键。在合同实施过程中,由于非供货商原因引起的设备工程延期事件,设备监造商按合同规定处理设备供货延期工作。

①按照合同规定,对下列原因造成的工程延期事件给予受理:

a. 非供货商的责任使设备投产不能按期投产。

b. 建设方不能按约定日期支付设备预付款、进度款,致使设备不能正常采购和投产。

c. 设备数量变化或发生非供货商原因的设计变更。

d. 国家和省市有关部门正式发布的不可抗力事件。

e. 建设方同意工期相应顺延的其他情况。

②在下列情况下设备监造商应受理供货商在合约规定期限内提出的工程延期申请:

a. 延期事件发生后,供货商在合同约定期限内提交了延期意向报告。

b. 供货商按合同约定提交了有关工种延期事件的详细资料和证明材料。

c. 延期事件终止后,供货商在合同约定的期限内,提交了设备工程延期申请表。

③在延期事件发生后,监造管理工程师应做好以下工作:

a. 向建设方转发供货商提交的延期意向报告,并提出审核意见。

b. 对延期事件收集资料,并做好详细记录。

c. 参加项目建设方关于项目延期相关会议,对延期事件进行分析、研究,对减少损失提出建议。

监造管理工程师在处理延期事件的过程中,要书面通知供货商采取必要的措施,减少对工程的影响程度。

④审查供货商提交的工程延期申请表，主要审核内容如下：

a. 延期事件的真实性。

b. 延期申请依据的合同条款准确性。

c. 延期事件必须发生在被批准的进度网络计划的关键线路上。

根据设备工程总计划和实际进度偏差，评估出的延期天数。

⑤延期申请在得到建设方同意后签发工程延期审批表。

⑥监造管理工程师应加强管理、控制，并协调好各方关系，尽量减少和避免延期事件的发生，一旦发生，应认真审查供货商提出的延期报告，并作出答复。

(4)设备合同违约管理

①在机电系统项目实施过程中，发现违约事件可能发生时，应及时提醒有关各方，防止或减少违约事件发生。

②对已发生的违约事件，要在国家法律法规的框架内，以事实为根据，以合同约定为准则，公平处理。

③处理时要认真听取各方意见，在与双方充分协商的基础上确定解决方案。

④按合同规定供货商有下列事宜时，监造管理工程师可确认其违约：

a. 不能按合同工期完成供货。

b. 设备供货质量达不到设计、规范和合同的要求。

c. 发生其他使合同无法履行的行为。

(5)合同索赔管理

合同索赔管理是设备合同管理的重要内容，尽量避免索赔事件发生和妥善处理索赔事件是合同管理的关键。合同索赔分为供货商向建设方索赔和建设方向供货商索赔两种情况。

①索赔管理主要任务。

a. 对导致索赔的原因有充分的预测和防范。

b. 加强合同管理防止干扰事件的发生。

c. 对已发生的干扰事件及时采取措施，以降低索赔事件的影响及经济损失。

d. 参与索赔的处理过程，审核索赔报告，对供货商不合理的索赔要求或索赔要求中不合理的部分，依据合同予以处理。

②设备供货商向建设方索赔管理。

a. 严格合同管理，尽量避免索赔事件的发生。

b. 索赔事件发生后对索赔原因的判断，主要如下：

➢ 因特殊风险，致使工程、材料或设备供货商损失引起的费用索赔。

➢ 因有经验的设备供货商也无法预见的不利自然条件(如山洪暴发、地震等)造成的设备费用增加。

➢ 非设备供货商原因引起的费用索赔。

➢ 延迟提供设计图纸或建设方延迟交付设计资料。

➢ 凡合同未明确规定要进行检验的材料、设备等，按监造管理工程师的要求进行检验所支付的费用。

➢ 由于设备变更而引起的额外费用增加。

c. 索赔申请的审核，包括索赔的理由和依据、索赔金额、有效证明材料（记录和证据）。如果引起索赔事件持续进行时，供货商应当阶段性向监造管理工程师发出索赔意向申请，待索赔事件终止后 14 天内，向监造管理工程师送交索赔的有关资料和“费用索赔申请表”。

d. 索赔事件的调查和取证，根据设备供货商提出的索赔申请，逐条逐项进行检查核实，对照合同条款，认定可索赔和不可索赔项目，并签注核实意见。

e. 与建设方和供货商协商，认定该付给供货商的索赔额。

f. 当供货商的费用索赔要求与工程延期要求相关联时，在作出费用索赔的批准决定时，应与工程延期的批准联系起来，征得建设方同意后综合做出费用索赔和工程延期的决定。

g. 供货商在收到经监造管理工程师签发的“费用索赔审批表”后，按已批准的索赔累计额列入当期合同清单外项目支付，并审核索赔支付。

③建设方向设备供货商索赔管理。

a. 严格合同管理，加强沟通和协调，尽量避免索赔事件的发生。

b. 索赔事件发生后对索赔原因的判断如下：

➢ 供货商延期供货引起索赔。

➢ 供货商所采购和供货的设备质量不合格引起的索赔。

➢ 其他因供货商原因过失引起建设方经济损失或工期延误引起的索赔。

c. 建设方向设备监造商提出索赔申请，监造管理工程师对该索赔申请的审核，包括索赔的理由和依据、索赔金额、有效证明材料（记录和证据）。

d. 索赔事件的调查和取证，根据建设方提出的索赔申请，逐条逐项进行检查核实，对照合同条款，认定可索赔和不可索赔项目，并签注核实意见。

e. 与建设方和供货商协商，认定该索赔额，并在合同规定的期限内签发“费用索赔核批表”，同时呈送建设方备案。

f. 建设方（财务部）在收到监造项目经理签发的“费用索赔核批表”后，按已核准的索赔款额列入当期合同清单外项目扣除支付给设备供货商的相应款额。

④索赔管理工作要点。

a. 由于供货商自身原因所造成或合同文件约定不允许索赔的项目，监造管理工程师不予受理。

b. 在索赔事件发生后，供货商须按照监造管理工程师要求的内容和方式，将可能发生的损失控制在最小范围内，否则监造管理工程师有权根据合理情况评估索赔。

c. 供货商向监造管理工程师提交的所有证据和资料必须真实，否则监造管理工程师有权根据自己掌握的证据进行评估。

d. 在监造管理工程师进行现场取证时，承包单位应予以配合。

e. 索赔事件发生后，供货商应在合同规定的期限内向监造管理工程师提交索赔意向，否则监造管理工程师有权不予受理。

f. 费用索赔涉及的费用在中期支付中办理。

如果索赔事件具有持续性，供货商应按监造管理工程师要求的合理间隔时间，不断提交说明累计索赔数量进一步发生的细目与资料。与此同时，监造管理工程师应立即责令有关现场监造管理人员搜集与本索赔有关的各种管理文件、指令、纪要和记录，及时、全面、准确掌握有关证据，并进行整理分析。

索赔申请报告的主要内容包括索赔所依据的合同条款、索赔费用金额、各项费用清单、费用测算说明及其他有关文件和证明资料等。

监造项目经理在收到承包单位提交的费用索赔申请报告后,在合同规定的期限内,应对费用索赔申请报告的以下五方面内容进行有效性、全面性、真实性、合理性的初评估。

- 费用索赔申请的程序、时限符合合同要求。
- 费用索赔申请报告的格式和内容符合规定。
- 费用索赔申请资料真实、齐全、手续完备。
- 费用索赔申请的合同依据和理由正确、充分。
- 索赔金额的计算原则与方法必须合理、合法。

(6)设备合同风险管理

机电系统项目实施中存在的风险,可能会是多种风险的集合。因此,正确进行风险识别、规避防范、确定切实可行的预案、加强工程参与各方的密切配合与管理,是做好风险管理的关键。

①设备合同风险分析,包括技术风险和人为风险。

②做好基础工作,有效防范风险。在正确识别出项目各方面的风险因素之后,应从方案设计上采取规避防范风险的措施。

③编制和审批重大风险点专项方案和应急预案。

④参与风险动态管理。

⑤设备合同风险处理,包括准确记录在设备采购、生产、供货各项进度中出现的各种危害及相关风险,及时调整风险规避措施;准确标明在设备采购、生产、供货各项进度中风险危害及影响的变化过程,预先估计风险发生的部位和原因,尽快采取相应措施,完善设备质量和安全管理工作。

7. 合同管理方法及技术要点

(1)建立合同结构体系

根据合同关系,对不同的合同进行分类,建立合同管理台账,同时对重要合同条款编码。在合同的执行过程中要及时将实际数据输入,以便进行分析对比,对合同进行有效的管理。

(2)合同管理规范化

根据本工程机电系统的管理模式、管理特点,提供一系列规范化、科学化的管理程序,以科学手段保证工程的质量、进度、投资、安全、环保、信息、协调管理等工作顺利、有序进行。

(3)计算机辅助管理系统

建立合同执行情况、合同支付、变更等各种台账,清晰、明了地体现合同各项工作的进展。运用 Project 管理软件对项目的进度、费用等进行综合管理。

(4)依法合规

依据国家有关的法律、法规和广州市的地方法规,规范合同履行,妥善处理设备变更、索赔管理、工期延期及延误管理,合同争议调解,违约处理,分包管理等各项工作。

(六)档案管理

1. 档案含义

(1)文件

文件指除图纸以外的一切文字资料(含电子文件及 E-mail)。本项目文件包括各种文函、管理文

件、设计文件、说明书、维修手册、安装手册、试验报告等,包括但不限于以下:

①设备监造采购项目部制定的、建设方审核批准的用于本项目的有关管理文件。

②建设方与机电系统监造采购项目部的来往文函。

③设备监造采购项目部与供货商的来往文函。

④设备和系统接口配合资料。

⑤各类会议纪要。

⑥相关的标准、规范、规程。

⑦传真。

⑧电子文件、应用软件、电子邮件、软件、光盘、U 盘等。

⑨设备和子系统供货商提供的有关文件,如产品设计说明书、安装手册、维护手册、培训教材、检验报告、试验报告等。

(2)图纸

图纸指系统设备的产品设计图、原理图、装配图、结构图、主要部件外形图、安装图等设备图纸。设备和子系统供货商图纸包括但不限于以下:

①产品设计原理图。

②外形尺寸图。

③内部结构图。

④产品装配图。

⑤设备安装基础图。

⑥设备运输图。

⑦其他相关图纸。

图纸与文件的类别保持一致,统称为文件。

2. 工作流程(见图 1-2)

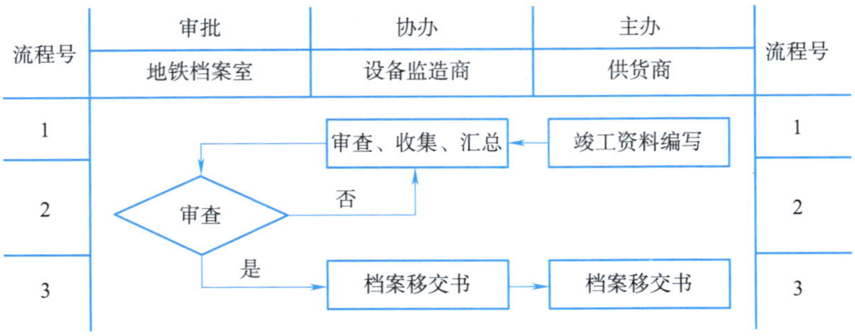

图 1-2 工作流程

3. 文件控制管理目的和执行范围

本方案确定的所有文件管理的程序、方法和工具,是设备监造采购项目部和供货商(包括分包商)进行识别、编制、审批、传递、处理和存档所需要执行的共同规则。本程序控制的文件均是在责任方之间传递的文件。

文件控制内容包括:文件的识别;文件的编制;文件的传递;文件的审批;文件的更改;文件的存档。

4. 文件的编制

文件图纸的编制要求按设备监造商制定的并经建设方批准的《文件编制的统一规定》执行。

合同规定要求供货单位提供的最终文件、竣工文件，必须严格按照广州地铁集团有限公司档案管理的要求进行编制、装订。

5. 文件的审批

(1)审批程序

供货商根据规定的要求编制文件，先将电子版发至设备监造采购项目部审核，待设备监造采购项目部审核无误后，通知供货商出具正式纸质文件，设备监造采购项目部在收到正式纸质文件后填写“工作联系单”签注意见，再提交建设方审批。设备监造采购项目部编制的文件须填写“文件审批单”，再提交建设方审批。

文件提交审批时，纸张文件提交的份数按照合同规定提交。

(2)审批结果

建设方对报送审批的文件提出以下三种结果，并在“文件审批单”上签署意见，同时加盖下列印鉴之一：

➢ 批准：(Approved)。

➢ 加注批准(批注)：(Approved with note)。

➢ 不批准(拒绝)：(Non-Approved)。

三种结果的定义如下：

①批准：文件被批准，可以依此开展实质性的工作。

②加注批准：供货商将按建设方的说明或意见对文件进行修改，并开展实质性工作。但文件提交方须根据建设方的加注对文件进行修改，再重新报送审批。

③不批准：文件被拒绝，不能开展实质性的工作。审批方在审批单上写明不批准的原因，文件提交方应修改或重新编制后再提交审批。

建设方(建设方代表)对文件的审核、审批所形成的任何结果都不能免除合同规定的供货商应承担的责任。

6. 文件的更改

①供货商对已发送文件的更改应由设备监造采购项目部审查和认可。

②供货商对编制的已批准的他方审批文件不能擅自作任何修改。如需对已批准或已执行的文件进行修改，应重新按程序报送交由建设方审批。

③文件修改、换版后均需按规定程序重新提交审批。首次提交的他方审批文件，版本号为 A。如需进行修改，经审批后的文件则为 B 版。

④文件的修改、换版均需在修订记录中记载，并在文件封面中反映出来。

⑤文件被加注或不批准，需进行修改时，修改后的文件均应提交标准的版本号，一旦文件被批准，最终执行的是最高版本号文件。

⑥设备监造采购项目部和供货商应对他方审批文件建立一个总明细表，标明文件版本的变化、适用范围、有效时限、执行情况、文件修改(修订)情况、审批情况等，并根据实际情况及时更新。总明细表应定期报送建设方(供货商)，同时应抄送设备监造采购项目部。

7. 文件档案管理

①供货商必须将招标过程及合同履约过程中所涉及的书面资料和电子文件(包括文件、图纸、手册、来往函件等)完整保存,以便合同执行过程中及档案保存期限内相关权限单位随时查阅。

②文件归档包括纸张文件归档和电子文件(包括光盘或 U 盘)归档两方面。纸张文件按四级进行分类归档,以便于检索、识别和查阅。

一级:文件的来源单位。

二级:文件类别(他方审批性文件和非他方审批性文件)。

三级:工作阶段(招标阶段、设计联络阶段等)。

四级:文件的类型(技术文件、管理文件、商务文件等类型)。

③供货商建立档案管理体系,指定专职的文档管理员负责保管文件。供货商对发送和接收的所有文件必须进行造册登记,按类别进行分类归档,妥善保管。

④供货商必须采取一定的措施加强文件管理,防止遗失、损坏、受潮等。

⑤供货商必须严格遵守文件保密条款的规定,严格控制文件的流向,借阅文件须办理借阅手续。对于建设方或设备监造商发送的文件,不得擅自复印、复制、刻录、对外传阅等。如需要复制文件或对外传阅,须经设备监造商或建设方确认方可。

⑥在合同执行期间所有发生的文件要保存到设备办完结算后,方能处理。

8. 文件档案移交

设备监造商负责收集和汇总各甲供设备合同竣工资料的归档,根据国家相关标准以及合同的规定指导和督促设备供货商编制竣工档案资料,供货商按设备监造商要求,提交符合相关归档要求的档案资料,最后由设备监造商统一移交地铁档案管理部门,直至完成归档工作,并取得归档移交书。

9. 监造文件清单

监造文件资料在项目实施过程中直接形成,各种原始记录具有保存价值。

工程监造记录资料是监造工作的依据和凭证,也反映工程形成过程中的真实记载,是评定监造工作记录资料和界定监造责任的凭证。工程结束将一套完整资料提供给建设方。

(1)监造工作类文件

①监造计划。

②监造大纲及相关细则。

③监造日记。

④监造月报。

⑤监造工作总结。

(2)工程经济及技术类文件

①设备供货商资质认证审核资料。

②安装督导调试方案。

③工程的变更审批表。

④工程检验记录。

⑤过程中费用支付审批。

⑥进度计划及调整。

(3)设备安装督导、调试过程文件

①安装督导计划。

②安装督导、调试工作日记。

③技术措施资料。

④安装督导总结报告。

⑤调试总结报告。

(4)竣工验收类资料

①验收记录。

②竣工验收报告。

③质量合格证明书。

(七)保函管理

该项由建设方负责,设备监造商待供货商合同正式签订后,督促供货商在30日内办理合同保函的相关手续,并协助建设方审核保函和有关手续。具体如下。

1. 保函样本的确认

督促供货商根据合同的保函格式要求,与其业务银行沟通,要求银行按照规定格式进行保函样本的开具,由设备监造商对样本进行核对,无误后报主管建设方,由建设方签字确认。

2. 正式保函的确认

在完成样本确认后,由设备监造商督促供货商按照确认的样本格式,提交正式的保函至设备监造商,由设备监造商审核并与样本一致后递交至商务代理处,由商务代理负责后续的相关工作。

3. 保函的跟踪

在将正式保函交至物资公司后,及时跟踪物资公司的反馈情况,如保函确认有问题,及时告知供货商,并跟踪供货商保函开具银行的问题处理进度。

(八)BIM管理

对系统设备而言,模型的颗粒度应细化至主要零部件,与设备维护保养期内最小可更换的零部件单元相一致,满足设备维护保养期内买方对于卖方进行设备零部件维修、保养、更换等工作的跟踪、记录的要求。详细要求在设计联络阶段确定。

1. 主要工作职责

(1)设备监造商

①督促、组织设备(材料)供货商按设备建模标准要求提供设备交付模型及对应构件集。

②利用BIM协同平台及建模软件定期对设备(材料)供货商建模过程进行抽查监督,核对设备交付模型及构件集的准确性。

③督促供货商按照设计联络会议所确定的方案、图纸等建立设备模型。

(2)设备供货商

①负责确定模型上附着的属性内容(如三维尺寸、工点名称、设备编号、生产商、生产日期、主要配件信息、主要参数、功能描述、维保注意事项等),并于建模过程中将属性内容添加至模型属性库中。

②负责确定设备系统二维编码的内容,以及二维编码的生产、粘贴,设备出厂时二维编码的扫描、检查。

③负责将设备系统相关资料添加至模型数据库中，详细资料清单在设计联络阶段确定。

④配合机电系统安装工程承包商，将设备模型与车站机电系统模型进行整合，配合机电系统安装工程承包商进行车站机电系统的管线碰撞分析，及各回路的上下游逻辑关系确定等工作。

⑤负责配合机电系统安装工程承包商实现设备的 BIM 数据与 BIM 协同管理平台数据的对接融合。并根据建设方的要求，配合机电系统安装工程承包商在该协同管理平台上实现数据的筛选、汇总、导入、形成报表及导出等功能。

⑥负责配合机电系统安装工程 BIM 系统的数字化移交工作。

2. BIM 管理内容

①督促供货商组建专门的 BIM 技术团队，由项目经理任 BIM 技术团队负责人。BIM 技术团队成员包括：专业建模工程师、产品设计人员。

②督促设备供货商对合同供货范围内的设备、材料进行建模，模型的颗粒度细化至主要零部件（维修级），并与设备维护保养期内最小可更换的零部件单元相一致，满足设备维护保养期内买方对于卖方进行设备零部件维修、保养、更换等工作的跟踪、记录的要求。

③督促设备供货商负责确定模型上附着的属性内容（如品牌、规格型号、生产厂家、主要指标等），并于建模过程中将属性内容添加至模型属性库中。

④督促设备供货商负责确定设备二维编码的内容，以及二维编码的生产、粘贴，设备出厂时二维编码的扫描、检查。

⑤配合设计单位、建设方，将以上设备及材料模型与系统模型进行整合，配合建设方进行管线碰撞分析等工作。

⑥设备供货商负责建设全线以上设备及材料 BIM 模型及数据库平台，根据建设方的要求实现数据的筛选、汇总、导入、形成报表及导出等功能，保证建设方可通过该平台的数据库查询、检索，调取每一台设备及每批次材料模型及数据信息。

⑦收集设备 BIM 模型所需的图纸及照片等资料，督促设备供货商进行 BIM 模型的建模工作。

⑧审核设备 BIM 模型（包括模型几何属性及非几何属性信息）与实际供货设备及材料是否吻合。

⑨组织协调并确定设备供货商与施工承包商 BIM 数据接口，保证供货商输出的设备及材料模型符合建设方要求。

⑩负责收集及整理该线路设备及材料的 BIM 模型库，并移交建设方。

⑪组织供货商配合车站工程数字化移交。

3. BIM 及信息化管理主要内容

（1）设计联络阶段

①供货商于第一次设计联络会议召开前 10 天，向设备监造商提交拟进行三维建模的主要零部件清单，以及需进行二维编码的设备清单、二维码内容等。设备监造商审核通过后，提交设计联络会议讨论确定。

②通过设计联络会议确定主要零部件 BIM 模型所包含的属性内容，以及数据库中与该模型关联的数据内容（如生产厂家、出厂日期、合同价格、维保周期及内容等）。

③于第一次设计联络会议确定主要零部件建模清单后，10 天内完成设备的精确外轮廓模型的建立，25 天内完成主要零部件模型的建立，并提交设备监造商及建设方进行审核，审核后由设备监造商转

交机电系统安装工程监理。

(2)设备安装及调试阶段

①供货商将设备的产品合格证、出厂验收报告等相关文件的扫描件,导入已整合的车站机电系统模型数据库中,设备监造商审核。

②供货商负责将设备实体变更情况更新至已整合的车站机电系统模型中,设备监造商审核。

③供货商配合机电系统安装工程承包商将相关调试报告上传至已整合的车站机电系统模型数据库中,设备监造商审核。

(3)验收及整改阶段

①供货商将每台设备的功能验收记录扫描件导入已整合的车站机电系统模型数据库中,设备监造商审核。

②供货商配合机电系统安装承包商将工程验收记录、遗留整改问题清单电子版及扫描件导入 BIM 协同管理平台中,设备监造商审核。

③供货商负责将设备遗留问题的整改完成情况在 BIM 协同管理平台中进行更新并将接收方签字的确认表扫描件导入 BIM 协同管理平台中,设备监造商审核。

(4)竣工移交阶段

①供货商按照广州市及建设方关于竣工档案资料有关管理办法中的要求,将所有竣工归档资料的扫描件输入到 BIM 协同管理平台中,并由设备监造商检查确认。

②供货商将维保手册、随机技术文件等相关资料导入到 BIM 协同管理平台中,设备监造商审核。

③BIM 系统交付物包括如下:

a. 设计联络会议确定的主要零部件模型库、精确外轮廓模型及包含主要零部件的该设备的整合模型。各模型均包括设计模型及竣工模型,所提供的模型数据格式包括但不限于 IFC 格式。

b. 设备的维护保养信息(维保操作手册)。

c. 模型设计变更台账。

4. 二维码管理

为提高对设备管理过程的管控,在项目管理过程中引入二维编码,可以通过手持的二维码扫描仪或者智能手机(安装扫描二维码的应用软件)直接读取二维码内包含的信息。并与车站机电 BIM 系统相配合,实现对设备生产监造、设备到货跟踪等环节的全面掌控。

二维码信息内容由“二维码标识码 + 具体内容”两部分组成,详细要求在设计联络阶段确定。

①二维码标识码位于二维码信息内容的首行,该标识码与车站机电 BIM 系统 3D 模型中的标识码相一致。它是设备的“身份证”,起到实物与 BIM 系统 3D 模型一一映射的作用,标识码由四层结构组成。

第一层:线路及车站代码,四位数字组成。

第二层:专业代码。

第三层:设备及材料标示码,两位数字组成。

第四层:设备材料代码(流水号),七位数字 + 英文大写字母组成。

②设备材料二维码信息采集内容如表 1-2 所示。

表 1-2 二维码信息采集内容

序号	设备材料类型	设备材料名称	采集方式	采集内容
1	甲供设备	控制柜\远程控制柜	以台为单位,每台配一组二维码,设备铭牌上随机附带一个二维码,到货同时提交书面到货文件(含一个与设备铭牌一致的二维码,由厂家出具并盖章有效)	工点名称、设备编号、生产商、生产日期、主要配件信息、主要参数、维保注意事项
2		UPS 配电柜		
3		二通阀配电箱		
4		远程控制箱		
5		各类传感器、执行器		

二、各阶段工作内容及重难点

(一)设计联络

1. 设计联络目的

设计联络是设备采购合同签订后设备设计阶段的重要工作,设计联络的目的是通过合同签订双方的联络,确认与其他相关系统设备及土建的接口并检查合同设备的设计方案、产品功能及性能指标等是否满足合同文件技术规格书和有关技术标准的要求。为保证产品质量,合同设备的产品技术设计应通过设计联络会审议后方可投入生产和制造。

按合同规定的时间和内容要求定期召开设计联络会,同时满足工程设计和产品设计的进度要求。为供需双方交流设计思想,澄清技术问题,确认供货商为本项目提供的产品的设计方案。设计联络是合同执行的先期阶段,一般情况下供货合同只是与各设备或子系统供货商达成的框架协议,对设备或系统功能和结构、责任、试验、文件、培训等做了一般性的定义,而要实施这些内容和要求,需召开多次技术和商务讨论、协商的设计联络会议,最终达成设计联络会议纪要,并作为合同的组成部分予以执行。

依据设备采购合同,确定设备的技术指标和功能要求,解决接口问题,审查确认产品设计图纸,使供货商能按照经建设方批准的设计图纸,按照工期目标和生产计划,开始原材料采购并组织生产制造。

2. 参与单位及职责

(1)建设方职责

①审核设计联络会议议程、议题。

②主持设计联络会议,确定会议中涉及的重要技术规范和方案,共同确定并签署会议纪要。

③确认图纸、文件资料的统一编制格式要求。

④确认系统详细功能。

⑤确定接口总体技术条件,讨论系统与其他系统于工厂内的接口试验内容。

⑥确定系统最终设计文件。

⑦确定工程实施计划/方案、安装图纸与手册等。

⑧确定工厂监造和出厂试验、验收内容等。

⑨讨论培训事宜。

(2)设计单位职责

①审查提供技术文件、规范与方案,并提出意见。

②提交工程基础资料,包括系统设备的尺寸、开孔、预留孔的要求(或图纸)等配合土建施工设计的技术资料。

③确认系统与其他系统的接口方案(接口标准、通信规约、交换信息内容,明确接口分界)。

④审核系统各设备详细设计图纸及技术规格书。

⑤审核系统与其他相关系统的接口方案。

⑥提交系统与其他相关系统的接口通信规约文件。

⑦与供货商讨论并确定设备安装尺寸图、设备接口规约文档、设备功耗和安装要求、接口细则、盘柜结构设计。

(3)设备监造商职责

①编制设计联络会议议程和主要议题。

②组织并参加设计联络会议,并对会议作详细记录,形成会议纪要,参与单位共同确定并签署会议纪要。

③组织相关单位完善技术资料、规范与方案,并审查确认。签署文件。

④督促供货商提供会议要求的资料,并予以审查。

⑤实施接口协调管理。

(4)各供货商职责

①提交车站各系统总体方案、系统功能和技术参数。

②确认系统设备产品型号、功能和技术参数。

③讨论车站各系统与其他系统的接口,包括接口标准、通信规约、交换信息内容,明确接口分界等。

④提供详细方案设计:不限于通信网络详细设计,机柜、机箱详细设计,供电系统详细设计,接口方案,控制方案。

⑤提供系统配置和设备清册,各设备详细设计图纸及技术规格书,包括系统整体技术方案、功能的详细描述(包括原理图)、主要部件(结构、附件或子系统)的说明(包括原理图)、设备接线端子图等。

⑥提供功能规格书:包括系统的功能实现及详细点表。

⑦提供控制流程图、逻辑图、数据库定义、系统安全性、可靠性、合理性、先进性及满足用户需求方面的分析、计算报告等。

⑧提供设备安装尺寸图、设备接口规约文档、设备功耗和安装要求、接口细则、盘柜结构设计等。

⑨提交接口总体技术条件,讨论系统与其他系统于工厂内的接口试验内容。

⑩提交系统最终设计文件。

⑪工厂和现场试验、验收内容、验收、发货等。

⑫讨论培训事宜。

⑬工程实施计划/方案。

⑭安装图纸与手册。

3. 组织管理

设计联络由建设方和设备监造商共同负责,该项工作由设备监造商负责设计联络的具体组织工作,积极筹划召开相关各方参加设计联络会。联络和组织相关各方(建设方、运营单位、设计单位、供货商)为召开设计联络会进行必要的技术准备和组织工作。

设备监造商负责根据本系统设备特点及合同项目执行计划,制订设计联络计划,按计划组织供货商、设计与建设方举行设计联络会议。

合理安排设计联络计划,组织供货商、设计与建设方进行设计联络并编制会议纪要,并对纪要的内容进行跟进落实。

负责设计联络会议准备工作(包括讨论问题的会前沟通、收集设计联络文件等),设计联络会由设备监造商主持,确认供货商设计方案,由设备监造商发出会议纪要。跟踪相关单位对设计联络成果的落实情况。

明确设备及材料建模颗粒度、模型属性信息及二维码编码。

4. 工作流程

(1)系统内部接口管理

该项工作由设备监造商负责,设备监造商根据本系统设备的特点,组织编制设备之间的接口细则、解决建议方案等,进行系统内部设备间的接口管理;管理协调系统设备供货商之间的关系,确认接口设计的贯彻与实施,并保证接口功能的实现。

该项工作主要由接口会议、接口试验组成。

(2)工作流程(见图 1-3)

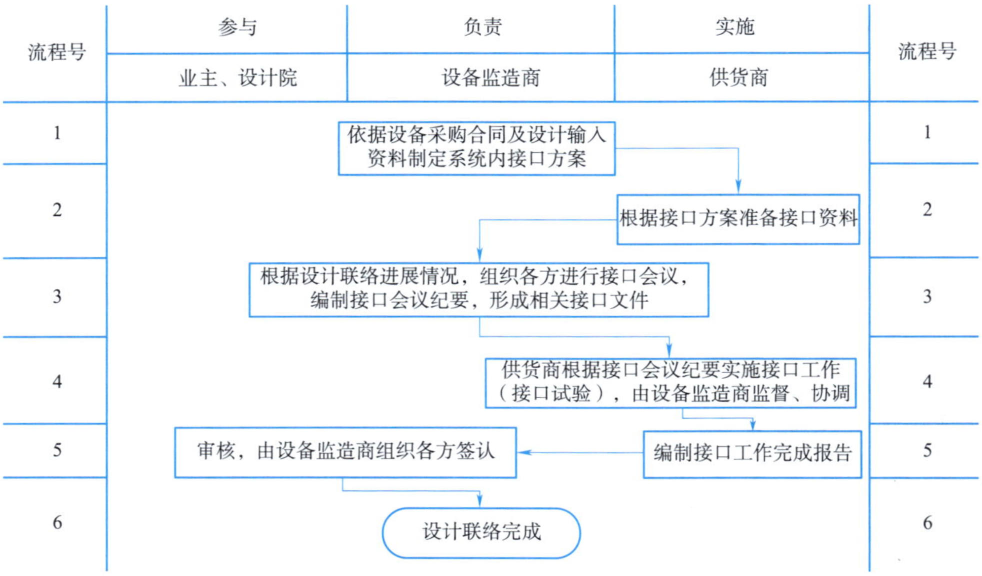

图 1-3　工作流程

(3)接口会议

接口会议的目的是通过供货商与供货商的讨论、沟通及协议,各方在保持意见统一性的前提下,能有条理性、组织性、目的性,并高效地完成设备间在电气、机械、功能、软件、规约等方面相互关联、相互衔接的接口问题,通过网络或电缆(即软接点与硬接点)将设备连接起来,有效地组成一个运行可靠、功能完备的系统。

当各设备均完成第二次设计联络会后,便可以开始启动接口会议的各项工作,该阶段的工作主要由设备监造商进行组织协调,同时,设备监造商还需要提前制定有针对性的管理办法,如《接口细则》《接口协调管理办法》等,以规范接口管理的各项工作程序。

会议主要内容如下:

① 明确设备间的通信协议文本。

② 明确设备间的物理接口类型。

③ 明确接口各方的相关接口责任。

④ 初步设备间的信息量点表。

⑤ 明确接口试验时间总体计划安排。

形成的文件有：

① 接口会议纪要。

② 接口技术规范书（内容含采用通信协议文本类型、物理接口、功能接口、接口责任等）。

(4)接口试验

准备工作如下：

① 各相关设备供货商需向主责设备供货商提供其设备的通信协议文本，供主责设备供货商开发其通信软件。

② 各相关设备供货商积极配合主责设备供货商，并将其已完成内部自检自测的监控单元寄往主责供货商工厂完成装置级接口试验。

③ 各相关设备供货商在站级接口试验开始前，必须具备站级接口试验的条件，配合主责设备供货商完成站级的接口测试。

形成文件有：接口试验结束完成后，主责设备供货商与相关设备供货商共同完成接口试验报告（双方供货商签字确认），并根据站级接口试验结果，完善设备生产，供各方签字确认，作为施工现场设备调试的依据之一。

(5)系统外部接口管理

该项工作由建设方负责，设备监造商协助建设方处理本系统与外部系统间的接口工作，编制机电系统外接口细则，并提出解决建议方案，以保证接口功能的实现。组织供货商根据要求，参与建设方组织的本系统与外系统间的接口会议，督促供货商配合与外系统间的各项接口测试及接口问题的解决。

5. 设计联络准备工作

(1)设计联络会议题准备

①监造商向各有关单位（包括设计单位、供货商、建设方有关部门）发出征集设计联络会议题的通知。

②各有关单位按征集通知要求，填写"设计联络会议题表"，并按通知中要求的时间传送监造商。由监造商汇总整理，讨论确定会议主要议题内容，并拟订出设计联络会的会议议程。

(2)会议准备

①设计联络会地点一般安排在供货商设备生产厂家所在地或工程所在地举行。如果因故安排在其他地点举行，则供货商应事先派遣会务组到会议所在地进行会务的组织筹备工作。

②监造商按规定时间提前将参加设计联络会人员的名单通知供货商，以便供货商进行会务准备工作，包括安排会议场所、住宿、交通等。

(3)会议召开程序

①监造商向有关单位发出"会议通知和设计联络会会议议程"，通知召开设计联络会的时间、地点及会议的主要议题内容。

②参加会议的代表应按会议议题事先做好充分准备工作，包括图纸、技术资料及电子文件的准备等。

③按会议议程的安排对有关议题进行讨论和审议。

④监造商负责组织汇总整理会议纪要，经与会代表签认后，由监造商签署、分发给与会各单位执行，并将会议纪要送交建设方存档备案。

⑤设计联络会代表通过对设备的设计方案、产品技术条件、出厂验收标准等技术文件的审查，应对合同设备功能、性能指标、技术参数等是否满足合同文件技术规格书的要求进行审议，并将审议意见写入会议纪要。

⑥如果产品设计尚需进行修改和进一步完善后才能满足合同要求，则供货商应按设计联络会的审查意见对产品技术设计进行修改。

6. 设计联络计划

(1)第一次设计联络(见表1-3)

表1-3 第一次设计联络

第一次设计联络	
时间	
地点	
与会单位	
形式	封闭式会议
联络内容	1. 互相提交基础资料，确认系统设备产品型号、功能和技术参数； 2. 系统初步接口规范：相关接口的范围、责任、技术细节、通信协议、接口试验方案和实施计划等； 3. 接口试验实施方案和计划； 4. 初步的系统设计文件； 5. 明确下一步工作安排
供货商提供资料	1. 提交总体方案、系统功能和技术参数； 2. 系统设备产品型号、功能和技术参数； 3. 系统与其他系统的接口，包括接口标准、通信规约、交换信息内容，明确接口分界等
建设方或设计院相关事宜	1. 提交工程基础资料，包括系统设备的尺寸、开孔、预留孔的要求(或图纸)等配合土建施工设计的技术资料； 2. 确认图纸、文件资料的统一编制格式要求； 3. 确认系统与其他系统的接口方案(接口标准、通信规约、交换信息内容，明确接口分界)

(2)第二次设计联络(见表1-4)

表1-4 第二次设计联络

第二次设计联络	
时间	
地点	
与会单位	
形式	封闭式会议
联络内容	1. 确认系统详细设计文件； 2. 确认监控专业各系统详细功能； 3. 讨论本系统与其他相关系统的通信接口方案； 4. 系统需求与设计规范；功能规格书包括系统的功能实现、各系统的详细点表； 5. 控制流程图、数据库定义、系统安全性、可靠性、合理性、先进性及满足用户需求方面的分析、计算报告等； 6. 接口解决方案； 7. 明确下一步工作安排等
供货商提供资料	1. 提供详细方案设计：通信网络详细设计，机柜、机箱详细设计，供电系统详细设计，接口方案，控制方案； 2. 提供系统配置和设备清册，各设备详细设计图纸及技术规格书，包括系统整体技术方案、功能的详细描述(包括原理图)、主要部件(结构、附件或子系统)的说明(包括原理图)、设备接线端子图等； 3. 提供功能规格书：包括系统的功能实现、各系统的详细点表； 4. 提供控制流程图、逻辑图、数据库定义、系统安全性、可靠性、合理性、先进性及满足用户需求方面的分析、计算报告等； 5. 提供设备安装尺寸图、设备接口规约文档、设备功耗和安装要求、接口细则、盘柜结构设计等； 6. 明确下一步工作安排

续上表

第二次设计联络	
建设方或设计院相关事宜	1. 审核系统各设备详细设计图纸及技术规格书； 2. 审核系统与其他相关系统的接口方案； 3. 提交系统与其他相关系统的接口通信规约文件； 4. 确认供货商提出的系统详细功能； 5. 与供货商讨论并确定设备安装尺寸图、设备接口规约文档、设备功耗和安装要求、接口细则、盘柜结构设计

(3)第三次设计联络(见表1-5)

表1-5　第三次设计联络

第三次设计联络	
时间	
地点	
与会单位	
形式	封闭式会议
联络内容	1. 确定接口总体技术条件,讨论系统与其他系统于工厂内的接口试验内容； 2. 确定系统最终设计文件； 3. 工厂和现场试验、验收内容、验收、发货等； 4. 讨论培训事宜等
供货商提供资料	1. 提交接口总体技术条件,讨论系统与其他系统于工厂内的接口试验内容； 2. 提交系统最终设计文件； 3. 工厂和现场试验、验收内容、验收、发货等； 4. 讨论培训事宜； 5. 工程实施计划/方案； 6. 安装图纸与手册
建设方或设计院相关事宜	1. 提交接口总体技术条件,讨论系统与其他系统于工厂内的接口试验内容； 2. 提交系统最终设计文件； 3. 工厂和现场试验、验收内容、验收、发货等； 4. 讨论培训事宜； 5. 工程实施计划/方案； 6. 安装图纸与手册

(4)设计联络专题会

根据线路、专业特点召开。

7. 设计联络成果

①设计联络会议纪要。

②经相关单位签字确认的产品方案设计和接口设计图纸文件。

③各种合同管理过程中的文件、凭证和审批依据等。

④设计联络间确认的方案。

⑤设备供货清单。

⑥与相关设备的信息点表。

⑦确定三维建模的主要零部件清单、二维编码的主要零部件清单、二维编码内容。

⑧确定主要零部件BIM模型所包含的属性内容,以及数据库中与该模型关联的数据内容。

8. 设计资料管理

在设计联络工作中,监造商将设计单位、供货商及其单位提交的设计资料(图纸、文件、表格等)和过程文件进行收集整理并保存完整。

监造商做好设计资料及过程文件的版本管理、变更管理工作。

在工程竣工时，监造商按照档案管理的相关要求，整理装订移交建设单位档案管理部门。

9. 小　结

(1)本阶段重点

①落实详细的设备技术方案、性能、系统指标、接口问题的澄清，使供货商能按照经建设方批准的设计图纸，按照工期目标中的计划开始设备的初步设计、详细设计、原材料采购、产品生产制造、试验等一系列工作。

②接口标准、接口形式(对于软件还涉及通信规约)、双方职责。确定各接口专业的点表签。

③督促设计单位及时向供货商提供机电系统系统构成图、设备平面布置图、现场有关管线路径以及现场设备运输条件、安装环境等资料，以便于设备供货商开展产品设计。

④督促供货商尽早向建设方、设计单位提供设备外形尺寸、设备重量、安装要求、预留的电缆孔洞要求，设备包装后尺寸、设备储存要求等资料，使建设方在组织与土建设计接口时做好配合。同时还应及时提供设备到货后所需的储存条件，以便有关方面及早做好仓储工作的准备。

⑤最终用户地铁运营针对既有线路对设备及软件功能提出需求或建议。既有线路中所有设备常出现的遗留问题预防方案。

⑥确定厂家测试平台搭建时间。

⑦根据设备颗粒度、设备建模确定完成时间。

⑧确定各系统软件完成时间。

⑨依据施工图纸并结合现场明确车站尚未稳定的出入口、风亭等工程部位，对于该部位涉及风水电等内容应提前考虑。

(2)本阶段难点及对策

难点1:监控专业与其他相关(低压配电、通风空调、给排水等)系统接口多，对接口方式及类型存在不确定因素。

对策1:在设计联络阶段，提前和相关系统设计及供货商密切联系，组织召开接口协调会，与该系统有接口的其他相应各专业系统设备供货商指派专业技术负责人参加会议，以便确定接口标准，制定详细的接口协议，各方互提基础资料，确认系统、设备功能和技术参数。监造商需要协调好各个专业与监控系统之间的接口工作，以保证后续工程的顺利实施。

难点2:厂家测试平台搭建(针对新厂家)。

对策2:在设计联络开始前至少1个月通知厂家筹备测试平台的搭建，并编制详细的测试方案和明确测试平台设备到货时间和完成搭建时间。在设计联络执行阶段定期对测试平台进行检查。

难点3:接口专业的变化，将引起施工图纸的改变(设备数量、安装位置)。

对策3:设计控制施工修改图版本(版本号、修改日期、变化量)，定期要求其他专业提资说明施工图改动情况。厂家、监造对每个版本图纸进行存档，在安装、调试阶段定期汇总图纸设备位置与现场位置差异，反馈设计更新图纸。

(二)产品设计管理

1. 概　述

该项工作由设备供货商负责，设备监造商需在产品设计中提出有关监造方面的意见，并保证图纸文件的规范性和统一性；设备监造商及时将图纸文件提交设计单位，并对各供货商提交的产品设计图纸、文件进行详细审查，提出核查意见；提交接口设计审查计划，组织设计单位及厂家进行接口设计会审；根据设备采购合同要求，组织审查设备供货商提交的设备 BIM 模型并提出审查意见；与设计单位的审查意见汇总后，提交至建设方审批。

为了保证供货商合同设备的产品设计符合相关的标准和规范，满足采购合同技术条件和技术规格书的要求，同时满足设计联络会议纪要中的有关技术要求。设备监造商将严格按照产品设计控制和确认程序进行，以加强对合同设备产品设计的控制。

2. 产品设计控制

(1)产品设计控制要求

供货商在质量计划中建立文件化的设计控制程序和设计验证程序，并向设备监造商提交这些程序。这些程序应包括但不限于设计输入、接口设计、设计输出、设计变更、设计验证和设计确认等。

产品设计控制中形成的文件，符合设备监造商编制的《图纸文件管理程序》和《文件编制的统一规定》的有关要求。

(2)产品设计控制程序

设备监造商根据项目管理需要，负责制定的本产品设计控制程序经报建设方审查批准后，由设备监造商负责组织实施，有关合同设备产品供货商应积极参与、密切配合，以确保产品设计控制程序的顺利实现。

若产品设计文件经过上述设计控制及签审程序用于指导生产后，合同设备产品经检验，仍未达到供货合同的技术要求(如供货商认为此时必须对产品设计作必要的修改)，则供货商应在征得设备监造商及建设方同意后，负责对产品设计文件进行修改，并将修改后的产品设计文件按上述设计变更的规定重新报送审批。

(3)产品设计控制方法

产品在初步设计阶段内，由设计提出体现产品合理设计方案意见的文件，作为产品技术设计的依据，供货商根据技术规格书和设计联络明确的主要技术性能参数、功能要求、工作原理、设备之间接口、系统和产品结构、安装方式，确定产品最佳设计方案。

①设计输入。供货商跟踪国内外同类新产品的最新技术，并将已证实的正确可靠信息应用于产品设计中，以充分体现产品设计的先进性、可靠性。

供货商根据合同技术规格书及设计联络会议、接口协调会议确认的技术要求进行产品设计。供货商应利用已定的设计联络计划安排，与建设方、设计、设备监造商人员充分地进行信息交流，充分了解建设方对产品的要求，以保证产品设计输入的正确性和完整性。

②接口设计。供货商提供地铁的每个设备都是地铁系统中不可缺少的组成部分，设备间的接口应互相匹配，每个设备的软、硬接口设计是否正确可靠，将关系到整个地铁系统设备投运后的安全和可靠。供货商应根据产品供货合同中有关接口分界和接口责任的规定，主动履行应负的接口设计责任。

在产品设计过程中加强与机电系统监造商的联系，参加建设方或设备监造商组织的接口协调会议，以便及时协调、澄清和解决接口设计中存在的问题。

供货商向设备监造商提供产品设计文件时，同时提供完整的产品接口设计文件，以便设备监造商、建设方和设计单位对产品接口设计进行审查，确保产品接口设计正确无误。

③设计输出。供货商的设计输出以图纸、方案、规格、要求、计算或分析等表示，过程设计输出的份

数一般为4份，最终设计输出的份数按合同要求，同时要提供有关电子文件。

设计输出的批准，需遵照设备监造商编制的《图纸文件管理程序》和《文件编制的统一规定》中他方审批文件的有关要求进行。

供货商编制的产品设计文件应先提交设备监造商，由设备监造商审评后提交设计单位审查确认，并提交建设方审批。建设方审批后的设计文件及图纸由设备监造商及时返回供货商1份，以便供货商进行修改或安排下一步的工作。

供货商编制的产品设计文件，同时还要通过供货商内部的签审程序，即要经过供货商有关部门对设计文件图纸的评阅、校核，标准化审查、审核，签字批准等过程，才能形成可以用来指导产品生产的设计文件。

④设计变更。产品设计输出经批准确认，原则上供货商应按此批准和确认的设计文件安排产品的生产，除非发现已批准的设计文件中确实存在有违合同规定又有不容忽视的技术问题。

所有的设计变更和偏差应由供货商通过设备监造商，与设计单位、建设方共同审查确定。

所有的设计变更申请应以书面形式提交。设备监造商审核所提交的设计变更是否在合同规定的范围之内，是否有变更的依据，从而决定是否要将供货商提出的设计变更申请及其可能引起的合同变更报告，提交给建设方。

3. 审查的主要工作内容

(1)审查产品设计任务书(设计规格书)

供货商通过用户需求分析后拟定的设计任务书必须全面充分满足用户的需求。监造应重点审查设计任务书提出的各项功能及性能指标是否达到设备合同所规定的技术要求。

根据设计任务书制定的产品技术条件，必须满足设备合同及相关技术标准所规定的各项技术要求。

产品技术条件是设备产品的关键技术文件。在拟订设计方案、选择元器件配置、进行设计计算、图纸设计和编制工艺方案、试验大纲、质量保证计划等均须满足技术条件的要求。

产品技术条件审查的依据如下：

①是否满足设备合同技术规格书的要求。

②是否符合国家有关标准、规范的要求。

③是否符合设计联络会各方确认的会议纪要的要求。

(2)审查主要设计图纸及设计文件

主要审查该产品设计是否达到技术条件的要求；设计文件是否正确、完整地表达了产品设计的原则、思路、特点和要点。

(3)审查产品设计依据的技术标准

审查产品设计依据的各种技术标准、规范、数据是否正确可靠，是否符合国家和行业的有关规定。如采用内控的企业标准，则应审查该企业标准是否优于国家及行业标准。

(4)审查设备关键材料、主要部件及外协件

设备关键材料、主要部件应满足合同要求，外协件的产地和品牌应与采购合同一致，对合同中没有规定品牌的外协件，应审查外协件供货商的资质，并给予意见。

(5)审查设备工艺文件

审查设备工艺文件的完整性，制定的工艺流程、工艺方案是否满足产品设计的要求。

(6)确定样机

需订制样机的非标和研发类设备,在产品设计审查中应确定样机型号和技术参数等。

(7)审查接口设计文件

审查供货商的产品接口设计是否符合合同及在设计联络会中明确的接口要求。

(8)审查设备供货清单

重点审查设备型号、规格和数量是否符合设计要求。一般的非标设备招标时都是采用初步设计进行招标,合同中设备供货清单可能会与最终的投产清单有差别,可按相关程序办理设备变更。

(9)审查产品试验大纲

在产品设计审查中,供货商可提供设备样机试验大纲和出厂试验大纲供审查会讨论、审查。这项内容也可放置在后续工作中。

4. 修改产品设计的审查

①供货商完成产品设计的修改工作后,应呈报监造并转交设计单位及建设方审查确认。如有必要可再组织召开设计审查会对修改后的产品设计进行审查。

②修改产品设计审查的主要内容。审查供货商是否已按产品设计审查会所提出的修改意见对产品设计进行修改,修改后的设计各项功能及性能指标是否已能满足规定的技术要求。

③如果采用设计审查会方式进行产品修改设计的审查,则应由参加会议的代表对修改设计审查结论进行签字确认。

④设计单位及建设方应将对产品设计的审查确认意见及时以文件形式函告监造。

5. 产品设计审批流程

(1)审批流程(见图1-4)

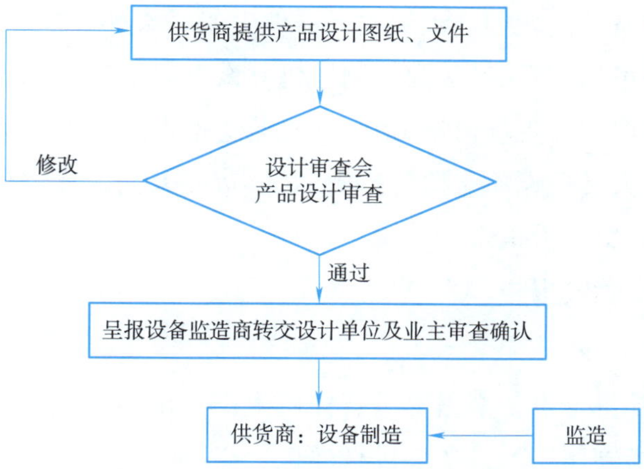

图1-4 审批流程

(2)图纸文件的审查

文件的审查由设备监造商进行初审后,再提交设计单位及建设方进行审查,由设备监造商汇总各方意见后,督导供货商按照意见进行修改,并对修改后的文件进行审查。

(3)图纸文件的审批

在完成文件的修改后,由设备监造商要求供货商按照规定提交正式的文件,该文件由设备监造商审查无误后,交设计单位进行签认。在设计单位完成对文件的签认后,送至主管建设方,由主管建设方加盖文件审批专用章,完成审批确认程序。

6. 设计审查人员配置

设备监造商根据建设方的要求将设置以项目经理为首的设计审查小组,成员包括项目经理、技术总负责人、专业负责人,主要是针对供货商和设计院提供的图纸进行审核、校对,将发现的问题及时反馈给建设方,根据情况组织建设方、设计、供货商召开相关的会议进行图纸研讨。

7. 小　　结

(1)本阶段重点

在进行产品设计时严格控制产品设计资料的互提,防止资料错漏,做到提供的资料校审会签齐全,设备需要实现的具体功能、设备技术参数、产品尺寸明确,产品的设计还要考虑便于现场安装以及后期的操作维护。

(2)本阶段难点及对策

难点:对各方资料的收集,对供货商提交的成果性文件的完整性、及时性的管理。

对策:按照考核办法对供货商进行周期性严格考核,并将考核结果上报建设方。

(三)样机制造与样机验收

1. 目　　的

样机制造以及样品抽检是设备生产全过程控制的一个重要环节,是保证合同设备完全满足合同功能要求和设备质量的有效手段,可以提前控制不合格的元器件和原材料进入设备的生产阶段,同时也是预防设备产品的功能缺陷从而保证整个工期如期完成,规避建设方和供货商由于产品问题所带来的经济和工程质量的风险。因此设备监造商将把样机制造和样品抽检作为设备生产全过程控制的重点来进行管理。

2. 内　　容

①监造商根据合同对设备外购元器件组织到元器件生产厂家进行考察。

②监造商制定样机测试策划,组织供货商编制样机测试方案。

③监造商对样机设备生产进行现场监造,提交样机监造报告。

④监造商派出相关技术人员根据质量监督措施,对供货商采购的元器件的品质、样机制造过程、样机测试进行监督,并分阶段提交质量报告。

⑤监造商组织验收,提交验收报告。

3. 样机选择原则

对于机电设备来说,不是每个设备都需要进行样机生产与试验,一般在整条线应用最普遍、涵盖接口最广、对整条线有标杆性指导作用的设备上进行样机生产与试验。

设备的样机生产与试验主要是检查设备产品的整体质量和功能是否达到了设计和合同的技术要求以及相关标准的要求。

4. 样机制造流程

在产品设计联络完成后,设备设计图纸经过建设方、设计方、设备监造商的审查后,安排供货商进行样机生产,设备监造商将选派具有丰富经验的专业技术人员到设备生产厂进行监造,并制订样机生产和试验计划。待供货商的样机生产具备试验条件后,组织建设方和设计方共同参加样机试验和样机验收。

监造商对工厂组装的监督工作包括检查资料、组装工艺、零部件品牌型号等内容。组装现场需有经过确认的作业指导书，现场根据作业指导书的内容对各零部件依次按工艺进行组装。组装过程中，对相关重要环节完成后需要进行中间检查，合格后才能进入下一个工序的组装工作。对组装用的零部件再次进行检查，品牌型号需与合同规定一致。工厂组装监督以文件见证（R 点）和现场见证（W 点）结合的方式进行监督。

5. 样机验收

（1）验收流程（见图 1-5）

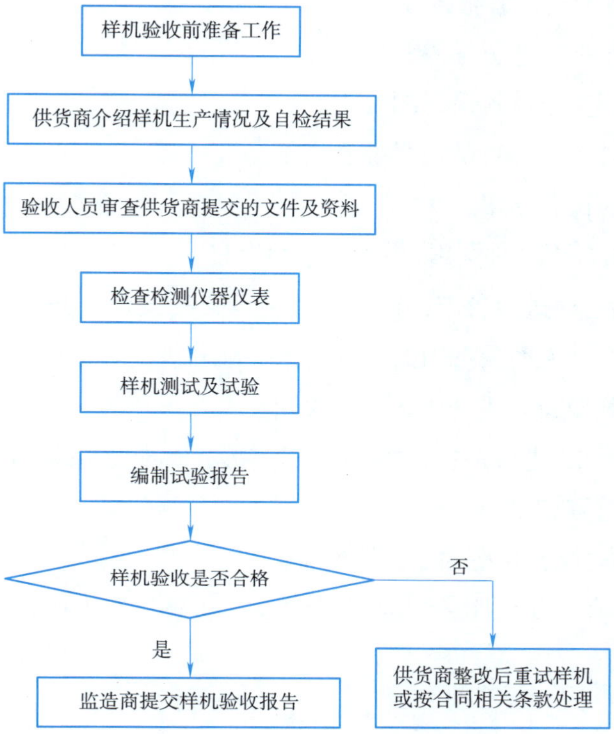

图 1-5　验收流程

（2）验收准备工作

①审核设备供货商样机验收工作计划。设计联络、产品设计审查完成后，设备供货商应制订样机验收工作计划，样机验收工作计划应满足工程总体进度计划要求，并应预留因样机验收不合格引起的样机整改时间。

②审核样机测试报告或型式试验报告。如属于开发研制的设备产品，要求供货商必须按合同规定要求提供国家相关权威检测机构出具的样机检测报告或型式试验报告，专业工程师审核。

③审核供货商样机测试大纲。审核供货商提交的样机测试大纲，大纲的内容应包括但不少于样机描述、测试计划安排、测试项目、测试仪器仪表、测试方法、测试采用的标准、测试项目达标要求和测试人员资质等内容。

④编制样机验收大纲。编制样机验收大纲报建设方审核。“设备样机验收大纲”应包括以下内容：样机验收的主要依据；样机验收工作程序及方式；样机验收的项目内容；样机试验报告测试数据记录格式。

⑤审查设备供货商样机试验自检报告。设备供货商完成样机制作后应进行自检。设备供货商应提供自检试验报告；报告中的试验内容应不少于合同要求，各项试验的参数应符合合同及相关标准的

要求。

(3)验收程序及方法

①组织由建设方、设计、设备监造商组成的设备样机验收小组,设备监造商负责组织并主持设备样机验收会议,必要时亦可邀请有关专家参加。

②设备供货商向验收人员介绍以下内容:

a. 设备样机生产(试制)情况总结。如属于新开发研制的设备产品,其样机必须按合同规定要求提供国家相关权威检测报告或型式试验报告。

b. 采用的关键技术和主要工艺方案。

c. 对采用新技术、新工艺、新材料情况的说明。

d. 质量保证体系及对外构元器件的质量控制措施。

e. 设备样机供货商自检试验结果。

③设备供货商还需提供以下文件资料,供验收小组审核。

a. 样机设计文件:包括已通过设备产品设计审查会审查的设计任务书(设计规格书)、产品技术条件、试验(测试)大纲、技术设计说明及采用的相关技术标准和规范等资料。

b. 样机的主要生产图纸及重要生产工艺文件说明。

c. 按质量保证体系的要求,进行进货检验、工序检验及产品最终检验的质量检验记录文件。

d. 关键质量问题解决过程记录。

④检查验收使用的仪器、仪表和检测工具等设备。

各类试验仪器、仪表均须具有经计量管理部门检验并在有效期内的计量合格证。其型号、规格及测量精度范围符合标准要求。

(4)验收记录与成果

①在对样机验收检查和检测试验过程中,做好检测记录。核对供货商自检报告中的有关数据。参加样机验收测试人员对检测试验现场记录数据进行签认。

②样机通过验收的判断依据如下:

a. 验收大纲中规定的检测试验项目,全部合格。

b. 通过样机生产(试制)已达到验证设计图纸、验证关键技术和生产工艺的目的。

c. 样机的各项功能、性能参数指标均已达到产品技术条件的要求,亦即符合合同及相关技术标准及规范的要求。

③样机验收结束后,监造负责编写"设备样机验收报告",对样机验收是否合格做出判断结论。形成样机试验和验收的总结报告,由参加的相关单位签字确认,供货商方可进行批量生产。

④对验收合格的设备样机可向合同供货商签发"设备样机验收合格证书"。

⑤如果样机验收中发现尚存在一些缺陷,则应要求供货商限期改进。供货商原则上应在规定的期限内完成整改工作。如有特殊情况需要延期,则应征得监造及建设方的同意和认可;必要时还须经验收人员复验合格后,才能重新进行样机验收。

⑥如果样机试验未能通过,则应按设备合同中相关条款处理。

⑦样机验收通过后,表明该合同设备已具备投产条件,待投产前技术准备工作检查通过后,即可正式投产。监造人员将结合工程施工进度经与建设方协商后下达设备投产通知。

6. 小　　结

(1)本阶段重点

本阶段重点主要对设备供货商采购的重要设备元器件等进行严格检查。检查产品的出厂合格证、测试报告、设备型式试验报告等技术文件。

(2)本阶段难点及对策

难点1:主要设备、关键零部件组装是否符合设计图纸和规范的要求。

对策1:要求厂家对设备生产人员进行技术交底,进行组装工艺培训。

难点2:系统设计未稳定,对产品的部分技术要求未完全明确,导致样机验收工作滞后及造成样机验收不全面,从而需要进行第二次、第三次样机验收。

对策2:

➢ 供货商应熟悉合同和设计要求,严格按国家标准和规范进行样机的制造。

➢ 样机制造过程中,应与监造方和设计方保持沟通联系。

➢ 必要时监造方和设计方可赴样机制作现场进行指导,检查。

难点3:有些项目的测试对场地要求比较高,比如噪声测试,包括对场地的大小和周边环境都有具体要求,而现阶段大部分工厂的空间都有限,设置的测试场地达不到标准的要求。

对策3:应按项目测试要求选定场地。

难点4:在样机验收时,有时供货商提供的测试仪器不符合标准要求或未经检测部门检测,对不符合标准要求的测试仪器应予以拒绝,但会因此耽误样机验收的时间。

对策4:样机验收前,供货商应提供经检测合格的测试仪器清单交监造方审核备案。

难点5:在设备样机验收阶段,除了设备自身的功能、性能等各项指标符合设计要求外,样机与其他相应系统之间的接口必须要进行测试,而此时往往不能及时地与其他专业的系统设备实际连接测试。

对策5:为此需要供货商根据设计联络阶段与其他各专业之间确认好的接口标准编写模拟接口软件,为样机进行接口模拟测试,以保证样机与其他各专业之间的接口正常通信。

(四)设备生产监造

设备监造商负责的主要工作是对设备的生产过程进行监造管理。此项工作是设备监造商的关键性工作,对控制设备的质量、进度及整个系统的稳定性有着重要的意义。

1. 设备生产前准备

设备生产前监造商根据监造采购合同、监造大纲对设备监造工程师进行技术交底,设备监造工程师制定监造细则来指导监造工作实施。

(1)生产前技术准备检查

为确保设备生产质量,在重要设备及非标准设备投产前,设备监造商组织对供货商设备生产前技术准备进行检查。检查内容主要包括:

①生产进度计划的安排。

②关键生产设备、工装设备的性能指标、加工精度等能否满足生产工艺的要求。

③生产图纸及相关技术文件是否已通过产品设计审查或设备样机生产验证合格。

④工装设备、工模具及生产工艺文件的准备情况。

⑤外供件、外协件、配套元器件及原材料的准备情况。

⑥主要元器件、原材料、外供件、外协件的质量证明文件。

⑦用于产品试验的装备、检测设备、仪器仪表的准备情况。

⑧关键工序操作人员的资质情况,关键工序技术文件(技术要求、质量标准等)。

⑨质量保证体系的运转情况。

⑩生产调度、技术支持、中转和临时仓储条件、包装、运输计划的安排及特殊加工工艺的准备情况等。

(2)设备制造工艺审查

供货商在设备制造之前编制设备制造工艺方案,统筹设备制造的全过程。设备制造工艺方案是进行制造管理的指导性文件。对技术复杂或采用新技术、新材料、新工艺的设备应编制专项制造工艺方案。

设备制造工艺方案应根据设备制造的要求,在不侵犯供货商知识产权的前提下,供货商应提供必要的详尽资料以满足建设方和设备监造商对制造过程进行质量监督。设备制造工艺方案审查包括以下内容:

①产品技术设计确定的产品总体布置图和总图,重要部件和组件总图。

②产品的主要精度及其特点,特殊要求。

③产品试制及正式制造阶段的质量指标。

④新产品生产组织形式和工艺路线安排。

⑤主要生产设备的性能及功能,包括设备制造、检验、测量及试验设备。

⑥外委托加工或外购重要零部件、元器件、原材料的关键工序。

⑦产品质量检验关键项、质量控制点设置及检验标准和方法。

对于具有试验性质或制造条件因素造成与原设计有较大出入者,设备监造商应与建设方、设计单位共同参加审核,以确定是否满足设计要求。

(3)供货商质量保证体系审查

在设备制造或首批设备生产制造前。在项目执行过程中,建设方和设备监造商认为有必要时,可以根据具体情况对供货商质量保证体系进行审核。

①供货商提交的审查文件如下:

a. 质量手册。

b. 质量体系程序文件。

c. 质量体系内审、管理评审及质量认证公司的评审记录。

d. 合同项目的组织机构、岗位职责、人员配备、资源。

e. 合同项目的质量保证计划、管理制度。

f. 合同项目的质量保证体系网络图。

g. 合同项目的设计质量控制文件。

h. 合同项目的关键工序的质量控制文件。

②审查程序。对供货商提交的质量体系文件逐项进行审查,审查文件的完整性和有效性,并重点审查如下内容。

a. 审查质量体系覆盖合同项目的范围和状况。

b. 审查供货商质量体系内审、管理评审及质量认证公司的评审记录。

c. 审查“质量手册”中质量方针、质量目标、组织机构、职能部门的职责范围。

d. 审查“质量体系程序文件”所包含的质量要素是否处于受控状态。

e. 审查合同项目的质量保证计划内容，质量管理网络的建立及现状。

f. 设备制造人员、操作人员的资质审查。

③审查情况评价。设备监造商对供货商提交的质量体系文件按程序进行审查后，给予评价。

a. 质量体系认证的检查评价。

b. 质量体系程序文件执行的评价（包括设计质量控制程序文件和制造过程质量控制程序文件）。

c. 质量管理制度的完整性和可靠性。

d. 质量记录的准确性。

e. 合同项目的受控状态。

（4）设备分包商审查

机电系统很多设备的部分关键部件、元器件、原材料为外购产品，由专业生产企业分包生产，设备分包商生产部件的性能、质量、供货进度往往制约整体设备的性能、质量和供货。因此，应对设备分包商进行审查。对设备分包商的审查一般采取资料审查方式，重要部件的分包商也可以采取实地考察的审查方式。

对设备分包商的资质证明资料审查应包括以下内容：

①营业执照：营业范围是否包括本工程类别，注册资金、年审是否满足要求。

②资质证书：资质证书是否涵盖本工程，年审是否通过。

③从事特殊专业许可证明（如果需要）：特殊专业的许可证明是否涵盖本工程。

④企业质保体系证明材料：质保体系是否健全，运行是否有效。

⑤近几年类似工程业绩：分包商是否具备承担本工程的经验和能力。

⑥分包合同文件：合同中有关质量、进度、规格型号、技术指标应与供货商主合同中相应条款一致。

⑦产品质量证明文件：是否具有出厂合格证书，质量是否满足合同要求。

2. 监造人员要求和职责

（1）监造人员要求

①监造人员具备专业的丰富技术经验，并熟悉 GB/T 19000—2016、ISO 9000 系列标准和专业标准。

②监造人员有多年从事本专业工作的经验。

③监造人员有高度的责任感和善于处理问题的能力，能和供货商团结协作、密切配合。

④监造人员严格遵守国家法律法规和职业道德，确保监造工作的科学、客观、公正、准确。

（2）监造人员职责

①监造人员严格遵守制造商有关规定及劳动纪律，保守卖方制造厂秘密。

②监造人员应了解并熟悉合同条款、制造标准、设备生产进度、卖方质量保证体系。

③对重要部件原材料的进货情况检查或抽查，以及对重要部件原材料的理化检验和元器件的筛选检验要有充分的了解。

④对合同产品（设备）的制造全过程及质量状态进行监督和见证；了解重要部件的质量保证措施和执行情况，了解加工、组装过程和中间检查过程。

⑤监督设备制造过程的关键工序或关键部件的加工制造是否按工艺规程的规定进行，是否经检查合格后才转入下一道工序。对重点零部件或制造过程的重要工序工艺操作过程严格控制。

⑥参加和了解合同中规定的试验内容（包括单项试验、联动试验、总装和出厂试验），对于定型产品的型式试验，查阅有关的证明材料；履行现场见证和签认手续（此签认手续不代替合同设备到达工地后的验收和投运后的保证期责任）。

⑦了解合同设备出厂前的防护、维护、入库保管和包装发运情况。

⑧了解合同设备在设计和制造过程的修改情况。

⑨当发现问题时，应立即与卖方有关方面联系解决，重大问题立即向买方报告。双方意见发生分歧时，监造人员应本着实事求是的态度和主动协商的精神争取达成一致意见。如商讨意见达不到共识，由买方主管部门解决或仲裁解决。

⑩监造人员遵守卖方的工作时间，必要时夜间跟班到岗。将现场检查验证情况填写现场见证记录。

⑪定期向建设方提交设备监造工作情况报告，对重大问题的变更及时向建设方请示和汇报。

⑫做好设备监造记录，编制设备监造工作总结。

3. 监造工作内容

（1）生产通知

产品设计完成及样机验收合格并被确认后，设备监造商编制设备制造生产通知，由建设方确认后，通知供货商开始设备的制造。

（2）监造检查人员进驻生产制造现场

从产品投料开始跟踪，进行监督、监造、检验和测试，全程监造，以保证产品质量。在对设备生产全过程的质量控制中，按生产进度制定监造报告交建设方（乙供设备需报施工单位）。

（3）召开工厂设备监造工作准备会议

设备监造人员到达被监造方后，由设备监造负责人主持召开设备监造准备会议，向供货商详细介绍本次工作的行程计划、设备监造内容和监造方式、监造人员的职责和工作纪律等，由供货商代表阐明观点、工作配合安排等。

在召开工厂监造工作准备会议期间，我方的监造人员将到工厂生产现场检查主要原材料、元器件的采购情况，并与设备采购合同进行比对。

（4）召开设备监造阶段总结会议

当每一计划监造任务完成后，召开双方设备监造质量见证会，由设备监造负责人宣布监造结果，并向供货商提出需要持续进行的质量控制要求和改进意见，双方确认后，取得一致意见后填写“设备监造质量见证书”，双方代表签字。

（5）召开设备监造过程临时会议

设备监造人员在监造过程中发现有可能影响交货期的质量或进度问题，如属于甲供设备，除及时向建设方书面汇报外，还应及时组织供货商召开临时会议，对影响本项目工程工期和本项目合同产品质量的问题提出意见，并要求供货商提出解决措施，在得到建设方确认后再进行下一步的实施；如属于乙供设备，要及时汇报至施工单位和建设方，由施工单位负责落实所反馈的相关问题，此过程中由设备监造商可根据经验提出相应的建议。

（6）对生产制造厂质保管理系统提出建议

一方面通过监造检验人员在制造现场从投料开始进行监督检验；另一方面，还要检查制造厂商的质量保证制度和质量管理体系的建立和实施情况，并根据本设备的制造特点，提出质量保证制度的新建议,改进厂商的质量管理体系。

(7)对设备生产进度的控制

按照设备采购合同,以及经建设方审批后的设备生产进度计划要求,我方将在生产监造的过程中严格控制设备的生产制造进度。督导供货商定期上报设备生产计划及实际完成进度报表等相关数据,对于一些重要部件或重要设备,还将要求供货商提供生产周报、日报等。以保证设备的生产、供货周期能够满足工程需求。

(8)监造工作总结

监造工作情况由设备监造商按生产进度制定监造情况报告,报告主要内容包括设备监造时间、监造过程记录、质量见证书及与该项目设备监造相关的文件、通知、记录、传真等。

对监造、试验过程发现的有可能影响交货期的质量或进度问题,及时以书面形式向建设方进行汇报(乙供设备还需报施工单位),重点叙述问题的原因和解决问题的途径及解决效果。

4. 监造方式

①设备监造的主要任务是按合同确定的设备质量监造要求,在制造过程中监督检查合同产品是否符合 GB/T 19000—2016、ISO 9001 系列标准及各专业技术标准的要求。

②设备监造模式根据工作内容、范围和深度不同,分为一级监造和二级监造两种模式。一级监造主要项目少,是重点监督检查和最低要求。二级监造主要项目多,内容齐全、具体,是更高要求,要求监造人员对制造过程的跟踪检查。

③设备监造方式分为停工待检(*H* 点)、现场见证(*W* 点)、文件见证(*R* 点)三种。

文件见证:生产进度计划、材料采购计划及其到货检验、进口元器件的原产地证明及其报关单据、生产工艺流程、质量管理体系文件、试验报告、检验记录、合格证、主要元器件的内部结构原理图及其接线图、供货设备的产品图、说明书、操作及维护手册等相关文件资料检查见证。

现场见证:首台设备组装检验、首台设备或样机试验、接口试验、结构性能试验、功能性试验、设备主要部件工厂试验、特殊材料性能试验、出厂试验与检验等都需要现场见证和监督。

停工待检:将根据合同要求和实际生产情况确定。如生产过程中,产品质量问题较多,需按相关程序转为停工待检,解决存在的问题后才能正常生产,重要工序需经检查并有监造人员在现场见证,认为合格后才容许进入下一道工序。

④在与供货商签订设备合同时,参照本监造方案商定监造主要项目及 *H* 点、*W* 点和 *R* 点。

⑤供货合同生效后,供货商应向设备监造商提供生产进度计划及质量检验计划,在预定见证日期以前(*H* 点 20 天,*W* 点 15 天)通知。

⑥设备监造商接到质量见证通知后,应及时派代表到制造厂参加现场见证。如设备监造商不能按时参加,*W* 点自动转为 *R* 点;但 *H* 点没有设备监造商书面通知同意转为 *R* 点时,供货商不得自行转入下一道工序,应与设备监造商联系商定更改见证日期。如更改时间后,设备监造商人员仍未按时到达,即认为放弃 *H* 点监造。

⑦如供货商未按规定提前通知设备监造商,致使设备监造商人员不能如期参加现场见证,设备监造商有权要求重新见证。

⑧质量见证完成后,设备监造商人员和制造厂检验员应在质量见证书上签字,一式两份,双方各执一份。

5. 外协件考察与管理

外协件由供货商负责采购，作为供货商供货产品的部件（材料），经过供货商再加工或装配后，与供货商设备一起形成满足采购合同要求的产品。外协件一般属于对产品质量起着关键作用的零部件，技术要求高且监造商与外协件供货商没有直接管理关系决定了质量控制难度大；外协件由供货商的分包单位供货（部分还是进口零部件）决定了进度影响因素多，进度控制难度大。结合城市轨道交通项目管理经验，拟定外协件考察和管理方案。

（1）外协件考察与管理的工作目标

①通过外协件供货商审查、考察，确保选择合格外协件供货商。

②通过各种管理手段，确保外协件管理的进度与投资目标。

（2）外协件考察

①外协件考察的组织。外协件考察由供监造商组织，建设方代表、供货商参加。

②采购前考察。外协件采购前考察在外协件供货商生产所在地进行。

a. 按采购合同规定考察。采购合同中规定需进行考察的外协件，监造商收到供货商申报的“外协件/原材料采购计划表”及相关资料后进行审查，审查合格报建设方批准后，监造商向供货商下达考察通知，由供货商通知外协件厂家做好相关准备。

b. 监造商建议考察。对合同中未规定进行考察的外协件，监造商根据重要程度提出考察建议报建设方批准后执行。

c. 考察内容。

第一步：文件审查。审查供货商申报的“外协件/原材料采购计划表”及相关资料，包括如下：

➢ 外协件/材料供货商分供商资质证明资料、企业经营性质、企业质量体系认证情况、企业产品生产与供货能力、外协件样品的检验报告、企业具备产品质量检验条件、产品质量保证资料、产品有无用于地铁业绩（若有要求）。

➢ 审查设备外协件的关键材料、主要元器件、质量证明文件、工艺流程及主要工艺文件的可行性、合理性。

➢ 对进口外协件实地考察有困难时，应对产品的原产地证明、报关单、产品合格证等进行重点审查。

第二步：实地考察。文件审查合格后，监造商组织对外协件供货商进行实地考察，对外协件供货商的生产能力、生产条件、技术装备、工序质量控制、产品检验等进行考察并形成评估报告。

外协件供货商考察合格后，监造商通知供货商可以组织采购与供货。

③进货后考察。机电系统供货商申请的采购计划被批准并按批准的品牌和计划组织采购到货并自检合格后，填报“外协件/原材料报审表”，对于重要外协件或监造商对供货商提供的材料及其附件有怀疑时，提请建设方批准，监造商组织到供货商厂家对已到货的外协件进行考察和复验。

④样机试验、出厂验收考察。外协件/材料作为供货商产品的一部分，应和机电系统形成一个有机整体以达到采购合同要求的性能，监造商在组织样机验收、出厂验收时，测试项目应包括重要外协件的主要性能检测及包括外协件在内的设备整体性能试验。

（3）外协件质量控制

为了有效地控制设备质量，必须从设备的源头外协件/材料进行控制，通过对供货商综合能力的评价，可以有效预防因供货商能力不足而带来的外协件质量下降风险。对于质量要求高、技术含量高的关键外协件，如 UPS 电池、IBP 盘 RI/O、PLC 控制器、输入/输出模块、中央服务器、激光打印机、交换机等，应作为质量控制的重点，拟采取质量控制措施如下：

①对外协件进行分类管理。根据 ISO 9001:2000 标准的质量管理体系与质量保证标准，外协采购的产品配件划分为三类：A 类（关键配件）、B 类（主要配件）、C 类（一般配件）。

②重要外协件，监造商应督促供货商提供 2～3 个供货商供选择。

③组织外协件考察。

④整体试验。组织样机验收、出厂验收时应关注外协件性能。

⑤在外协件到货检查、样机验收、出厂验收、安装调试及联调阶段，发现外协件质量问题，督促供货商整改，直至合格为止。

⑥因外协件质量问题造成的设备质量问题，均视为供货商责任，监造商将通过包括支付手段在内等方式督促供货商整改。

（4）外协件供货进度控制

由于城市轨道交通设备的外协、外协件占零部件总数的 10%～50% 以上。相当大一部分的产品尤其是涉及进口外协件的产品交货期问题都是由外协件供货商引起的。因此，外协件供货商的表现对设备制造质量和供货周期的影响越来越大。鉴于此，将采取以下措施进行进度控制：

①采购合同签订后，督促供货商及时提交《外协件/原材料采购计划表》并审核，对于合格的外协件供货商，应及时予以审批。

②对外协件供货进行跟踪，督促供货商按计划组织外协件到货，对合格的外协件，组织复验或及时进行确认；存在质量问题的外协件，跟踪督促供货商整改或更换。

③跟踪协调建设方对供货商的支付情况，避免供货商因建设方支付原因影响外协件采购进度。

④检查供货商向外协件供货商的付款情况，避免供货商拖欠外协件采购款影响外协件供货进度。

⑤对外协件原因造成的机电系统供货进度滞后，属于机电系统供货商责任，按合同规定处理。

（5）外协件投资控制

供货商是外协件采购投资控制的主体，从建设方与供货商签订的采购合同投资控制角度，采取如下控制措施：

①严格审查技术规格书、供货清单，尽量减少变更。

②合同谈判阶段，供货商报价清单中外协件报价明显不合理的部分，应要求其予以澄清。

③对供货商的付款申请，除非合同另有规定，不论外协件价格浮动与否，严格以合同为依据对已完成的合格工程量计量，按合同价格签发付款凭证。

④对外协件原因造成的机电系统供货进度滞后造成的经济责任，属于机电系统供货商责任，按合同规定处理。

⑤收集、整理合同执行过程相关资料，公平、公正处理索赔。

6. 关键工序控制

（1）分体生产过程的质量控制

①充分了解分体生产过程的工艺流程，将工艺配料作为质量控制要点。

②根据生产工艺手册、质量记录卡等生产数据进行抽查。

③分体生产过程的检验方法、检验结果的抽查。

④分体生产的产品成型后电气性能、机械性能等试验过程和结果进行抽查。

⑤根据分体生产的部件成品合格情况分析产品的合格率，用以判断本项目设备所用部件的质量合

格的因素。

关键工序控制流程如图 1-6 所示。

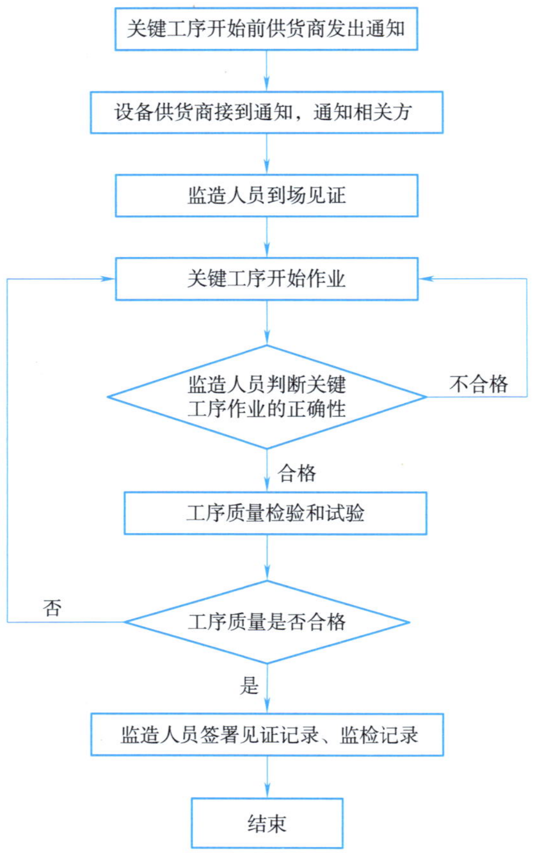

图 1-6　关键工序控制流程

(2)总体装配过程的质量控制

①总体装配所有配套材料确认，重点检查配套材料的外观质量合格，规格型号应符合相关标准、图纸、检验标准等，并具有配套材料的合格证明。

②装配过程应严格按照装配工艺手册、图纸、检查卡的操作要求进行装配，重点检查装配过程所使用的工器具、质检记录等。

③总装过程电气性能、机械性能、各项功能试验的质量控制，应按照合同规定项目进行试验。试验标准、试验方法应符合相关标准。设备各项功能应满足合同及设计图纸的要求。

要求供货商使用合适的制造和装配设备，检查供货商所使用的生产制造、装配设备满足产品技术条件的要求，保证产品的质量。检查供货商装配场地的环境满足产品装配环境的要求。

7. 不合格品控制

①供货商必须严格执行其关于不合品控制的形成文件的程序，以防止不合格品的非预期使用或安装，控制不合格品的标识、记录、评价、隔离和处置。

②供货商必须规定对不合格品进行评审的职责和处置的权限，按照形成文件的程序评审不合格品，并进行相应适当的处置。

③如果供货商要使用或返修不符合规定要求的产品，必须向设备监造商提出申请。经同意后，供货商记录不合格或返修情况，报设备监造商审核。

④对于返修和(或)返工后的产品,供货商必须按质量计划和形成文件的程序重新检验,并保留相关记录。

⑤如果设备监造商在任何情况下,发现供货商有任何不合格产品未按上述条款办理,设备监造商将视此为供货商质量体系的严重不符合项。

8. 成果文件

①监造日志。

②监造过程中的重要问题处理措施及报告。

③监造过程中的声像文件。

④监造工作总结报告。

9. 小　　结

(1)本阶段重点

①主要对设备供货商采购的关键设备等进行严格检查。

②检查产品的出厂合格证、测试报告、设备型式试验报告等技术文件进行检查;原材料的保管、发放、使用等应有详细记录,并具有可追溯性。

③跟踪检查主要设备、关键零部件、关键工序的组装质量是否符合设计图纸和规范的要求;对主要设备安排专业工程师实施驻厂监造。

④对元器件的采购、设备生产进度是否满足项目计划要求。

⑤主要元器件的内部结构原理图及其接线图完整性。

⑥主要外购件/原材料的分供商资质资料,外购件产品质量证明资料,外购件样品的检验报告。

(2)本阶段难点及对策

难点1:监造执行方案。

对策1:完善监造大纲和计划,包括监造流程、人员组织、驻场计划、梳理重难点、各类文件的整理等。

厂家严格控制按计划实施,驻场监造确保产品质量和目标完成。同时,定期摸查线路进度情况,及时调整到货目标,确保满足实际需求。

难点2:主要设备、关键零部件组装是否符合设计图纸和规范的要求。关注生产细节。

对策2:要求厂家对设备生产人员进行技术交底,组装工艺进行培训。控制接线水平、内部线路美观情况、外部接线预留孔洞及接线空间情况,BIM 相关工作内容的落实。

难点3:一般设备种类和数量繁多,设备进入安装阶段后根据现场实际进度设备供货时间可能会有较大调整,招标文件中要求的设备出厂验收和检查的次数有限,设备投产工期安排和质量控制难度大。

对策3:重点把关设计联络、投产前检查、部件/材料采购计划审查、出厂验收等过程监控,每个监控过程进行之前应做好准备工作,以便在实施时取得实际效果,避免走过场;如供货进度严重滞后、设备出厂验收发现严重质量问题等特殊情况,应进行必要的工程跟踪监控;根据需要,经建设方批准后,适当调整各阶段工作计划和次数。

难点4:外协件一般属于对产品质量起着关键作用的零部件,技术要求高且监造商与外协件供货商没有直接管理关系决定了质量控制难度大;外协件由供货商的分包单位供货(部分还是进口零部件)决定了进度影响因素多,进度控制难度大。

对策4:针对外协产品,需要拟定外协件考察和管理方案。监造负责收集相关资料,包括生产过程阶段资料(生产过程依据、出厂验收资料、订单、批次、影像资料等)、进口报关相关资料、装箱单等出厂验收。

难点5:软件编程。

对策5:全线软件编程与硬件生产同步开展,到货前全部编制完成,并完成导入安装。设计模式问题:各专业设计院与厂家集中办公核对,通过模拟测试提前发现问题和处理,并组织运营参与确认。

难点6:系统成套。

对策6:监造负责工厂组装成套质量及进度,注重核心功能测试,如PLC、工控机功能测试以及成套后整机性能测试,如完善记录,监造驻厂监造,完善测试流程及记录。(要求细化,资料齐全。)

难点7:设计变更的协同机制。

对策7:建立接口相关专业设计变更流程管理机制,接口专业变更后,要即时知会相关接口专业,可采取资料共享平台建立,或者共同办公,定期(季度、月度)开展清理,设计单位应确保每次变更资料的完善,以及提供给相关设计范围变更内容的可视性、可量性,减少核对没有变更部分的工作量,由设计总体或总包牵头管理。(此机制需要规范化、可视化。)

(五)出厂验收

1. 目　　的

设备出厂验收的目的是检查设备供货商是否按照供货合同、生产指令要求的数量进行生产。为了协助和监督供货商保证设备采购合同中的产品在制造过程中,严格把好质量关,把产品缺陷消除在出厂以前,防止不合格产品出厂。

设备监造商派出相关技术人员根据质量监督措施对主要设备生产制造进行监督,并按生产进度制定监造报告给建设方,并随时将监造中发现的问题通报建设方。

2. 验收条件

①设备在厂内组装、调试,供货商自检合格。

②供货商已经准备好下列技术资料:

a. 合同设备产品技术条件。

b. 执行的各相关技术标准和规范。

c. 主要图纸及关键工艺的说明。

d. 外协件、外购件质量证明文件。

e. 设备样机验收合格证书(如果有的情况)。

③供货商向设备设备监造商提交设备出厂检验申请单以及下列相关技术资料和计划安排:

a. 出厂试验大纲及设备出厂自检试验报告。

b. 出厂检验验收项目、检验标准要求及检验记录。

c. 供货商对设备出厂验收的日程安排。

3. 工作流程(见图1-7)

4. 出厂验收准备

(1)出厂验收通知

出厂验收通知内容包括:验收时间、验收地点、验收内容、参加验收的各单位。验收前7～14日发出验收通知至参加验收的各单位。

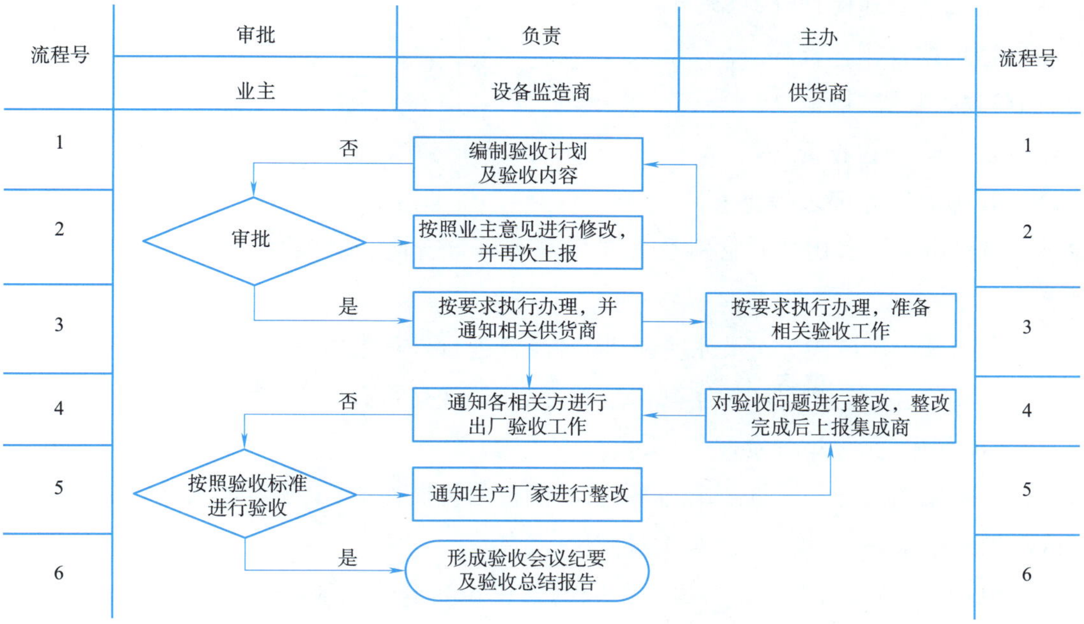

图 1-7　工作流程

(2)出厂验收准备资料

出厂验收计划和出厂验收方案的准备。根据本工程项目工期的总体规划,设备监造商制订设备出厂验收计划,按计划组织实施设备出厂验收工作。出厂验收方案应包括验收方法,质量标准,检查验收的依据。

出厂验收会议纪要、签到表、出厂验收流程、出厂试验大纲、设备采购合同副本、出厂验收检查表、监造遗留问题汇总或监造遗留问题整改报告(用于验收时核实整改情况)。

(3)出厂验收技术准备

①根据第三次设计联络制定的出厂验收大纲进行修正,报建设方批准。

②熟悉出厂验收大纲、合同及相关标准技术要求,熟悉设计图纸及验收程序等。

③首批次设备出厂验收,监造商应组织出厂验收预备会议,参加出厂验收的各单位派代表参加,由监造商将建设方批准的出厂验收大纲对参与验收各方交底,并对验收工作做出相关安排。

④检查供货商的技术准备工作,包括供货商自检结果、试验仪器、测量仪表检查以及技术人员资质等。

(4)出厂验收组织准备

①明确出厂验收的组织机构,具体组织工作由监造商负责,供货商负责会务安排,原则上参加单位应包括建设方(含运营部门)、设计单位和供货商,必要时应邀请接口相关方参加。

②督促供货商的会务组织。

5. 验收工作内容

①出厂验收工作准备会议。设备出厂验收人员到达供货商处以后,首先由建设方主持召开验收工作会议,由验收小组介绍此次验收的具体要求和方法;由供货商代表介绍该产品设计、生产制造、检验试验及设备监造的情况及验收工作准备情况。

②文件资料的验收。质量记录资料是设备制造过程质量状态的记录,它不但是设备出厂验收的内

容,对今后的设备使用及维修也有意义。质量记录资料主要有以下五种。

a. 制造单位质量管理检查资料。

b. 设备制造依据及工艺资料。

c. 设备制造材料的质量记录。

d. 零部件加工检查验收资料。

e. 管理工程师对质量记录的要求。

③检查核对设备实际采用的原材料及元器件是否符合合同、设计联络会议纪要、合同变更等相关文件的要求。

④以采购合同及出厂试验大纲要求为基础,对设备进行外观检查,制作相应的检查表,检查内容至少应包括:尺寸、颜色、接线、把手和按钮操作是否灵活、外观是否有磨损、螺栓安装是否牢固可靠,有无氧化现象等,认真做好记录,并由检查人(买卖双方代表)签字。

⑤以出厂试验大纲及设备图纸要求为基础,对设备的机械性能、电气性能及功能试验进行检查,在检查表上认真做好记录,并由检查人(买卖双方代表)签字。

⑥对设备检查完毕后,应组织参与出厂验收的各单位召开出厂验收总结会,对本次出厂验收中发现问题进行汇总,并落实整改方案及时间,以便后续跟踪落实情况,记入会议纪要中,并在问题整改完毕后准予设备出厂;若本次出厂验收不存在遗留问题,则在总结会上向供货商明确发货注意事项,准予设备出厂,并要求供货商在发货前一周提交电子版装运通知单至设备监造商。会议纪要由设备监造商起草,与会各方签字确认。最后,复印经签字确认的会议纪要和签到表,发送与会各方一份。

6. 不合格品处理

在设备出厂试验和验收过程中,如发现设备出现不合格项,则需采取以下措施。

(1)在出厂验收合格界定范围内的不合格品处理

在出厂验收过程中,如发现局部轻微不合格项或文件不合格项,并属于验收大纲中界定的验收合格允许范围内时,督促供货商对其做好标识、记录、隔离和处理。对有争议的问题进行评价和处理,应会同建设方、设计、供货商等一起讨论做出决定。

设备验收组应要求供货商对不合格问题采取措施,及时消除已发现的不合格产品或完善文件不合格项。供货商按照程序文件规定,及时填写不合格品处理报告和纠正措施记录,并按规定要求存档备查。

(2)验收合格界定范围外的不合格品处理

当验收过程中发现严重不合格产品或文件不合格项时,并超出验收大纲中界定的验收合格允许范围,则该批次设备需进行返工处理,还应对照规定重新进行自检和检验,直至符合要求合格后才予以放行。供货商同样要及时填写不合格品处理报告和纠正措施记录,并存档备查。

(3)分析不合格品产生原因

当不合格品产生后,应对产生不合格品的原因进行科学分析,并敦促供货商对这些原因进行整顿改造,确保设备生产质量。

(4)制定处置措施和纠正措施

由供货商质检部门根据验收小组的意见制定对不合格品的处置措施,并严格遵照合同和有关规定执行。

对严重的不合格品应采取纠正措施,分析不合格类型,及时对产生问题的原因予以改进,对改进效果予以验证,对于效果不显著或无效的纠正措施,应及时修订或完善纠正措施,以达到有效消除产生不合格品原因的目的。供货商质检部门对效果显著的纠正措施应及时整理,适时纳入设备生产制造过程中的制度文件和程序文件中。

7. 出厂验收报告

根据设备采购合同的设备测试计划,每完成一个阶段的工作任务,由设备监造负责人编写出厂验收工作总结报告。

出厂验收报告包括以下内容:

①设备出厂检验验收类别、时间、地点、参加验收人员及单位等。

②设备生产情况:包括设备名称、型号、规格、制造厂、设备生产完成时间等。

③文件资料检查情况。

④试验仪器与测量仪表检查情况。

⑤验收项目的试验过程与试验结果(包括复检数据)。

⑥遗留问题、解决措施、复检结果及验收结论。

⑦验收附件资料:生产过程质量记录、试验记录、委外检测报告(如有)等。

出厂验收总结报告应有明确结论,指出工厂设备是否满足相关规范、标准以及合同等相关条款要求。

输出设备出厂验收大纲、设备出厂检验表 、设备出厂验收合格证书和设备出厂验收报告资料文件,并归档。

8. 成果文件

①验收计划及验收的相关内容。

②验收记录表。

③验收会议纪要。

④验收总结报告。

9. 小　　结

(1)本阶段重点

①测试设备的技术指标、需要实现的功能是否满足设计要求,对设备零部件组装工艺是否满足验收规范和设计要求。

②检查供货商对准备出厂的设备采取的防护和包装措施,并检查是否符合运输、装卸、存储的要求。

③对相关的随机文件、装箱单和附件是否齐全等进行重点检查。

④现场见证试验全过程否符合合同的要求,包括监督试验设备、试验条件、试验项目、试验方法和步骤、试验结果等。

(2)本阶段难点及对策

难点1:出厂验收仅仅是设备最终质量形成的一个过程检验,由于质量检验方法、手段的局限性,设备系统的复杂性,设备数量的巨大性,增加了出厂验收工作的难度。

对策1:

①设备出厂验收前,应先确认供货商在厂内组装、调试自检合格。

②设备出厂验收时要求供货商提供合同设备产品技术条件、执行的各相关技术标准和规范、外协件和外购件质量证明文件、设备样机验收合格证书(如果有的情况)、出厂试验大纲及设备出厂自检试验报告等文件资料。

③专业工程师编写设备出厂验收大纲(包括设备出厂验收主要依据、验收工作程序及方式、设备出厂验收项目及内容、出厂验收检验及测试数据记录格式等内容)。

④出厂检验验收小组由专业工程师和建设方代表组成(必要时亦可邀请设计院或其他单位专家参加)。出厂检验包括文件审查和现场检测及测试两部分内容。检查验收时应按设备出厂验收大纲要求的检验项目逐项进行检查、测试和试验,并对供货商提供的设备出厂自检试验报告认真进行对照审核。

⑤督促供货商完成验收小组对设备缺陷提出的整改及补充资料的要求。

⑥专业工程师负责编写设备出厂验收报告,包括出厂验收日期、地点、参加验收人员;设备出厂检验验收项目、验收程序、方法,试验结果(包括复检数据);供货商整改记录,复检结果;出厂验收评定结论等,并由验收小组签认。

⑦针对不同机电系统的特点,采用与之相适应的出厂验收方法、手段和检验项目。如针对配电箱设备数量巨大的特点(仅一个机电系统数量就达一两百台,一个验收批次可能达数百台,出厂验收时不可能对每台都进行测试检验),一方面应认真审核产品制造过程的质量证明文件,另一方面应制定科学的抽样检验方案,采用抽检的方式对抽到的设备按出厂验收大纲规定的检验项目进行验收。

难点 2:批次控制(生产批次与到货批次的匹配问题)。

对策 2:监造加强监造投入力度,将有问题的产品发现在出厂关口,避免对调试工期的影响。

难点 3:出厂标准控制。

对策 3:完善出厂验收标准、流程及记录。

BIM 内容验收:按照 BIM 技术小组目标及要求,验收出厂货物 BIM 相关信息的落实情况。

(六)到货及开箱验收

1. 准备工作

准备工作如下:

➢ 制定对供货商产品的包装、储存、发运、装卸的管理程序,并监督供货商执行。

➢ 对供货商产品的包装、储存和标志过程进行控制,要求供货商的出厂包装安排符合合同要求、运输要求及特殊要求,并给予确认。

➢ 按制订的工期计划向供货商发出经建设方确认的可发货通知单,并及时将供货商的本次发运内容:发货时间、估计到货时间、运输工具、箱件数、箱件大小、重量等通知建设方。

➢ 要求供货商提供产品装卸的方法与手段,并在实际装卸过程式中加以监督,防止设备损坏或变质。

➢ 要求供货商根据各自设备的特点提出应具备的仓储条件。在建设方准备好交货地点后,应使供货商清楚建设方的仓储条件,发给建设方的货物应能在建设方的仓储条件下储存,不会因建设方仓储条件原因而引起损坏或变质。

(1)设备包装、运输要求

①要求供货商提出出厂包装安排,确认供货商是否按合同要求和运输要求、特殊要求进行包装,并向供货商发出确认书。

②对供货商产品的包装、储存和标志过程进行控制，使之达到给定的要求（包括所使用的材料）。

③本合同项下由供货商提供的所有设备和材料应具备适应内陆运输和多次搬运、装卸的坚固包装，并应根据货物特点及需要，采取防潮、防雨、防锈、防腐蚀、防震动等保护措施，以保证货物安全无损运抵建设方指定地点。保证存放在建设方仓库内设备不损坏。

④运输包装设计须使包装物具备一定的堆码能力，即高度在 2 米以上的货物，能保证安全堆码两件同类货物；高度在 2 米以下的货物能保证安全堆码四至五件同类货物。木箱、铁箱、托盘、框架顶部一般须采用平顶形式。

⑤起吊位置的设计：各种方式的包装均须根据货物的长度、重量和重心情况合理设计起吊位置，并标明起吊点。单件重量在 10 吨以下的设备，包装物底部必须留有铲空以适应不同方式的装卸作业。木箱、托盘的起吊位置及上部适当位置须根据货物的重量加装相应规格的护角铁板，以增加强度。

⑥重心点标注：各种方式的包装均须标注重心点。

⑦对于大件设备应有固定的底座，外包装上有吊装挂钩。

（2）运输包装方式

①木箱。全部采用压边接缝或探槽接缝全封闭式木箱，禁止采用花格木箱。包装箱用材为松木或同类材料，不得使用纤维板、竹皮板等其他材料。箱板厚度、箱内框架用料及结构须根据设备的特性和重量设计，确保木箱强度和装卸安全。精密仪器、仪表、控制盘（台）等电气设备应进行真空包装处理后再装箱。易碎设备如绝缘瓷瓶应先装入纸箱或木箱后再装箱。设备在木箱内固定牢靠，不得发生移位或蹿动。包装箱充满度不低于 90%。设备装箱时尽量使其重心位置居中靠下，重心偏高的设备尽可能采用卧式包装。重心偏离中心较明显的设备须采取相应的平衡措施。

②铁箱。精密仪器设备等必须采用铁箱包装方式。

③托盘。同规格尺寸的小型箱装货物应采用托盘组合包装方式，组合包装后的托盘重量一般为 0.5 ~ 2 吨，体积不小于 1 立方米。托盘装必须组合牢固，确保不散捆。

④捆装。中型钢结构和管件，可采用捆装方式，须以角钢和槽钢为材料进行捆扎，长度 5 米以下的货物至少捆扎 4 道，长度 5 米以上的货物至少捆扎 5 道，确保不散捆。捆装货物钢结构之间以及钢结构与捆装材料之间，须加衬胶皮或麻袋片等衬垫物，以防物件蹿动散捆以及由此产生的工件磨损。

⑤框架。下水连接管、顶部连接管等部件，型钢结构的管件，须采用以槽钢、工字钢为框架材料的框架包装。不得使用木质框架。设备必须框在框架内，固定措施安全可靠，不得有蹿动、碰撞等潜在因素。铁件之间须有衬垫物，以免运输途中铁件直接接触摩擦，减薄产品的局部厚度。

⑥卷装。用于电线、电缆、硬铜接触线等货物的包装，电缆应采用全钢盘包装方式。

（3）包装检查及发运准备

①做好包装检查记录工作，内容应包括：包装是否满足防湿、防潮、防尘和防震要求，重心吊装点是否明确，收发货标记是否清楚，随机资料及包装是否符合要求等。

②对有特殊包装要求的设备，设备监造商应派专人在装货地点进行现场监装。

③超限设备运输应督促设备供货商办理超限运输许可证，并采取特殊的保障设备安全的措施。

④审查供货商委托的运输公司资质、业绩，审查运输方案及计划。

⑤督促供货商在发运前将本次设备的发货时间、预计到货时间、运输工具、箱件数、箱件大小、重量等内容通知设备监造商，设备监造商再通知收货单位做好接货准备工作。

(4)储存

①发运之前,供货商提供安全可靠的储存场地或库房以防止产品的损坏或防止待用或待发运的产品变质。

②使供货商清楚建设方的存放要求,发给建设方的货物能在建设方的要求条件下储存,不会因仓储条件原因而引起损坏或变质。

2. 装运通知

供货商应在货物装运日期之前15~30天内,按地铁物资公司要求,提供货物装运通知(纸面)、装运通知(IAM)和装运通知(EPMIS)三个文件的电子文件电邮给设备监造商。

由设备监造商对供货商发来的三个电子文件进行核对,无误后转发地铁物资公司(以便地铁物资公司做好货物接收与入库的准备),并要求供货商将货物装运通知(纸面)打印盖章后传真设备监造商。必要时可加附发货通知(说明到货的一些情况,如发运货物的设备材料名称、使用的站所、发货时间,预计到货时间、运输工具、装运总箱数、最大箱件尺寸、最大重量箱件、装卸工具及装卸要求、联系人等)。

同时,设备监造商需在发货前检查供货商的运输保险是否办理,确认后,方可发货。

(1)产品的装箱资料的编制和装箱要求

产品的装箱资料需按合同要求执行。装箱资料须装于塑料袋内(资料较多时还应另装入一只内箱),然后将其固定放置在产品主体件第一箱内或每站(所)的同种设备第一箱内。资料过多无法装入产品包装箱时,可单独装资料箱,并将"资料"字样标记在包装箱的品名规格栏目内。包装箱内每一单位零部件均应系有标签,标签内容包括设备名称、零部件名称、规格型号、数量、图号、图纸序号、装箱单号等。

包装箱内所装货物的名称、规格、数量应与标签及装箱单记载的内容三者完全一致。

裸装、捆装、卷装及框架包装货物,应将所有装箱资料集中装入资料箱内。

(2)装运单证的种类及份数

对于设备的单证的种类和份数及编制要求和传递方式按以下要求执行。

①箱件清单:1正5副。其中1副本放置在包装箱外防水包装袋内。1正4副于工厂发货前十天用特快专递寄至机电系统监造服务单位/施工单位。

②详细装箱单:1正5副。其中1副本直接装入包装箱内。1正4副于工厂发货前十天用特快专递寄至机电系统监造服务单位/施工单位。

③设备启运通知传真。于工厂发货时传真给机电系统监造服务单位/施工单位。

④产品发货通知(回执)单。于工厂发货时传真至机电系统监造服务单位/施工单位,用于货物交接。

⑤工厂质检证书(合格证)。原件2份,其中1份直接装入包装箱内,另1份随出厂文件提供。对于乙供设备材料,此文件原件随竣工资料提交,复印件到货时提交建设方和机电系统监造服务。

(3)箱件清单、详细装箱单制作要求

箱件清单、详细装箱单是提交建设方商务单证的重要组成部分,是国内外装运、报关的必备文件,也是设备承包、运输、安装等各有关单位进行设备交接的依据,必须认真制作,保证质量,做到单与单、单与货、单与证三相符,准确无误。

详细装箱单以每包装箱、件为单位制作,用以详细表述某包装箱、件所装设备或零部件的详细内容。输变电铁塔钢结构、电缆等裸、捆装件以及无须对每包装件内容做详细说明的设备构件,可以同一品名、规格构件为单位，参照箱件清单的做法制作简化装箱单。箱件清单是设备供货商每批交货总清单，用以说明该批设备各包装箱件的基本情况。

箱件清单、详细装箱单务必打印，不得用手写方式填写。

箱件清单、详细装箱单由设备供货商负责编制。

箱件清单、详细装箱单须按合同规定的份数装订成册，于工厂发货前10天用特快专递寄至机电系统监造服务单位/施工单位（甲招乙供设备）。

3. 到货情况跟踪

①按站编制机电系统供货计划明细表，根据施工进度及时调整供货计划，并督促供货商落实。

②跟进到货时间及计划，特别是进口设备的进关时间等，对到货时间滞后项目要进行预警，并告知建设方。

③对于直接到工地的货物，设备监造商须检查工地是否具备到货条件，并与驻地监理沟通协调到货详细计划。

④设备监造商审查供货商装运通知书等装运材料。

⑤货物入库后由设备监造商向施工监理提供货物到货仓储信息。

⑥设备监造商负责核对供货清单与合同清单是否匹配，做好相关记录。

⑦设备监造商负责编制公共区装修供货清单、货物现场交接表，由设备监造商组织监理、施工单位、材料供货商进行签字盖章确认。

⑧负责对返修件维修情况进行跟踪、记录，并形成报表，督促供货商按照要求及时更换。

4. 到货检查

根据装运通知，设备监造商与地铁物资公司或施工单位联系，确定到货地点、行车路线，并将结果及时通知供货商。

设备监造商应掌握货物到货情况，确定到货的时间，通知仓管部门或施工单位作好卸货的准备（含吊车、叉车及接货卸货人员等）。

到货检查人员由供货商、设备监造商、建设方、地铁物资公司及施工、监理等单位代表组成（当货物直接运抵仓库时，施工单位、监理单位的人员可不参加到货检查）。

设备、材料及技术文件运抵规定的交货地点后，建设方、设备监造商、供货商及其他相关单位共同对其进行检查。检查内容包含但不限于以下几项：

①货物包装是否满足合同要求。

②货物包装和货物外观是否完好无损。

③货物编号、数量和名称与装运通知是否相符。

④随箱文件内容及份数是否符合合同规定。

⑤合同或双方约定的其他检查内容。

⑥到货设备是否按照计划批次到货的设备。

经检查，货物符合合同要求时，即由设备供货商对地铁物资公司进行交接。地铁物资公司负责办理入库及交接手续，出具入库单或交接单，完成货物入库或交接。

5. 开箱检查管理

设备材料的开箱检验，一般是在设备运抵现场、进行安装前进行，由施工监理通知开箱时间。

建设方、设备监造商、地铁物资公司、施工单位、监理单位和供货商共同参加开箱检验。

在获得施工监理书面的开箱验货通知后，设备监造商负责提前 3 天通知供货商。如果供货商不能按时抵达，建设方、地铁物资公司、施工及监理单位和设备监造商有权自行开箱，并将此视为供货商对开箱检验结果无条件认可。

开箱检验前，必须认真核对到货检查表上内容，确认箱体数量无误，箱体无破损、无拆封情况下方可进行开箱检验。如果箱体已破损或已被拆开，须确认在未影响箱内设备材料情况下方可进行开箱检验。

开箱检查包括但不限于以下内容：

①对设备、材料的数量进行检查清点。

②设备、材料的随机附件品种、数量以及专用/特种工具是否齐全。

③设备、材料规格型号是否符合合同和设计要求。

④包装及密封是否符合要求。

⑤设备外观检查。

⑥技术文件、装箱资料是否齐全。

⑦合同规定的其他检查内容。

开箱后，由施工单位做记录。开箱检验结束后，设备材料交付施工单位安装施工。

若开箱检验中发现有诸如数量、型号和外观尺寸与合同不符，或密封包装件本身的短少和损坏，检查各方必须详细记录并予以确认，设备监造商及时督促供货商查找原因、更换或补齐。

开箱检验结束后，参与设备开箱检验的各方代表对施工监理填写的开箱检查记录、设备移交清单、文件资料移交清单进行确认后，予以签字，各方留存，完成开箱检验和移交。

根据施工现场情况，建设方、设备监造商、地铁物资公司、施工监理、施工方及供货商对某些设备的到货检验与开箱检验可同时进行（如直接运抵施工现场的货物）。

6. 设备移交及缺损处理

开箱检验后，由开箱检验各方代表签署开箱检验单，合格的设备材料即交付施工方安装施工。

发现箱内货物缺损，由开箱检验各方代表确认后填写货物残损记录单。

开箱时发现的箱内缺件或不符合合同要求的设备或部件时，设备监造商责成供货商，限期提出解决方法，并跟踪解决落实情况，将情况及时报告建设方。

清点时发现设备损坏问题，设备监造商会同供货商分清责任范围，提出解决方法，交建设方确认，设备监造商将跟踪落实，直到符合建设方确认的缺损处理方案。

对设备材料开箱检验中未发现的质量缺陷或其他方面的缺陷，并不免除供货商应承担的质量责任。

7. 小　　结

（1）本阶段重点

根据设备采购合同要求，设备由供货商负责将设备运输至工程指定地点后，二次搬运由设备安装商负责，设备的装车、卸车及运输关系到设备质量和安全，甚至关系到人员的安全，因此应重点做好以下工作。

①到货卸车。

a. 要求供货商提供产品装卸的方法与手段，并在实际装卸过程中加以监督，以防止设备损坏。

b. 检查卸车机械是否满足要求，尤其是大型吊车机械，属于特种设备，检查其“三证”齐全，操作人员、指挥人员应具备特种作业资格证且在有效期内。

c. 督促供货商提前对运抵现场指定地点的道路进行调查，尤其是工地现场道路，并提前与地盘管理商及其监理沟通，明确进场时间与道路要求，请其配合相关工作。

d. 现场卸货过程，设备监造商应全过程监督指导。

②卸车后检查。设备卸车后，设备监造商应组织检查，确认运输过程中是否受到损坏。

a. 设备卸车到建设方指定地点后，设备监造商服务人员组织各方代表到现场协助做好收货记录（按箱件收货，检查外包装、外观完好性），并作确认。

b. 发现运输损坏，设备监造商服务人员立即通知供货商，并及时报告建设方。

c. 建立设备到货台账，做到准确无差错，定期向建设方汇报设备到货的情况。

（2）本阶段难点及对策

难点：主要在设备运输过程中气候的不确定方面，以及施工现场的运输道路及对设备存储环境的要求。

对策：严格审查供货商的设备包装及运输方案，督促供货商提前对运抵现场指定地点的道路进行调查，尤其是工地现场道路，并提前与地盘管理商及其监理沟通，明确进场时间与道路要求，请其配合相关工作。

（七）安装督导

设备安装督导阶段，设备监造商工作重点是做好设备供货商与施工单位之间的协调工作，监督供货商在合同设备的现场安装、调试、试运行、质保期等阶段技术支持工作。根据施工单位现场施工进度制订相应的设备安装配合、现场调试配合计划，跟踪了解施工进度，及时修订配合计划。组织、监督供货商按期进行现场安装、调试配合，协调安装配合过程中的矛盾或报建设方解决。

1. 工作任务与职责

为了能够做好设备安装工作，设备监造商将派出足够的现场技术服务管理人员，监督供货商的合同设备现场安装情况，负责组织解决施工过程中出现的技术问题，特别是与土建的接口问题。在计划进度受到影响的情况下，设备监造商应根据实际情况提出调整施工计划的建议（如施工点的先后顺序等），并负责与相关的供货商或施工承包商协调。

设备安装工作的管理，是整个机电设备管理服务的重点。在设备安装阶段，需设备安装调试单位、施工监理、设计单位、供货商、机电设备管理服务单位通力配合，设备监造商本阶段计划、督导、协调等工作的完成好坏，直接关系到整个机电设备系统质量的好坏。因此，在本阶段我方将投入主要力量，配备足够的精通技术且富有设备安装调试经验、认真负责的人才全过程跟踪管理，高质量高效率地完成工作，将最终构成一个安全可靠、运行稳定、维护少的机电设备系统作为我方的追求目标。

机电系统安装督导工作任务和相关各方工作职责如表1-6所示。

表1-6　机电系统安装督导工作任务和相关各方工作职责

安装督导工作任务	安装督导工作职责		
	供货商	监造商	项目建设方
设备安装手册培训、设备技术交底	提交设备安装手册，并对安装单位技术负责人进行培训和技术交底	组织、管理	检查、参与
现场安装技术指导	实施	督促、协调	检查

续上表

安装督导工作任务	安装督导工作职责		
	供货商	监造商	项目建设方
参加安装工程工地例会，参与安装技术协调	实施	督促、协调	检查
设备安装过程质量检查，并做好质量检查记录	实施	督促、跟踪、检查	检查
参加安装工序验收、分项分部工程验收	实施	组织、协调	检查
指导单机调试和设备无负荷运转工作	实施	组织、协调	检查

2. 安装督导前准备工作

①根据工期安排督促供货商制订相应的设备安装督导和协调配合计划，并在安装前 15 天交建设方确认。安装督导配合计划如下：

a. 对供货商安装督导人员技术水平和数量的要求。

b. 安装配合的时间周期及计划安排。

c. 设计交底及安装督导会议召开的内容和时间。

d. 安装督导人员对安装人员的培训计划和安排。

e. 要求供货商制订特殊设备的安装程序及计划。

f. 要求供货商提交安装及督导文件，文件应包括安装服务和材料范围、工程计划、设备及材料的技术规格书、主要部件的尺寸和重量、安装工作的验收标准等。

g. 要求供货商做好每天的安装督导日记，并按月向监造商和建设方提交安装督导报告。紧急情况供货商应随时向监造商和建设方通报。

②确定安装计划及督导人员进场计划。按监造商和建设方批准的督导计划，供货商指派具有足够经验和技术水平的人员到现场检查现场安装条件。

③安装督导技术准备（包括技术指导文件、安装作业指导文件等），一旦现场检查确认具备安装条件，供货商督导人员将及时把相关指导文件交给监造商、安装商，并对安装商技术人员进行相应的培训。

④监造商在安装前 5 天通知供货商派督导人员到安装现场，开始正式安装时督导人员指导安装人员严格按合同设备的安装技术要求进行安装施工。

⑤合同设备完成安装并开始进行测试前，供货商督导人员将到现场配合安装商对每台设备进行安装后的检查。如果合同设备的安装符合有关规范及设备的安装手册、安装图纸和现场安装指导技术人员的要求，供货商督导人员将在安装检查记录上签字。

3. 主要内容

为了能够做好设备安装工作，设备监造商将派出足够的现场技术服务管理人员，监督设备现场安装，组织解决施工过程中出现的技术问题，特别是机电系统各系统内部设备之间以及与其他系统的接口问题。在计划进度受到影响的情况下，设备监造商根据实际情况提出调整施工计划的建议（如施工点的先后顺序等），并负责与相关的供货商或施工承包商协调。具体工作按照时间顺序主要如下：

①针对工程总工期计划，制订详细、操作性强的现场运输、设备安装计划。

②根据工程情况制定备选运输和安装方案，当原方案受阻时，立即实施备选方案，保证机电系统的安装工期。例如：当轨道铺设出现延误时，能够利用土建施工竖井的可利用竖井吊装进行设备运输，大型设备运输出现困难时先安排小型设备的运输和安装。

③研究不同设备的运输、安装要求，督促、检查施工单位机械运输设备、安装器具的准备情况。

④监造商协助建设方、施工监理、施工承包商研究现场运输条件，特别是各车站位置及设备布置、运输通道等，制订相应的运输、安装方案。

⑤关注车站、隧道土建工程进展情况，关注铺轨情况，建立与土建施工单位的定期通报制度。

⑥监督检查做好前期设备预埋件、吊装设施的施工工作。

⑦监造商协助解决安装过程中的技术工作，与土建的接口工作。

⑧做好事前的安装预测工作，及时修正由于外界原因引起的安装计划的变化，如施工点的先后次序等。

另外，在安装督导期间，监造商应做好以下监控和协调工作：

①设备监造商负责安装督导的监控、保证安装督导人员的水平是否满足现场需要。

②设备监造商负责协调供货商与安装单位的关系。

③设备监造商对安装过程中发现的供货质量问题、安装质量问题提出的解决方案需经建设方确认，再由设备监造商负责落实。

④安装测试及检查。在设备安装过程中，根据现场情况有必要对现场的主要设备进行测试及检查。

⑤设备监造商定期向建设方提交安装进度报告，重大问题提出解决建议、协调、落实。

4. 安装验收

①设备监造商将设备供货商提供的安装验收标准转交监理编制安装验收规程，设备监造商按安装验收规程组织验收。

②施工监理在安装验收的5日前将安装验收通知发设备监造商，设备监造商通知供货商按时参加验收。

③在安装验收期间发现的供货商质量问题，设备监造商责成供货商限期处理。

④设备监造商协助安装单位出具验收报告，由所有参加的验收方签名确认，建设方保留最终确认权。

5. 成果文件

①现场服务督导记录。

②设备安装总结报告。

6. 小　结

(1)本阶段重点

①建立有效的沟通模式。监造商与项目组的合作：工作指令、人员配合、例会建立；监造与厂家、监理等建立有效沟通渠道，确保信息及时互通和反馈。

②在设备安装督导服务工作开展前督促供货商编制详细的设备安装指导培训教材，并对施工单位参加设备安装人员进行技术交底。

③设备装卸就位、设备和材料的安装、管线敷设、校线、设备通电、接口配合等全过程工作，供货商参与安装全过程的督导。

④督促和协调供货商参加机电系统安装工序验收、分项和分部工程验收，要求供货商对安装单位的安装质量问题提出整改措施，并进行必要的技术指导。

⑤终端设备的定位，如 BAS 专业的传感器、二通阀，FAS 专业的烟温感定位，需联合设计、运营、施工、厂家多方现场确认图纸，选定因现场因素影响或图纸颗粒度不足情况下的优选方案，避免后期施工安装返工而造成的工期延误。

（2）本阶段重难点及对策

难点 1：在安装过程中，施工单位人员依照经验安装，不听供货商指导，导致返工、设备损坏以致影响工期节点。

对策 1：在设备安装督导服务工作开展前督促供货商编制详细的设备安装指导培训教材，对施工单位参加设备安装人员进行技术培训。

难点 2：系统设备在安装前需要协调好与土建的接口，协调好与其他相应系统之间的接口连接，而在实际实施中接口协调这一块存在较大的难度。

对策 2：在系统设备实施安装前，建设方、监造商、设备供货商、设备施工单位、土建接口部门、其他相关专业技术接口人员需要到现场参加会议，讨论相关接口对接情况，各个接口单位需要安排专人负责相关的接口工作，以保证在安装过程中各设备之间的接口连接顺畅。

难点 3：设计变更的协同机制。

对策 3：建立接口相关专业设计变更流程管理机制，接口专业变更后，要即时知会相关接口专业，可采取资料共享平台建立，或者共同办公，定期（季度、月度）开展清理，设计单位应确保每次变更资料的完善，以及提供给相关设计单位变更内容的可视性、可量性，减少核对没有变更部分的工作量，由设计总体或总包牵头管理。设计变更内容要及时下发设备供货商和施工单位，由设备供货商尽快补给设计变更新增设备，由施工单位尽快开展增加内容的施工工程安装。

难点 4：图纸会审。

对策 4：要求项目参与各方参加现场监理组织的车站图纸会审会议，并在图纸会审前对相关图纸进行审查，会上提供审查意见及安装要求。同时，各接口专业设计在图纸会审阶段再次对相关接口提资内容进行核对，确保设计接口内容一致性。

难点 5：到货计划。

对策 5：监造商牵头摸查现场各站进度，监造商牵头组织供货商、监理、施工单位共同制订到货计划，督促检查供货商供货进展。甲供线缆等优先到货：在确保其他系统设备到货计划不滞后于施工安装进度的前提下，保证甲供线缆及辅材供货计划提前于现场实际安装计划。

难点 6：变更设备到货。

对策 6：要求监造商和供货商通过设计及现场监理，及时跟进各站点设计变更情况，主动确认设备变更数量及供货时间要求。同时，监造商负责做好设计变更记录，建立台账，并跟进变更新增设备的到货情况（细化台账，监造商收集督促）。另外，建立故障设备的情况记录及到货跟踪。

难点 7：设备调货。

对策 7：监造商和监理的管控，对紧急情况征得建设方同意后采取调货措施，并做好调货记录，调集的货物须为未装用设备，调货后保证被调整站点重新领取全新设备。

难点 8：安装位置确认。

对策 8：监造商组织各方现场确认水系统传感器等的安装位置，包括运营人员的参与，并做好记录。

难点 9：安装过程问题跟进。

对策 9：监造商和供货商负责收集安装和接线方面的问题，及时与监理、施工单位沟通落实整改。

监造商和供货商负责跟进设备故障问题，统计故障设备数量，制订更换计划，并考虑通过调货来满足关键站点的及时供补。

第二节　机电系统调试模式

城市轨道交通工程机电设备单机调试、接口调试、系统调试是机电设备系统安装后进行的调试及测试工作，使相关设备系统可以进行正常运转并达到设计既定的功能要求。调试工作的主要目的如下：

①使相关设备系统能达到正常运行状态。

②检查相关机电设备系统功能、性能是否达到设计要求。

③检验系统间接口和通信协议的一致性。

④检验系统间接口联动关系是否同步。

⑤检验系统间接口功能是否满足设计要求。

⑥检验系统间接口可靠性、实时性、可维护性等性能指标是否满足设计要求。

⑦检验系统的完整性。

⑧检验系统间接口相关软件与硬件的一致性。

⑨检验各设备、系统带负荷运行情况。

⑩发现设备系统安装期间的缺陷，并加以修正。

⑪为后续综合联调、功能验证、单位工程验收、三权移交奠定基础。

建设单位作为工程EPC（设计、采购、施工）管理的核心，常常面临工程建设进度紧张、点多面广、技术复杂、现场千头万绪等现状，建设管理的效能需要进一步提升。特别对机电工程施工进度控制的管理，往往只能关注工程实施的大框架和整体映像，对如一次、二次线缆敷设接线，设备安装完整性等细节则无法做到面面俱到，但这些细节将直接影响调试和验收效果，进而影响工程进度收口。针对此现状，广州地铁采用以设备监造商为调试组织方，在组织实施设备单机调试、接口调试、系统调试时，根据轨道交通工程建设的内在规律，运用现代工程管理以及信息管理的方法，通过合理的计划、调度、协调、组织和控制手段，充分暴露设备安装缺失和施工细节进度，创造性地以调试控安装，以调试反推施工进度，取得较好效果。

一、机电系统单调、接口和系统调试项目管理流程

1. 编制调试计划

设备监造商负责安排相关专业的机电设备调试人员现场踏勘、落实各线路各车站的相关专业的安装、管线敷设和接线进度，以及临电负荷，正式电供电时间，单机调试完成情况，并依据总体工期计划，经过详细周密策划、计划，将各座车站的现场进度归类分组，确定每组车站接口调试和系统调试的调试计划。

2. 编制调试实施方案

设备监造商负责编制机电系统设备接口调试和系统调试实施方案，主要包括联调目的、前提条件、联调设备和仪表、联调程序、联调方法、联调分组、联调通信联络工具、联调质量保证措施、安全保障措

施、联调时间安排、系统调试内容及记录表格、问题汇总及解决方案清单、联调所需的资料。各调试实施方案应采用统一格式,详细描述试验方案、试验步骤,统一试验表格及试验报告格式,以便于现场填写。系统联调资料,包括但不限于端子排图、环控工艺图、信息点表、切非表等。

各专业调试方案由机电系统监造商负责编制,设计单位及供货商提出建议,相关设备和子系统供货商协助配合。调试方案及技术文件经建设方审批后实施。

3. 编制调试管理办法

接口调试及系统调试开始前,应编制机电系统调试管理办法,其中应有详细的机构组织、人员、安全保障、考勤制度、奖惩制度、后勤保障、应急预案等管理办法,确保设备监造商、设备供货商、施工单位调试人员的投入数量、业务素质和职责满足系统联调的要求,并具备可操作性。

系统联调可以车站为单位,由设备监造商、设备供货商、施工单位、监理单位、运营单位等安排专业人员组织联调小组。设备监造商应负责建立通讯录和微信群,并在现场组织调试工作,落实调试计划,根据考勤制度和奖惩制度,对系统联调进行管理,避免出现多数人等一个人的现象。

设备监造商还应协调好所有参加联合调试人员的后勤保障,包括住宿地点、交通和午饭安排等。

4. 落实调试条件

组织实施机电系统调试之前,设备监造商应再次组织落实调试的现场环境、机电设备单系统的调试情况、调试用电源情况、调试用设备仪器情况、调试用救急物品情况等是否准备到位,做到心中有数,确保单调、接口和系统调试开始之前已经具备条件。

(1) 基本工程条件

地铁车站电通,具备送电条件;单机调试前应确认车站现场相应专业设备已安装到位;电缆以及其他控制、保护、信号电缆已经施工完毕,并完成电缆接续及测试;各施工方有完整的施工记录资料,包括安装记录、调试记录、检查记录、隐蔽工程记录、试验报告等。

接口和系统调试开始前应确保机电系统安装已经完成,并通过单机试验,有各方签字确认的单机调试报告;系统调试时(如与 ISCS、EPS、电扶梯、风机、风阀、低压配电等)已具备接口调试条件。

(2) 基本工程条件确认及汇报

由施工承包商提供单机调试报告,设备承包商配合;设备监造商检查确认后向建设方汇报,之后方可开始下一步工作。

5. 调试安全管理

现场调试安全管理措施如下:

①现场调试前均应检查和设置禁施工区域,防止无关人员进入调试场地。

②专人负责、安全优先,严格按相关安全规程进行操作。

③在手动操作设备进行联调时,应带上绝缘手套,防止电路短路和触电。

④严格遵守地铁公司颁布的相关安全制度以及其他一般安全保护措施。

6. 现场调试问题预查、整改及追踪

系统调试开始前应重点做好准备工作,避免系统联调甩项,首先是各个系统内部的接线自查,尽量在联合调试之前解决接线错误、规约不完善等问题,设备内部接线问题可以在工厂验收时进行自查,设备间接线问题可以有施工单位自查。避免在系统联调时,因出现大量接线错误、规约不完善而影响后续调试进度的情况发生。一旦发生甩项,则需要在后续过程中甚至在开通后补救,如果在开通后补救,长则需要一到两年的时间。

系统调试时应抓好系统联调中间环节暴露问题的及时整改及跟踪处理，设备监造商应在现场全程参与接口和系统联调工作，避免出现无调试记录、无问题总结、无过程反馈等情况。在调试过程中，对于调试时发现的接线、安装错误及规约不完善等问题，如现场具备条件的应立即安排相应施工承包商、设备提供商现场整改，并验证；如果接口专业设计图纸、点表、模式表、切非表等不对应、不匹配，或者调试小组的人员对系统接口功能存有异议，应填报系统调试跟踪记录，将问题清晰记录，并在当天调试结束后发给设计单位，具体技术确认和更改应在每周组织的调试例会上予以明确并记录在会议纪要上，做到一切都在掌控之中。

7. 系统调试汇报及试验成果

设备监造商做好调试情况汇报、调试进度把控、调试问题收集和跟进工作，形成调试情况和问题每天汇总和发布的制度，使所有参与调试的单位均及时了解联调进度和问题。设备监造商还应每周组织召开调试协调例会，提报周调试简报，及时向建设方汇报调试进展。

设备监造商做好调试结果的确认、调试总结评估和调试文件的归档工作，完成系统测试报告、评估报告、供货商考核报告等，为后续功能验收提供相关报告。设备监造商还应收集整理调试过程文件、结果文件，并注意编号归档工作。

二、单机调试

设备现场单机调试工作是在设备现场安装完成后进行的，是验证系统设备单体功能的关键工作，直接关系到整个系统的质量。同时，与设备安装工作密不可分，调试工作也是由设备监造商负责组织设备供货商、设备安装单位相互配合才能完成，需要其他专业的配合协调，并且了解各专业工程进度情况下，才能切实保证设备调试工作顺利完成。

1. 单机调试目标

在设备进入设备调试阶段的主要目标是：按照总体工期要求，组织供货商现场调试人员配合施工单位完成系统设备的安装调试任务。检验各项设备本身及系统各项设备之间的功能是否完善、正确，并将设备的有关参数调整到与整个系统相匹配，验证系统各接口的正确性，以保证系统设备运行安全可靠。在机电系统系统设备安装完成后，通过现场试验，检验设备本身及设备之间是否达到了应该具有的功能，以及功能是否正确，检验设备安装后管线连接是否正确，并将设备的有关参数调整到与整个系统相匹配，以保证系统设备运行安全，包括保证各子系统内部设备之间、各子系统之间及其他接口等各项接口的正确性。

监造商对于设备的调试，根据工期安排，制订相应的供货商技术人员现场调试配合计划，跟踪了解调试进度，及时修订计划，组织监督供货商按期进行调试配合，协调调试配合过程中的矛盾，协助解决调试过程中出现的技术问题，并及时向建设方汇报。

2. 接口调试、系统调试

接口调试是在单系统调试完成的基础上，检验相关系统间工程接口间接线、规约与参数兼容性而进行的必要步骤。

系统调试，是在接口调试完成的基础上，检验相关系统联动功能的完备性规约与参数匹配性而进行的必要步骤，是后续功能验收的必备基础条件。

接口调试和系统调试应实现以下目的：

①检验系统间接口和通信协议的一致性。

②检验系统间接口联动关系是否同步。

③检验系统间接口功能是否满足设计要求。

④检验系统间接口可靠性、实时性、可维护性等性能指标是否满足设计要求。

⑤检验系统的完整性。

⑥检验系统间接口相关软件与硬件的一致性。

3. 单机、接口和系统调试实施流程

各系统设备的安装完成后开始进行设备的单机调试；各系统设备单机调试完成后，开始进行接口调试和系统调试。作为设备监造商，主要任务是协调供货商配合施工单位共同做好设备安装调试工作。为了使设备安装调试阶段各项工作顺利完成，制定了如下程序：

①建设方将施工单位提交的设备安装调试计划复印成传真给设备监造商。设备监造商根据此计划向建设方上报设备调试计划。

②设备监造商提前五天，将已通过建设方审批的设备调试计划以传真等形式书面通知供货商。供货商按要求派调试人员按时到达广州，进行现场设备调试工作。同时，供货商要以书面形式回复并提供调试人员名单、联系方式、相关简历、到达时间、所携带的调试仪器仪表及专用工具等。

③供货商调试人员到达广州后必须通过电话向设备监造商报到，设备监造商将对现场服务人员提出具体要求，如确定调试时间、地点、联系方式等有关事宜，填写现场服务记录表等。设备监造商及时与施工单位进行沟通，确保调试人员按时到位。由于地铁工地采取严格的出入管理制度，因此设备监造商负责协调、安排供货商调试人员出入施工现场事宜，提前做好供货商调试人员现场工作前的一切准备工作（包括施工工地出入证等）。

④按照供货商提供的经审核批准的设备现场调试建议方案，作为该设备调试指导性文件。设备监造商将根据调试人员的要求，提出需施工单位注意的具体事项，通过施工监理或建设方进行协调，以保证调试工作的顺利进行。设备供货商应深入了解施工单位执行相关标准和规范的情况，对现场调试、试验提出合理化建议。

⑤在设备调试阶段，建设方将组织召集由施工单位、施工监理、设计部门、设备监造商参加的每周周例会，设备监造商根据周例会会议纪要，组织供货商完成相应的调试工作。供货商现场调试人员需每天汇报当天合同设备调试进度情况，以便设备监造商及时调整调试计划。设备监造商现场服务工程师需跟踪调试进度情况，对于现场需解决的问题进行汇总跟踪，并及时将有关信息与供货商工程师沟通，以取得供货商的支持和配合。

⑥设备监造商需要求供货商调试人员进入施工现场后，严格遵守施工现场的各项管理制度和安全要求，必要时组织对供货商调试人员进行培训。设备监造商负责与施工单位联系，随时掌握现场设备调试出现的问题，并协调供货商调试人员及时解决，设备供货商应将现场解决的问题填写在现场服务记录表并提交给设备监造商，以便设备问题的跟踪落实。

⑦供货商调试人员在设备监造商的组织下，解决现场调试过程中出现的设备技术和质量问题，为施工单位提供必需的技术支持，并对出现的问题进行认真总结。对于调试过程中发现的设备质量问题和因供货商技术指导错误产生的安装质量问题，设备监造商将协调供货商安装调试督导人员提出解决方案报建设方，经建设方确认，再由设备监造商负责方案的落实。对重大设备问题，须由建设方召集相

关人员召开专题会议解决。

⑧设备监造商定期检查供货商现场服务记录制度：以站、区间为单位，每周检查供货商现场服务人员的现场服务记录，对其服务质量进行评价，发现问题及时要求供货商整改。

⑨供货商编制设备调试开始报告，编制设备调试服务完成报告等，交由设备监造商审核并报建设方审查，这些报告作为设备采购合同服务进度支付的支付凭据之一。在调试工作完成之后，调试人员要填写现场服务记录表，并由相关方签认，对供货商的现场服务工作进行评估，以此作为调试阶段现场服务完成报告的附件。

4. 调试成果

（1）单机调试成果。

①供货商现场服务记录表。

②单机调试报告。

③子系统调试报告。

（2）接口和系统调试成果。

①供货商现场服务记录表。

②接口调试报告。

③系统调试报告。

第三节　机电系统功能验证模式

在调试完成，设备系统功能实现后，在建设单位向运营单位正式进行“三权”移交之前，广州地铁通常采用功能验收的方式，对机电系统功能进行验证，以保证机电设备系统功能完备，以及不对运营安全和使用造成影响。

广州地铁依据国家、地方及行业标准、规范制定了切实可行的机电设备系统功能验收标准，以规范功能验收工作有序开展。当前在执行的广州市轨道交通新线机电功能验收标准，覆盖了在建各条线路各专业的功能类验收标准。该验收标准作为各条线路的通用标准，可在后续使用过程中根据各线路的技术差异，选择内容使用，并根据技术变化进行不定期修订。同时考虑到新线开通时的工期紧张和提高参建各方的工作效率，规范也明确了对功能验收中具有第三方监测/检测/验收的部分功能开项，采用第三方出具的正式报告，作为功能验收通过的依据；原则上不再单独安排现场功能测试。

1. 功能验收的组织形式

由地铁建设总部牵头，设备监造商负责组织，地铁运营总部负责检查，设备供货商和施工单位配合验收，功能验收内容和方法依据功能验收标准进行。

功能验收时间原则不应超过一天。

2. 主要验收原则

提供完整的单机调试报告、单系统调试报告情况下，与运营在验收时，考虑到验收的实际可操性，进行一定百分比抽测来进行。

接口功能等测试可在系统测试记录完整的情况下进行抽查，按照功能验收规定的比例进行抽检，全部合格视为通过功能验收。

在设备安装结束，功能验收前，由建设总部牵头对设备进行逐一检查，检查过程将邀请运营总部参与。

3. 对验收问题进行等级定义：

A类：安全项目。影响使用运营安全。

B类：重要项目。对运营有影响，但不对安全构成影响。

C类：一般项目。不影响功能使用或第三方设备引起的问题等。

验收过程中如有A类问题，判定功能验收不通过。如有B类问题且超过30%，应判定功能验收不通过；如低于30%，应判定功能验收通过，但存在的问题必须在开通运营前完成整改。如有C类问题，应判定功能验收通过，尽可能在开通运营前完成整改，如不能完成，须在开通运营后请点完成整改。

第二章

机电系统调试组织及实施

第一节　参建各方关系及职责

在机电系统调试工作开展之前，首先成立合理有效的组织机构，设立临时的机电系统设备调试工作组，依照广州地铁已开通地铁线路的调试和验收经验，机电系统设备调试小组一般由建设方（项目组）主持，设备监造商依据时间节点和机电系统安装的实际情况组织施工承包商和机电设备供货商实施，参与各方有：建设方、设备监造商、施工承包商、设计单位、施工监理、相关机电专业设备供货商。机电系统联调的组织机构如图 2-1 所示。

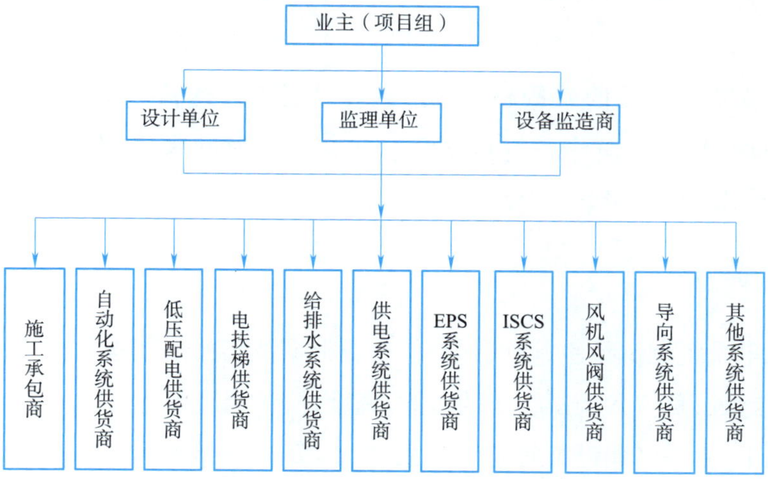

图 2-1　机电系统联调的组织机构

一、项目组各方职责

1. 项　目　组

作为该项目的总体进度控制、统筹、监督方，必要时对机电调试方案进行协调修订。负责协调解决机电系统调试中发现的各种问题，负责调度相应施工单位、供货商、集成商、设计院等人力、物资设备、交通车辆，以满足机电系统调试需要。

2. 设计单位

负责技术支持和设计问题的整改及其他问题的跟进。全程参与、协助综合联调，提供技术问题的咨询，确认调试结果与设计要求的一致性，跟进调试问题的整改直至系统软硬件达到设计要求。

3. 监理单位

负责检查和监督施工承包商安装及接线进度是否符合计划要求，负责检查现场工程设备、材料是否符合合同要求，施工工艺、工序等是否符合规范要求。全程参与、协助设备监造商，确认设备设施的施工质量问题及安全隐患，与接口专业监理单位做好协调沟通，跟进施工质量问题的整改，直至问题整改完毕。

4. 设备监造商

作为甲供设备的监造方，以及机电系统调试具体计划、组织和实施方，负责机电系统设备调试大纲和各专业机电设备调试方案的制定，负责机电各专业设备的供货质量和到货时间，负责踏勘并汇报现场各机电系统设备的安装及接线进度，及时合理地制订设备到货计划和单调、联调计划，负责组织设计院、监理单位、机电承包商、设备供货商进行单调、联调和功能验收，及时跟进解决单调、联调中存在的问题，直至整改完毕。

5. 施工单位

负责确保设备设施安装质量达到设计要求和运营需求。全程参与、协助设备监造商，确认设备设施位置和运行状态，提供施工图纸和必要的工器具，与接口专业施工单位做好协调沟通，及时跟进影响设备安全运行和综合联调的设备隐患和施工质量问题，直至问题整改完毕。

6. 设备供货商

负责确保所提供软硬件产品的质量和性能达到设计要求及运营需求。全程参与、协助设备监造商，提供软硬件产品的操作指导、详细资料和技术分析，确认调试问题，提出可行的整改措施，并按建设方要求进行整改，直至问题整改完毕。

二、调试组织的设立

根据广州地铁机电系统调试经验，调试开始前一般根据线路站点情况划分若干调试小组。全线由一名建设方担任项目组长，负责各调试小组的指挥、调度、协调和组织管理。

调试小组组成如下：由一名建设方担任调试负责人，负责一个或几个车站调试方案实施过程中的现场指挥、调度、协调和组织管理，并向项目组长汇报工作。设备监造商两人，一人负责甲供设备的到货，并组织机电供货商配合机电系统调试；另一人负责调试计划的制订和实施，协调组织相应施工单位、设计院等人力、物资设备，以完成机电系统调试；向项目组汇报工作。施工单位若干人，全程参与、协助设备监造商，确认设备设施位置和运行状态，提供施工图纸和必要的工器具。设备供货商若干人，负责现场设备操作和测试，对问题进行确认、澄清、整改。监理一人，配合设备监造商，确认设备设施的施工质量问题及安全隐患，与接口专业监理单位做好协调沟通。设计单位一人，提供技术问题的咨询，确认联调结果与设计要求的一致性。

1. 建设方(项目组长)

负责机电系统调试的指挥、调度、协调和组织管理。

2. 建设方(项目负责人)

负责联调方案实施过程中的现场指挥、调度、协调和组织管理,并向项目组长汇报工作。

3. 设备监造商

负责协助、配合建设方进行各项工作,及时协调解决调试中发现的各种问题,负责组织、调度相应施工单位、供货商、设计院等人力、物资设备、交通车辆,以满足调试需要,按照计划组织调试工作有序开展,严格控制调试进度,向项目组汇报调试工作情况及施工、调试问题。

4. 施工单位

全程参与、协助设备监造商,确认设备设施位置和运行状态,提供施工图纸和必要的工器具,与接口专业施工单位做好协调沟通。

5. 设备供应商

负责现场设备操作和测试,对问题进行确认、澄清、整改。

6. 监理单位

配合设备监造商,确认设备设施的施工质量问题及安全隐患,与接口专业监理单位做好协调沟通,跟进施工质量问题的整改,直至问题整改完毕。

7. 设计单位

配合设备监造商,提供技术问题的咨询,确认联调结果与设计要求的一致性,跟进调试问题的整改直至系统软硬件达到设计要求。

第二节 调试计划的编制

一、概 述

机电系统调试计划应以工程总体策划和关键节点时间为基础,结合现场机电安装进度进行编制,利用现代项目管理工具,实现对人力和物力、时间和空间、技术和组织的综合平衡,以保证机电系统、供电系统、监控系统项目整体目标的实现。调试计划为项目的整体目标服务,可以指导调试工作的顺利实施,作为各项工作业绩的考核基准,约束相关单位的进度行为,促进参与建设的利益相关者之间的沟通交流。

调试计划的编制应充分考虑工程的总工期目标、施工安装逻辑关系、第三方检测和各项验收等因素,对机电系统调试工作实施目标管理,对各项计划任务进行跟踪和检查,并及时将进度情况和处理建议报告建设方。同时,还应编制计划管理办法,加强计划与进度的控制。在与施工、监理单位根据现场具体情况进行调整、修正,由建设单位审核批准后,作为开展调试工作的依据。

二、调试计划编制原则

1. 统筹原则

编制机电系统调试计划时一定要考虑各个单项计划和各个子系统之间的相互关系,并按照它们之间的必然联系来进行统筹安排。通过项目计划的整体优化与各种关系的协调,使各项调试工作能够顺利进行,项目整体目标得以实现。

2. 重点原则

编制项目计划时,不仅要考虑各个子系统、子计划之间的各种关系,并要认清他们的地位和作用,以便把握重点,抓住关键,着重抓好对整个系统起举足轻重作用的环节。

3. 效率与效益原则

提高效率、效益是系统工程项目管理的出发点和归宿,调试计划的编制要从节省人力、物力和财力的消耗出发,周密计划,优化配置,大大提高项目的效率和效益。

三、调试计划编制思路

1. 管理目标分析

依据工程总体目标和关键节点时间,将调试工作按阶段性质分成若干子目标,确定机电系统调试阶段性的项目管理目标。

2. 实施环境分析

通过项目环境调查,确定项目执行的环境因素和制约条件,收集影响调试实施和计划执行的宏观和微观环境因素的资料。

3. 任务结构分解

根据设备属性及特点,采用WBS工具实施调试任务分解。任务分解要做到权责明晰,责任要落实到对应的供货商及设备安装单位头上,并充分尊重机电设备之间的调试逻辑关系。

4. 项目计划编制

分析机电系统设备之间调试逻辑顺序和施工工序关系,以倒排工期的方法,确定各阶段"最早工作"和"最迟工作"时间,形成机电系统调试执行计划,以利保证地铁工程总工期目标的实现。

5. 项目计划调整

当调试计划执行过程中,出现以下情况时,将对项目计划进行调整:关键节点时间发生变化;土建滞后,机电系统无法进行相应工作;其他系统进度延迟,影响本系统的实施;土建或机电方案发生重大变化。计划编制者将分析偏差对后续工作和总工期的影响,确定其限制条件,采取措施调整项目计划。

第三节　调试现场的实施内容

机电系统调试要完成的主要项目是实现单设备、设备间、系统间的功能实现,以及综合监控系统对现场机电系统设备的监视控制功能,按照协议规定的机电系统设备信息均能在综合监控系统正确接收,并且综合监控系统均能对机电系统设备发送正确信息。

轨道交通机电系统调试既包含各专业设备的单设备调试,通风空调风系统、水系统、BAS、FAS、ACS、综合监控等系统的单系统调试,也包含综合监控与BAS、FAS和门禁等系统的接口调试,以及综合监控、BAS、FAS和门禁与各自系统末端机电设备的调试;同时车站级的模式调试和放烟综合调试也包含其中。

依据广州地铁已有线路的调试经验,现将各系统设备需调试的项目、步骤和注意事项进行简要列举。

一、低压配电柜调试

1. 低压配电柜调试项目

①上电前的检验:绝缘电阻的测试。

②电柜上电。

③电压线圈动作值校验、脱扣器的整定。

④馈电回路调试。

⑤备自投测试。

⑥逻辑功能测试。

⑦防凝露加热器的测试。

2. 低压配电柜调试步骤

①对于低压配电柜，根据 GB 7251.1—2013《低压成套开关设备和控制设备　第 1 部分：总则》标准中的“8.3 介电强度试验”执行，需先用 500 V 兆欧表测绝缘电阻。

②使用 500 V 兆欧表测量绝缘电阻值不小于 0.5 MΩ。

a. 主开关电器在断开位置时，同极端口之间。

b. 主开关电器在闭合位置时，不同极的带电部件之间。

c. 各带电部件与金属框架之间。

③馈电回路测试。

④备自投测试：本地操作、远程操作、消防联动操作。

原则：不允许两个进线开关和母联开关同时合闸；母联和三级负荷总开关不能同时合闸；三级负荷开关不能自复，智能手复。

⑤手投手复。

⑥自投手复。

⑦远程操作方式：手投手复；自投自复。

⑧逻辑功能测试：正常逻辑动作测试，欠压、过载动作测试。

⑨通信测试。

⑩事件记录功能测试。

⑪防凝露加热器的测试。

3. 低压配电柜调试注意事项

(1) 在首次送电前，注意下列事项

①切断配电柜的所有进/出线开关。

②对配电柜的内外进行清理/清洁工作。

③对配电柜的门、侧板、盖板及底板等依次就位。

④应对所有的开关(控制设备)进行必要的绝缘、安全距离、连接扭矩的检查。

⑤所有与调试无关的人员离开现场。

⑥对馈电接线状况进行检查。

(2) 确认变压器低压侧送点后，需注意以下事项

①必须由操作人员接通设备的进线开关。

②必须逐个接通待运行设备的馈电开关。

③检查相序的正确性。

④检验紧急停止装置和安全(保险)转换电路。

4. 低压配电柜调试记录表格(见表2-1~表2-3)

表2-1 车站机电工程低压动照系统400 V配电柜调试表格

调试记录编号:

车站名称:　　　　　　　　　　　　　　　　　　　　　　　　调试日期:

序号	内　容	检验结果	备注
1	对照厂家图纸检查设备铭牌是否正确	□合格　□不合格	
2	检查配电柜外部,盘面是否受到碰撞是否损坏,是否有任何部件损失	□合格　□不合格	
3	检查配电柜内部是否有任何异物,如运输垫块、支撑物或工具等	□合格　□不合格	
4	检查配电柜盘内、外是否清洁	□合格　□不合格	
5	检查配电柜盘内、外油漆,各紧固件镀层质量	□合格　□不合格	
6	检查配电柜构架强度	□合格　□不合格	
7	检查配电柜抽屉、开关灵活性	□合格　□不合格	
8	检查配电柜母排相序与颜色是否相符	□合格　□不合格	
9	检查各接线端子连接是否紧固	□合格　□不合格	
10	检查接地母排连接及接地是否正确牢固	□合格　□不合格	
11	检查配电柜母排断开处连接是否完整牢固	□合格　□不合格	
12	检查配电柜主母排、分段柜母排及互感器间连接是否完好	□合格　□不合格	
13	检查馈线电缆连接是否正确、牢固	□合格　□不合格	
14	检查馈线电缆铠装接地是否良好	□合格　□不合格	
15	检查连接到配电柜外部控制电缆连接是否正确、牢固	□合格　□不合格	
16	检查盘柜间内部接线是否正确、牢固	□合格　□不合格	
17	检查主母排间绝缘电阻是否符合要求	绝缘电阻最小55 MΩ,满足要求	
18	检查各馈线回路绝缘电阻是否符合要求		
19	给配电柜母排通以交流380 V电源,二次回路总开关通以直流110 V电源,检查各主开关柜手动、电动、合闸、分闸工作的可靠性,指示灯及电压表指示的正确性	□合格　□不合格	
20	在第19项基础上加负载检查电流表指示的正确性	□合格　□不合格	
调试结论:			
现场监理: 代表签字: 日　　期:	施工单位: 代表签字: 日　　期:	供 货 商: 代表签字: 日　　期:	设备监造: 代表签字: 日　　期:

表2-2 车站机电工程低压动照系统备自投功能调试记录

调试记录编号:

车站名称:　　　　　　　　　　　　　　　　　　　　　　　　调试时间:

控制方式	备自投方式		#1进线断路器	#2进线断路器	三级负荷开关	非消防负荷	母联	调试结果	备注
分段柜转换开关SA1在就地位置	就地手动操作	试验前Ⅰ、Ⅱ母线段通电情况	Ⅰ母线段送电,Ⅱ母线段送电						
		操作指令	合闸	合闸	合闸	合闸			
		断路器状态	合闸	合闸	合闸	合闸	分闸		
		操作指令	分闸		合闸	合闸	合闸		
		断路器状态	分闸	合闸	合闸	合闸	合闸		无消防切非信号
		操作指令		合闸	合闸	合闸	合闸		
		断路器状态	分闸	合闸	合闸	合闸	合闸		无消防切非信号

续上表

控制方式	备自投方式		#1 进线断路器	#2 进线断路器	三级负荷开关	非消防负荷	母联	调试结果	备注
分段柜转换开关 SA1 在远方(自动)位置	SA2 在手投手复位,远方手动操作	试验前Ⅰ、Ⅱ母线段通电情况	Ⅰ母线段送电,Ⅱ母线段送电						
		操作指令	合闸	合闸	合闸	合闸			
		断路器状态	合闸	合闸	合闸	合闸	分闸		
		操作指令	分闸		合闸	合闸	合闸		
		断路器状态	分闸	合闸	合闸	合闸	合闸		无消防切非信号
		操作指令		合闸	合闸	合闸	合闸		
		断路器状态	分闸	合闸	合闸	合闸	合闸		无消防切非信号
		操作指令	分闸		分闸	分闸	合闸		
		断路器状态	分闸	合闸	分闸	分闸	合闸		有消防切非信号
		操作指令	合闸		分闸	分闸	合闸		
		断路器状态	合闸	分闸	分闸	分闸	合闸		有消防切非信号
		操作指令							
		断路器状态							
分段柜转换开关 SA1 在远方(自动)位置	SA2 在自投手复位,远方自动操作	试验前Ⅰ、Ⅱ母线段通电情况	Ⅰ母线段送电,Ⅱ母线段送电						
		操作指令	合闸	合闸	合闸	合闸			
		断路器状态	合闸	合闸	合闸	合闸	分闸		
		操作指令	Ⅰ段母线高压侧跳闸停电						
		断路器状态	分闸	合闸	分闸	合闸	延时合闸		
		操作指令	Ⅰ段母线高压侧恢复供电合闸						
		断路器状态	合闸	合闸	合闸	合闸	分闸		
		操作指令	Ⅱ段母线高压侧跳闸停电						
		断路器状态	合闸	分闸	分闸	合闸	延时合闸		
		操作指令	Ⅱ段母线高压侧恢复供电合闸						
		断路器状态	合闸	合闸	合闸	合闸	分闸		
分段柜转换开关 SA1 在远方(自动)位置	SA2 在自投自复位,远方自动操作	试验前Ⅰ、Ⅱ母线段通电情况	Ⅰ母线段送电,Ⅱ母线段送电						
		操作指令	Ⅰ段母线高压侧跳闸停电						
		断路器状态	分闸	合闸	分闸	合闸	延时合闸		
		操作指令	Ⅰ段母线高压侧恢复供电合闸						
		断路器状态	合闸	合闸	合闸	合闸	分闸		
		操作指令	Ⅱ段母线高压侧跳闸停电						
		断路器状态	合闸	分闸	分闸	合闸	延时合闸		
		操作指令	Ⅱ段母线高压侧恢复供电合闸						
		断路器状态	合闸	合闸	合闸	合闸	分闸		
		操作指令	Ⅰ段、Ⅱ段高压侧开关均跳闸						
		断路器状态	分闸	分闸	分闸	分闸	分闸		
调试结论:									
现场监理: 代表签字: 日　　期:			施工单位: 代表签字: 日　　期:			供 货 商: 代表签字: 日　　期:		设备监造: 代表签字: 日　　期:	

表 2-3　车站机电工程低压动照系统消防切非功能调试记录

调试记录编号：

车站名称：　　　　　　　　　　　　　　　　　　　　　　　　调试时间：

控制方式	备自投方式	#1 进线断路器	#2 进线断路器	三级负荷开关	非消防负荷	母联	调试结果	备注
分段柜转换开关 SA1 在就地位置	试验前Ⅰ、Ⅱ母线段通电情况	Ⅰ母线段送电，Ⅱ母线段送电						
	操作指令	合闸	合闸	合闸	合闸			
	断路器状态	合闸	合闸	合闸	合闸	分闸		
	操作指令	FAS 模拟火灾信号						
	断路器状态	合闸	合闸	分闸	分闸	分闸		
分段柜转换开关 SA1 在远方（自动）位置	试验前Ⅰ、Ⅱ母线段通电情况	Ⅰ母线段送电，Ⅱ母线段送电						
	断路器状态	合闸	合闸	合闸	合闸			
	操作指令	合闸	合闸	合闸	合闸	分闸		
	断路器状态	FAS 模拟火灾信号						
	操作指令	合闸	合闸	分闸	分闸	分闸		

调试结论：

现场监理：	施工单位：	供 货 商：	设备监造：
代表签字：	代表签字：	代表签字：	代表签字：
日　　期：	日　　期：	日　　期：	日　　期：

二、智能电机控制柜调试

1. 智能电机控制柜调试项目、步骤

（1）通电试验

①一次主回路、连接负载动力电缆及辅助二次回路连接电缆的绝缘电阻测试及交流耐压试验。

②上电测试。

③进线侧双电源切换测试。

④各回路功能测试（不带负载）。

⑤按设计图纸，对断路器脱扣器、热继电器、变频器等电气元件进行参数设置。

（2）单体设备就地控制功能测试

根据设计要求对马达保护器、变频器、软启动器及阀体等设备进行参数设置，并对单体设备进行就地控制功能测试（带负载）。

（3）通信测试

①变频器通信量测试。

②马达保护器通信量测试。

③软启动器通信量测试。

④AI/AO 点测试（轴温、阀体开度等）。

⑤通信测试。

⑥单体设备远方控制功能测试。

2. 调试注意事项

(1)在首次送电前,必须注意下列事项

①应对开关设备的内外进行清洁/清理工作。

②应对指示仪表进行校零。

③应对所有保护装置(出厂时均调至最小值)的参数按设计提供的保护值进行校调,如开关的过载脱扣、短路脱扣、接地保护及软启动器、电动机保护模块参数设置等。

④应对所有的开关(控制设备)进行必要的绝缘、安全距离、连接扭矩的检查。

⑤应切断所有进/出线开关。

⑥将开关设备的门、侧板、盖板及底板等依次就位。

⑦用测量仪检测电路的耦合相位。

⑧无关人员离场。

(2)确认变压器低压侧送电后,进行如下步骤

①接通设备的进线开关。

②逐个接通待运行设备的馈电开关(接通前需对馈电接线状况进行检查,并通知主管用电部门要求接通馈电开关)。

③检查相序的正确性。

④检查紧急停止装置和安全(保险)转换电路。

(3)两台进线开关和三级负荷总开关间实现联动

任何一台进线电源发生故障时,断开两段母线上的三级负荷开关后,母联开关才能合闸;当电线电源回复正常、母联开关断开后,三级负荷总开关才能合闸。

3. 智能电机控制柜调试记录表格(见表 2-4)

表 2-4　车站机电工程低压动照系统环控柜现场调试记录表

调试记录编号:

车站名称:　　　　　　　　　　　　　　　　调试日期:

调试项目						调试检测内容及结果											备注
所属端	柜号	回路名称	环控设备编号	回路电缆编号	联锁设备	就地/环控	环控/BAS	状态					控制				
								正转高速	反转低速	开机开到位	停机关到位	故障	正转高速	反转低速	启动开阀	停止关阀	
调试结论:																	
现场监理: 代表签字: 日　期:				施工单位: 代表签字: 日　期:					供 货 商: 代表签字: 日　期:					设备监造: 代表签字: 日　期:			

三、风机设备调试

1. 风机设备调试项目

调试内容包括但不局限于以下几点：

①风机电机的绝缘检查。

②风机的风量及性能测试。

③可逆转风机的逆转性能测试。

④振动检测装置测试。

2. 风机设备调试步骤

①人工盘动风机，关好人防门，全开进出调节风阀，设置启动参数。

②调试前，须测量风机配用电机的对地绝缘电阻，供调试技术人员确认。若电机对地绝缘电阻为零或过低，须测量风机电源主回路的对地绝缘电阻是否存在问题，检查风机接线盒中接线端子是否因受潮而使电阻过低，若是，应烘干相关零部件直到达到测试条件。若仍存在问题，调试人员应通知电机厂的技术人员到场检查电机，直到排除故障以达到可测试条件。

③调试人员就位后，切断所有需测试风机的主电源，并告知环控室的电气人员，未得到现场调试人员的指令，不得送主电源并开启风机，以免发生事故。

④检查风机各零部件、风机风筒内部及变径管内是否仍存在杂物，待调试人员确认风机具备调试条件并确认风机本体内无任何人员后，马上封闭风机设备叶轮端及电机端的检修门，防止他人进入，风机本体检查完毕。

⑤风机现场调试人员通过对讲机向环控室调试人员发出点动风机的指令。

⑥风机现场调试人员确认风机可正常运作及正确的测试方向后，向环控室调试人员发出准确的启动风机指令。

⑦启动风机，进入调试状态。环控室调试人员读取并记录启动电流、运行电流、启动时间等与测试相关的有效数据。

⑧现场调试人员读取风量并记录相关有效的测试数据，记录完毕后，通知环控室调试人员停止风机。

⑨如果所测风机设备是正反转隧道风机，则在停机后，由现场调试人员发出反向启动风机的指令。若为双速风机，应高、低速分别调试，连续运行先低速、后高速。

⑩现场所有人员撤离风道，调试完毕。

3. 风机设备注意事项

①确认风机具备调试条件并确认风机本体内无任何人员后，应马上封闭风机设备叶轮端及电机端的检修门，防止他人进入。

②调试人员告知安装单位，所有与调试无关的人员离场，确认所有调试人员均已就位，关闭相应防火门，并在相应防火门处设立警示牌，防止测试时，任何人员开启防火门，进入测试区域。

③各设备专业人员对设备检查无问题的情况下，经专业人员同意才能对设备进行通电启动试机。

④如发现风机有剧烈振动、撞击、轴承温度迅速上升、电流过大等反常现象，应立即停机检查，予以排除。

⑤带变频器调节的风机，用户在变频调速的过程中应注意不要超过风机配用电机的额定功率值，应在给定的变频性能参数范围内进行调频使用。

4. 风机调试记录表格（见表 2-5）

表 2-5 通风机现场调试记录表

调试记录编号：

车站名称： 调试日期：

<table>
<tr><th rowspan="4">序号</th><th rowspan="4">车站号及设备编号</th><th rowspan="4">设备安装位置</th><th rowspan="4">风机分类说明</th><th colspan="17">风机安装、调试数据记录表</th><th rowspan="4">风机振动检测（××mm/s以内）</th><th rowspan="4">调试结果评价</th></tr>
<tr><th rowspan="3">安装清扫检验评价</th><th colspan="8">电机启动和运行测试参数</th><th colspan="8">风机风道测试值和流量计算值</th></tr>
<tr><th rowspan="2">电机对地绝缘电阻（MΩ）</th><th rowspan="2">软启动器整定电流值（A）</th><th rowspan="2">电机启动电流（正/反）（A）</th><th rowspan="2">电机送行电流（正/反）（A）</th><th rowspan="2">启动时间（s）</th><th rowspan="2">正/反转切换时间（s）</th><th rowspan="2">气流方向是否正确</th><th rowspan="2">出口面积（m²）</th><th colspan="6">气流测试点及数据</th><th>风速计算值</th><th>流量计算值</th></tr>
<tr><th>v_1（m/s）</th><th>v_2（m/s）</th><th>v_3（m/s）</th><th>v_4（m/s）</th><th>v_5（m/s）</th><th>v_6（m/s）</th><th>出口平均风速（m/s）</th><th>出口流量（m³/h）</th></tr>
<tr><td rowspan="2"></td><td rowspan="2"></td><td rowspan="2"></td><td rowspan="2"></td><td rowspan="2"></td><td rowspan="2"></td><td rowspan="2"></td><td rowspan="2"></td><td rowspan="2"></td><td rowspan="2"></td><td rowspan="2"></td><td rowspan="2"></td><td rowspan="2"></td><td></td><td></td><td></td><td></td><td></td><td></td><td rowspan="2"></td><td rowspan="2"></td><td rowspan="2"></td><td rowspan="2"></td></tr>
<tr><td></td><td></td><td></td><td></td><td></td><td></td></tr>
<tr><td rowspan="2"></td><td rowspan="2"></td><td rowspan="2"></td><td rowspan="2"></td><td rowspan="2"></td><td rowspan="2"></td><td rowspan="2"></td><td rowspan="2"></td><td rowspan="2"></td><td rowspan="2"></td><td rowspan="2"></td><td rowspan="2"></td><td rowspan="2"></td><td></td><td></td><td></td><td></td><td></td><td></td><td rowspan="2"></td><td rowspan="2"></td><td rowspan="2"></td><td rowspan="2"></td></tr>
<tr><td></td><td></td><td></td><td></td><td></td><td></td></tr>
<tr><td rowspan="2"></td><td rowspan="2"></td><td rowspan="2"></td><td rowspan="2"></td><td rowspan="2"></td><td rowspan="2"></td><td rowspan="2"></td><td rowspan="2"></td><td rowspan="2"></td><td rowspan="2"></td><td rowspan="2"></td><td rowspan="2"></td><td rowspan="2"></td><td></td><td></td><td></td><td></td><td></td><td></td><td rowspan="2"></td><td rowspan="2"></td><td rowspan="2"></td><td rowspan="2"></td></tr>
<tr><td></td><td></td><td></td><td></td><td></td><td></td></tr>
<tr><td colspan="23">调试结论：</td></tr>
<tr><td colspan="6">现场监理：
代表签字：
日　　期：</td><td colspan="6">施工单位：
代表签字：
日　　期：</td><td colspan="6">设备监造：
代表签字：
日　　期：</td><td colspan="5">供 货 商：
代表签字：
日　　期：</td></tr>
</table>

四、无机房电梯设备调试

1. 无机房电梯调试项目

①检查、调整曳引轮（或主机）、导向轮、绳轮水平度、垂直度。

②检查限速器。

③检查电机绝缘电阻，检查控制柜接地电阻。

④检查清理曳引钢绳（火钢带）及限速器钢绳。

⑤检查安全钳。

⑥检查曳引机润滑油。

⑦检查、校核电梯内外配线，检查主电源开关。

⑧设置电梯运行参数。

⑨检查钥匙开关、检修盒、各部位急停开关及检修盒运行指示方向。

⑩检查抱闸间隙。

⑪调整门机、门刀，检查门刀与各层门地坎间隙。

⑫调整平层感应装置。

⑬调整强迫换速开关、上下限位开关、极限开关，调整缓冲器开关。

⑭调整轿厢门与轿厢、层门与门套间隙，调整层门门头背轮与滑轨间隙。

⑮调整轿厢门、层门各保护开关位置及动作距离。

⑯调整安全触板（或光幕）。

⑰调整平层精度，调整越层距离。

⑱检查轿厢及各楼层按钮、楼层显示，检查轿厢通风、应急照明、警铃及三方通话。

⑲测定电梯平衡系数。

⑳电梯静载、超载试验。

㉑限速器、安全钳试验。

㉒测试其他功能。

2. 无机房电梯调试方法

（1）电梯安全回路试验

在电梯各安全部件都装有一个安全开关，把所有的安全开关串联，控制一只安全继电器。只有所有安全开关都在接通的情况下，安全继电器吸合，电梯才能得电运行；确保每个安全开关都能正常接通，不能短接，安全回路对地电梯停止运行。

（2）限速器、安全钳试验

限速器和安全钳是电梯最重要的安全保护装置，如果轿厢超速，限速器立即动作，触发夹绳装置夹紧钢丝绳。当轿厢下降时，钢丝绳拉动安全钳运作使安全钳对导轨产生摩擦力，把轿厢迅速制动在导轨上，停止运行。

（3）门锁回路试验

门锁回路是把轿门锁和各层的厅门锁串联起来的安全开关，只要其中有一个门锁断开，整个门锁回路也就断开了，电梯开门停止运行；如果轿厢门或层门关门间隙大于 3 厘米，门锁回路断开电梯停止运行。

（4）电梯抱闸力试验

电梯轿厢加载 125% 的额定载荷运行快车，电梯达到最高运行速度时断电，抱闸制动器作用电梯停止运行。

（5）超载试验

电梯轿厢加 125% 额定载荷，轿厢内外楼层按钮显示超载并发出警报。

（6）光幕试验

电梯轿厢光电安全装置通过发射红外线产生保护光幕，当光幕被遮挡时，装置发出遮光信号，轿厢门停止关门。

3. 无机房电梯调试注意事项

①所有与调试无关的人员离场，确认所有调试人员均已就位，在相应处设立警示牌，防止测试时，任何人员进入测试区域。

②设备专业人员对设备检查无问题的情况下，才能对设备进行通电启动试机。

③如发现电梯运行有剧烈振动、撞击、异响过大、电流过大等反常现象，应立即停机检查，予以排除。

4. 无机房电梯设备调试记录表格(见表2-6)

表2-6 电梯调试报告

一、基本信息			
车　　站		设备编号	
测试人员		日　　期	
地　　址			
控制方式		停层站数	
曳引机型号		电机型号	

二、调试过程记录(请在相应的选择框内打"√"或填入数值)					
1. 机房各种标记	□全部	□不全			
2. 三相电源	□临时电	□正式电			
其中 L1-L2 电压________V L1-L3 电压________V L2-L3 电压________V L-N 电压________V					
地线处理	□标准	□不标准			
3. 慢车运行机房、轿顶、轿箱检修开关操作	□符合要求	□不符合要求			
4. 快车运行					
a. 额定速度运行	□正常	□抖动	□噪声大	□不舒适	
b. 短层距运行	□正常	□抖动	□噪声大	□不舒适	
c. 电梯到站开关门	□正常	□抖动	□噪声大	□不正常	
5. 参数调整,使得运行舒适感良好,并且在110%负载时能正常运行30次					
a. 运行舒适感	□良好	□不好			
b. 110%负载运行	□正常	□不正常			
6. 机房功能测试(当厅外接线未完成时在机房内测试)					
a. 液晶显示	□正常	□不正常	□未测试	□无此项	
b. 运行方向	□正常	□不正常	□未测试	□无此项	
c. 到站钟	□正常	□不正常	□未测试	□无此项	
d. 电梯返回基站功能	□正常	□不正常	□未测试	□无此项	
e. 锁梯功能	□正常	□不正常	□未测试	□无此项	
g. 消防返回	□正常	□不正常	□未测试	□无此项	
h. 消防运行	□正常	□不正常	□未测试	□无此项	
i. 应急照明	□正常	□不正常	□未测试	□无此项	
j. 群控功能	□正常	□不正常	□未测试	□无此项	
7. 轿厢部分功能测试					
a. 轿内指令按钮	□正常	□不正常	□未测试	□无此项	
b. 轿内楼层显示	□正常	□不正常	□未测试	□无此项	
c. 轿内运行方向	□正常	□不正常	□未测试	□无此项	
d. 轿内照明开关功能	□正常	□不正常	□未测试	□无此项	
e. 轿内风扇开关功能	□正常	□不正常	□未测试	□无此项	
f. 轿内司机功能	□正常	□不正常	□未测试	□无此项	
g. 司机直驶	□正常	□不正常	□未测试	□无此项	
h. 司机运行方向显示灯	□正常	□不正常	□未测试	□无此项	
i. 开关门按钮	□正常	□不正常	□未测试	□无此项	
j. 蜂鸣器	□正常	□不正常	□未测试	□无此项	
k. 超载灯	□正常	□不正常	□未测试	□无此项	
l. 警铃按钮	□正常	□不正常	□未测试	□无此项	
m. 应急灯	□正常	□不正常	□未测试	□无此项	
n. 对讲装置	□正常	□不正常	□未测试	□无此项	
o. 强迫关门功能	□正常	□不正常	□未测试	□无此项	
p. 门光幕功能	□正常	□不正常	□未测试	□无此项	
8. 负载开关功能测试					
重物	□标准砝码	□其他			
a. 轻载开关功能	□正常	□不正常	□未测试	□无此项	
b. 半载开关功能	□正常	□不正常	□未测试	□无此项	
c. 满载开关功能	□正常	□不正常	□未测试	□无此项	
d. 超载开关功能	□正常	□不正常	□未测试	□无此项	

续上表

二、调试过程记录（请在相应的选择框内打“√”或填入数值）
9. 厅外呼梯功能测试 a. 厅外召唤操作　□正常　□不正常　□未测试 b. 厅外层楼显示　□正常　□不正常　□未测试　□无此项 c. 厅外消防操作　□正常　□不正常　□未测试
10. 安全回路　□正常　□不正常
11. 限速器远程动作及释放　□正常　□不正常　□无此项
12. 上行超速保护　□正常　□不正常
13. 平层　□正常　□不正常
14. 平衡系数测试（电流测量法） a. 电梯平衡系数________　对重块数量________块 b. 电梯在平衡时平衡点的上行电流________ A，下行电流________ A （变频器监控状态下）
15. 启动加速度和制动减速度________ m/s^2 当速度 $1.0\ m/s < v \leq 2.0\ m/s$　平均加减速度不应小于 $0.48\ m/s^2$ 当速度 $2.0\ m/s < v \leq 2.5\ m/s$　平均加减速度不应小于 $0.65\ m/s^2$
16. 电梯速度________　电梯运行速度要满足条件 $92\% < v < 105\%$
17. 时间控制 调试电梯用时________天；调试期间安装用时________天 调试期间非安装原因误工________天 误工原因（□土建　□电源　□漏水　□其他________） 备注： 轿厢地板　*PVC* 地砖□　大理石□　其他□ *PVC* 地砖　良好□　跷鼓□　破裂□ 调试人员（签字）________　安装监督（签字）________　安装组长（签字）________ 日期________　日期________　日期________

五、自动扶梯设备调试

1. 自动扶梯调试项目

①检查桁架水平偏差、桁架连接、中间支撑。

②检查控制柜、主机铭牌及主电源开关、扶梯入口、急停开关等警示标志。

③检查梳齿板、前沿板。

④检查、调整扶手带导轨。

⑤调整扶手带张力，检查扶手带表面及内衬情况。

⑥检查、调整扶手带各驱动轮、导向轮。

⑦检查梯级固定情况。

⑧检查梯级轨道固定及轨道接头、回转部位连接。

⑨调整主机驱动链、扶手带驱动链、梯级驱动链张力，检查各链条连接是否可靠。

⑩检查、调整主制动器及附加制动器、防逆转保护开关。

⑪调整梯级与裙板的间隙。

⑫调整裙板、内壁板固定及连接。

⑬检查齿轮箱油位，电动泵加注适当润滑油，对轨道、链条进行适当润滑。

⑭检查动力回路、控制回路、照明回路、信号回路、电机绝缘电阻；检查桁架及控制柜接地电阻。

⑮检查主电源电压,主电源开关。

⑯检查短路、过载保护,检查钥匙开关、检修盒,各部位急停开关及检修盒运行指示方向。

⑰调整主机抱闸动作检测开关、辅助制动器动作检测开关、主机驱动链开关,主机位移开关、梳齿板开关、扶手带入口开关、裙板开关、梯级链张紧开关、扶手带断裂检测开关、梯级缺失开关、梯级下陷开关、梯级防跳开关、扶梯机舱盖板开关动作位置或动作距离,各开关动作可靠。

⑱检查梯级、扶手带防静电装置。

⑲检查调整主机测速开关、梯级测速开光、扶手带测速开关。

⑳调整扶手带与梯级同步。

㉑检查防粘连功能。

㉒检查调整扶梯制动距离。

2. 自动扶梯调试方法

①扶手带入口开关:在扶手转向端的扶手带入口处设有手指和手的保护装置,用螺丝刀或者手指顶压该装置,致使该装置动作时,驱动主机应当不能启动或立即停止。

②梳齿板开关:当有异物卡入,梳齿板与梯级或踏板发生碰撞时,自动扶梯或自动人行道应当自动停止运行;拆下梳齿板中间部位的梳齿,用工具在梳齿板其前、后、左、右移动,检查安全开关是否动作,自动扶梯或自动人行道能否启动。

③梯级下陷保护开关:卸除 1 ~2 个梯级,检修运行至安全装置处触发缺失开关停止运行。

④梯级缺失保护开关:卸除 1 ~2 个梯级或踏板,检修运行至安全装置处,检查安全开关装置设置的位置离梳齿相交线的距离是否大于工作制动器最大的制停距离。

⑤检修盖板和上下盖板:当打开桁架区域的检修盖板和(或)移去或打开楼层板时,驱动主机应当不能启动或者立即停止。

⑥附加制动器:手动触发安全开关,模拟引发附加制动器动作,观察能否制动。

⑦速度偏差:用速度测试仪或同步率测试仪测量梯级的速度,检查是否符合要求。

⑧扶手带的运行速度偏差:用速度测试仪或同步率测试仪等仪器分别测量左右扶手带和梯级速度,检查是否符合要求。

⑨主机报闸动作开关制停距离:制作制动安全开关和触发杆,运行扶梯,触发杆触发安全开关,扶梯停止后,测量开关到触发杆的距离。

⑩非操纵逆转保护:手动调整装置,或计算机修改控制信号使其测量到梯级运动方向改变,观察扶梯是否停止。

3. 自动扶梯调试注意事项

①所有与调试无关的人员离场,确认所有调试人员均已就位,在相应处设立警示牌,防止测试时,任何人员进入测试区域。

②设备专业人员对设备检查无问题的情况下,才能对设备进行通电启动试机。

③如发现自动扶梯运行有剧烈振动、撞击、异响过大、电流过大等反常现象,应立即停机检查,予以排除。

4. 自动扶梯设备调试记录表格(见表2-7和表2-8)

表2-7 调试记录表1

车 站 名: 自动扶梯编号:
测试人员: 日 期:

序号	测试项	扶梯是否停止	相关故障显示	扶梯是否不能再启动
1	电源缺相/错相测试	□是 □否	□是 □否	□是 □否
2	驱动主机过载测试	□是 □否	□是 □否	□是 □否
3	驱动主机过热测试	□是 □否	□是 □否	□是 □否
4	超速1.15倍测试	□是 □否	□是 □否	□是 □否
5	超速1.3倍测试	□是 □否	□是 □否	□是 □否
6	逆转测试	□是 □否	□是 □否	□是 □否
7	检测梯级链保护装置	□是 □否	□是 □否	□是 □否
8	检测扶手带保护装置	□是 □否	□是 □否	□是 □否
9	扶手带欠速测试	□是 □否	□是 □否	□是 □否
10	检测扶手带入口保护装置	□是 □否	□是 □否	□是 □否
11	检测梳齿板安全开关装置	□是 □否	□是 □否	□是 □否
12	检测梯级塌陷保护装置	□是 □否	□是 □否	□是 □否
13	检测梯级缺失保护装置	□是 □否	□是 □否	□是 □否
14	检测梯级运行安全装置	□是 □否	□是 □否	□是 □否
15	检测防梯级上冲安全装置	□是 □否	□是 □否	□是 □否
16	检测裙板安全保护装置	□是 □否	□是 □否	□是 □否
17	检测驱动链破断保护装置	□是 □否	□是 □否	□是 □否
18	检测裙板防护装置	□是 □否	□是 □否	□是 □否
19	检测急停开关	□是 □否	□是 □否	□是 □否
20	检测驱动主机移位保护	□是 □否	□是 □否	□是 □否
21	检测下底坑水位检测开关	□是 □否	□是 □否	□是 □否
22	检测大地板打开开关	□是 □否	□是 □否	□是 □否
23	检测大地板非正常打开开关	□是 □否	□是 □否	□是 □否

表2-8 调试记录表2

车 站 名: 自动扶梯编号:
测试人员: 日 期:

序号	测 试 项	是否在梯级塌陷标记驶出梳齿板前,扶梯停止	是否在梯级缺口驶出梳齿板前,扶梯停止
1	检测梯级塌陷保护装置	□是 □否	/
2	检测梯级缺失保护装置	/	□是 □否

六、空调机组调试

1. 空调机组调试项目

调试内容包括但不局限于以下几点:

①风机电机的绝缘检查。

②组合空调器的风量测试。

③机组出口的全压测试。

④电机性能检测。

⑤机组振动水平。

⑥机组断面风速均匀度测试。

2. 空调机组调试步骤

①采用单台、空负荷顺序启动，尽量避免启动瞬间对电网的冲击。

②启动运行后，检查各调节阀、冷水阀是否处于正常状态。

③检查系统冷冻水温及冷冻水电两通磁阀门是否正常。

④检查机组表冷器冷凝水排放是否顺畅，机组内是否有积水现象。

⑤检查机组空调过滤器是否正常工作，过滤器压差报警器有无报警，过滤器阻力是否超出。

⑥检查机组是否存在漏风或漏水等情况(如有异常情况应及时采取措施进行处理)。

⑦记录运行电流、电压、风速(计算风量后与合同要求进行对比)。

⑧空调机组正常运行2小时后，如无异常情况可视为试运转成功；试运转成功后，空调机组设备需经受48小时运行测试。测试项目包括机械性能、电气性能的测试。

3. 空调机组注意事项

设备运行时，安全阀下装设的截止阀需保证打开，不得关闭，只有当安全阀需要效验或压力试验值达到其起跳压力时方可关闭此阀。

4. 空调机组调试记录表格(见表2-9)

表2-9 空调机组调试记录表

设备编号	安装位置	产品出厂编号	合同参数			测试数据						风速实测值，计算值								
			马达功率 kW	风量 CMS	全压 Pa	马达运行电压 V	马达运行电流 A	进水温度 ℃	出水温度 ℃	进水压力 kPa	出水压力 kPa	V1 m/s	V2 m/s	V3 m/s	V4 m/s	V5 m/s	V6 m/s	测量截面有效面积 m^2	平均风速 m/s	平均风量 CM5

备注：
1. 在机组回风口测量有效回风面积，再乘以平均风速(6个点均值)可得实测风量值。与合同参数比较不低于95%为合格。
2. 表格适用于组合式、柜式、风机盘管机组。

现场监理：	施工单位：	项目管理：	供 应 商：
代表签字：	代表签字：	代表签字：	代表签字：
日　　期：	日　　期：	日　　期：	日　　期：

七、空调水泵调试步骤

1. 空调水泵调试项目

调试内容包括但不局限于以下几点：

①水泵的运行电流。

②水泵的性能。

③水泵的流量、扬程测试及运行稳定性检测。

2. 空调水泵调试步骤

①水泵充水，打开进水阀门，关闭放水、排气阀门，做好水泵启动的准备。

②观察填料函泄漏情况，如果填料是新的，不要立刻上紧填料压盖，应让泄漏浸透整个填料函内的盘根后再进行后续操作。

③启动电机，进行电机运转 2 小时，电机运转 2 小时合格后进行手动盘车调试，转动灵活轻便。

④离心水泵需先关闭泵出水管路阀门，全开泵进水管路阀门，用水将泵灌满并驱尽泵内空气。轴流泵或管道泵需进、出水口的阀均需打开后方可运行。

⑤点动水泵启动按钮，做瞬时启动，检查水泵运转方向及有无异常现象。

⑥确认一切正常后按动启动按钮，转速逐渐正常后，慢慢打开出口阀门并调到设计要求工况。

⑦记录运行电流及电压。

⑧记录水泵入水侧及出水侧压力，并与合同要求做对比。

⑨关闭水泵，现场所有人员撤离，调试完毕。

3. 空调水泵注意事项

注意水泵在运转过程中无异常升温、噪声等。

4. 通风系统空调水泵设备调试记录表（见表 2-10）

表 2-10　空调水泵调试记录表

车站名称：

设备编号	安装位置	产品出厂编号	合同参数		运行参数		入水侧压力 kPa	出水侧压力 kPa	测试结果
			水泵型号	配用电机功率 kW	运行电压 V	运行电流 A			
调试结论：									
施工单位：				代表签字：			签字日期：		
现场监理：				代表签字：			签字日期：		
设备监造：				代表签字：			签字日期：		
供 货 方：				代表签字：			签字日期：		

八、冷却塔设备调试

1. 冷却塔设备调试项目

调试内容包括但不局限于以下几点：

①电机的绝缘检查。

②冷却塔的风量测试。

③噪声测试(包含采取降噪方案后的噪声)。

2. 冷却塔设备调试步骤

①冷却塔补水。

②检查底盆封接是否漏水。

③调节冷却塔的正确水位(调节传感器阀)。

④以上各项工作检查完毕，启动风机，运转设备。

⑤观察风机是否平稳(主要听响声)。

⑥测量电机的电流是否在许可的范围内。

⑦出水是否均匀(必要时调节进水阀门的流量)。

⑧有无漂水现象。

⑨使用噪声测试仪测试冷却塔噪声。

⑩现场所有人员撤离，调试完毕。

3. 冷却塔设备注意事项

①为了保护调试人员的安全，在没有确保所有的风机和泵的电机都断开并锁定的情况下，不得进入塔内进行检查工作，也不要接近风机、电机、驱动器或机组内部。

②进行检查时，应在醒目处挂上“设备维修中，禁止合闸”的明显标识。

4. 冷却塔设备安装调试验收记录表(见表2-11)

表 2-11　冷却塔设备安装调试验收记录表

车站：

设备编号		型号		安装位置	
检验类别	调试内容及标准	测试结果		调试结论	备注
传动部分	所有风机叶片均按编号正确安装	□是　□否		□合格　□不合格	
	所有风机叶片安装角度正确一致	□是　□否		□合格　□不合格	
	主、从动轮之间平行一致	□是　□否		□合格　□不合格	
	皮带已调至合适张力	□是　□否		□合格　□不合格	
	电机与机座安装牢固	□是　□否		□合格　□不合格	
	风机与机座安装牢固	□是　□否		□合格　□不合格	
开机运行	以下内容调试验收时需要				
	风机运转平稳且运行电流在许可范围内	□是　□否		□合格　□不合格	
	无明显漂水、溢水	□是　□否		□合格　□不合格	
	出水均匀	□是　□否		□合格　□不合格	
	底盆封接密实，不渗、漏水	□是　□否		□合格　□不合格	
	风机运转方向正确	□是　□否		□合格　□不合格	
	传感器阀开关是否正常	□是　□否		□合格　□不合格	

续上表

检验类别	调试内容及标准	测试结果	调试结论	备注
连续运行	主、从动轮之间是否平行一致	□是 □否	□合格 □不合格	
	皮带张力是否适合	□是 □否	□合格 □不合格	
	底盆封接密实，不渗、漏水	□是 □否	□合格 □不合格	
	无明显漂水、溢水	□是 □否	□合格 □不合格	
	风机运转平稳且运行电流在许可范围内	□是 □否	□合格 □不合格	
	传感器阀开关是否正常	□是 □否	□合格 □不合格	
	注意：设备在连续运行 48 小时期间，每隔 8 小时测一次，共测 6 次			
调试结论：				
施工单位： 现场监理： 设备监造： 供 货 方：	代表签字： 代表签字： 代表签字： 代表签字：	签字日期： 签字日期： 签字日期： 签字日期：		

九、冷水机组调试

1. 冷水机组调试项目

调试内容包括但不局限于以下几点：

①机组设计工况制冷量测试。

②机组进出水温测试。

③机组电器安全测试（如温度、绝缘、启动、过载等）。

④机组噪声测试和振动测试。

⑤水压降、水阻力测试。

2. 冷水机组调试步骤

①调试前需要将电缆连接固定在冷水机组的进线接线端子处并通电，保证压缩机的加热带通电对机组的润滑油加热 24 小时，保证机组的预热时间。

②调试前需将各路阀门打开，所有空调末端开启，建立空调负载。

③调试人员进行供电接线相序检查并紧固。

④以上各项工作检查完毕，调试人员可进行单机调试。

⑤所有与调试无关人员离场，确认所有调试人员均已到位。

⑥主机现场调试人员开启机组进行调试。

⑦现场调试人员读取并记录启动电流、运行电流、启动时间、电压、制冷量及冷冻水、冷却水进出水温度等要求测试的相关有效数据，并由各方参与人员签字。

⑧系统调试及初步验收测试：调试人员向环空调试人员发出可以联调的信息，由环空调试人员发出开启冷水机组的指令，各方确认现场测试结果。

⑨现场所有人员撤离，调试完毕。

3. 冷水机组注意事项

设备运行时，安全阀下装设的截止阀需保证打开，不得关闭，只有当安全阀需要效验或压力试验值达到其起跳压力时方可关闭此阀。

4. 冷水机组调试记录表(见表2-12)

表2-12　通风空调系统冷水机组调试记录

车站名称：　　　　　　　　　　　　　　　　　　　　调试记录编号：

设备编号	安装位置	产品出厂编号	合同参数			测试数据								调试结果
			型号	功率 kW	冷量 kW	机组吸气压力	机组排气压力	工作电压 V	工作电流 A	冷冻水进水温度 ℃	冷冻水出水温度 ℃	冷却水进水温度 ℃	冷却水出水温度 ℃	
调试结论：														
现场监理： 代表签字： 日　　期：				施工单位： 代表签字： 日　　期：				设备监造： 代表签字： 日　　期：				供 应 商： 代表签字： 日　　期：		

十、屏蔽门调试步骤

1. 屏蔽门单机调试项目

调试内容包括但不局限于以下几点：

①调试项：电源系统(驱动、控制、电池、照明灯带)；目的：确保电源系统正常工作。

②调试项：电源系统到站台DCU和PSC柜；目的：确保电源系统供给DCU电源正常。

③调试项：单个滑动门功能测试；目的：确认每一个门功能正常。

④调试项：单个应急门功能测试；目的：确认每一个门应急门功能正常。

⑤调试项：PSL功能调试；目的：确保PSL各功能正常。

⑥调试项：端门功能调试；目的：确保端门各功能正常。

2. 屏蔽门绝缘测试

①用500 V兆欧表测量站台屏蔽门与土建之间的绝缘值。

②对所有接线的正确性进行检查，对所有接线端子进行检查，对所有电气设备进行检查。

③设备室的设备接地与建设方提供的车站接地电阻小于0.5 Ω，由每个门单元接地点到列车导轨接地间的电阻应小于1 Ω。

④配电柜内开关的输入/输出端到车站接地的绝缘电阻不小于10 MΩ。

3. 屏蔽门电源检测

第一，屏蔽门的供电由低压配电提供，在屏蔽门系统带点调试前必须对屏蔽门的接入端电源进行检查，确保屏蔽门电源系统的输入电源符合要求。

第二，在屏蔽门电源系统的输入端电源符合要求时，对屏蔽门电源系统进行通电检查。通电前将屏蔽门电源系统的输出端线缆断开。检查屏蔽门电源系统的输出是否符合设计要求。

(1)门单元带电调试

①检查每个门单元已安装完成的设备是否完全符合设计要求,检查线缆连接是否正确。

②将带电调试的门单元与相邻门单元的所有输入、输出电缆断开。

③对调试的门单元通电,检查滑动门的运动状态、门状态指示灯的显示等是否符合设计要求。

(2)屏蔽门子系统联调步骤

①调试前,需确认轨道是否有轨道车测试,调试人员到位后,检查安全电路是否畅通,测量屏蔽门绝缘电阻和接地电阻,以免发生意外事故。

②人员就位后,驱动电源柜接入低压供电系统提供的 AC 380 V 三相电源,控制电源柜接入电源为单相 AC 220 V。驱动电源接入电源电压需满足 AC 380 V ±38 V,控制电源接入电源电压需满足 AC 220 V ±22 V。灯带照明系统接入低压供电系统提供的 AC 380 V 三相电源;操作相应的断路器驱动电源柜工作正常、控制电源柜工作正常、蓄电池柜工作正常、照明灯带箱工作正常,驱动电源、控制电源具备 $N+1$ 冗余备份,确保电源系统的正常工作。

③闭合控制电源柜上到 PSC 柜的 D01/D02,输出电压需满足 AC 220 V ±22 V;闭合控制电源柜上到 PSC 柜的 D03/D04,输出电压需满足 DC 20 ~ 60 V ±(2 ~ 6) V;确保电源系统供给 DCU 电源正常。

④等电位测试。

⑤滑动门、应急门、端门各项功能测试;滑动门、应急门、端门活动门开关灵活,解锁力不大于 67 N,开门力不大于 133 N,滑动门运行平稳,无异常声响,滑动门其他各项检测指标满足技术规格书要求,应急门打开 90°可定位,底部与含台面除了毛刷可以有解除外,底部门框和锁销不能接触站台面,端门活动门安装了闭门器,门开启小于 90°后可以自行关闭,同时 90°可以定位。

⑥就地控制盒 LCB 测试。

⑦检查 PSL 的各项功能,确保 PSL 各功能正常。

⑧检查 PSC 的各项功能,确保 PSC 各功能正常。

⑨信号模拟系统接口测试。

⑩IBP 盘紧急操作测试。

⑪调试完成后,检查各接口接线,人员撤离。

4. 屏蔽门调试记录表(见表 2-13 ~ 表 2-33)

表 2-13　电源系统调试记录

车站名称:　　　　　　　　　　　　　　　　　　　　　　　　调试记录编号:

调试编号:PE-001		调试项:电源系统(驱动、控制、电池、照明灯带)	
目　　的:确保电源系统正常工作		区　　域:屏蔽门/安全门设备房	
序号	调试标准	调试结果(Y/N)	备注
1	电源系统接入电源为低压配电系统提供,驱动接入电源为三相 AC 380 V,控制接入电源为单相 AC 220 V。驱动接入电源电压需满足 AC 380 V ±38 V,控制接入电源电压需满足 AC 220 V ±22 V		
2	灯带照明系统接入电源为低压配电系统提供,灯带接入电源为三相 AC 380 V。灯带电源接入电压需满足 AC 380 V ±38 V		
3	驱动柜正常工作。操作相应的断路器,驱动电源柜工作正常		
4	控制柜正常工作。操作相应的断路器,控制电源柜工作正常		
5	蓄电池柜正常工作。操作相应的断路器,蓄电池柜工作正常		
6	照明灯带箱正常工作。操作相应的断路器,照明灯带箱工作正常		

续上表

序号	调试标准		调试结果(Y/N)	备注
7	驱动电源具备 $N+1$ 冗余备份。当驱动柜中模块 UPS1、UPS2、UPS3、UPS4、UPS5、UPS6、UPS7 正在工作时，热插拔其中任何一个驱动模块，均不影响 PSD 系统的正常工作			
8	控制电源具备 $N+1$ 冗余备份。当控制柜中整流模块 UPDY3、UPDY4、UPD2-DC 正在工作时，热插拔其中任何一个驱动模块，均不影响 PSD 系统的正常工作			
日　期：		车　站：		
调试人员：		见证人员：		

表 2-14　电源系统到照明灯带箱调试记录

车站名称：　　　　　　　　　　　　　　　　　调试记录编号：

调试编号：PE-002		调试项：电源系统到照明灯带箱		
目　的：确保低压系统提供符合要求的电源		区　域：屏蔽门设备房，站台		
序号	调试标准		调试结果(Y/N)	备注
1	闭合屏蔽门电源切换箱上到照明灯带箱的输出断路器照明灯带一、照明灯带二，输出电压需满足 AC 380 V ± 38 V			
2	检查照明灯带箱的交流输入断路器，输入电压需满足 AC 380 V ± 38 V			
3	在机电安装确认灯带照明回路安装完毕并检查无误后，闭合照明灯带控制—控制箱体的 12 回路输出断路器，输出电压需满足 AC 220 V ± 22 V			
4	在机电安装确认地槛 LED 回路安装完毕并检查无误后，地槛 LED 控制—控制箱体的 2 回路输出断路器，输出电压需满足 DC 24 V ± 2. 4 V			
日　期：		车　站：		
调试人员：		见证人员：		

表 2-15　电源系统到站台 DCU 和 PSC 柜调试记录

车站名称：　　　　　　　　　　　　　　　　　调试记录编号：

调试编号：PE-003		调试项：电源系统到站台 DCU 和 PSC 柜		
目　的：确保电源系统供给 DCU 电源正常		区　域：屏蔽门/安全门设备房，站台		
序号	调试标准		调试结果(Y/N)	备注
1	①闭合控制电源柜上到 PSC 柜的 D01/D02，输出电压需满足 AC 220 V ± 22 V； ②闭合控制电源柜上到 PSC 柜的 D03/D04，输出电压需满足 DC 20 ~ 60 V ± (2 ~ 6) V； ③闭合控制电源柜上到 PSC 柜的 D05/D06/D07/D08，输出电压需满足 DC 24 V ± 2. 4 V			
2	检查站台门机端子排 110 V 端子的 1、2 端子间电压，输出电压需满足 DC 110 V ± 11 V，且 1 为正极			
3	闭合驱动电源柜上到上、下行站台的输出断路器 D01 ~ D10，输出电压需满足 DC 110 V ± 11 V			
日　期：		车　站：		
调试人员：		见证人员：		

表 2-16　单个滑动门功能测试(上行，1# ~ 6#)

车站名称：　　　　　　　　　　　　　　　　　调试记录编号：

调试编号：PF-001		调试项：单个滑动门功能测试					
目　的：确认每一个门功能正常		区　域：站台(上行)					
序号	调试标准	1#滑动门	2#滑动门	3#滑动门	4#滑动门	5#滑动门	6#滑动门
		调试结果(Y/N)	调试结果(Y/N)	调试结果(Y/N)	调试结果(Y/N)	调试结果(Y/N)	调试结果(Y/N)
1	门处于正常关闭锁紧状态，确认未插入钥匙时位于“自动”位置处。此时，SIG、PSL、IBP 各级正常开关门时，此门均会执行相应动作						
2	将 LCB 转到“隔离”，DOI 指示灯亮。此时，SIG、PSL、IBP 各级正常开关门时，此门均不动作						

续上表

序号	调试标准	1#滑动门 调试结果（Y/N）	2#滑动门 调试结果（Y/N）	3#滑动门 调试结果（Y/N）	4#滑动门 调试结果（Y/N）	5#滑动门 调试结果（Y/N）	6#滑动门 调试结果（Y/N）
3	门处于正常关闭锁紧状态，将 LCB 转到“手动开”，门开 DOI 指示灯亮，并通过秒表测试开门时间，开门时间需满足(2.5 ±0.1)~(3.5 ±0.1) s。“手动开”位置时，SIG、PSL、IBP 各级正常开关门时，此门均不动作						
4	门处于正常开启到位状态，将 LCB 转到“手动关”，门开 DOI 指示灯亮，并通过秒表测试开门时间，开门时间需满足(3.0 ±0.1)~(4.0 ±0.1) s。“手动关”位置时，SIG、PSL、IBP 各级正常开关门时，此门均不动作						
5	SIG、PSL、IBP 任一种开关门模式下，在两扇门中间放置一障碍物(5 mm×40 mm×200 mm)。障碍物检测功能正常						
6	门处于正常关闭锁紧状态，手动解锁滑动门，使滑动门开启一定的距离。手动解锁功能正常						
7	如果此滑动门监控应急门，监控应急门功能正常						
8	推 ASD 的开门力，3 次≤133 N						
9	站台侧用“T”型钥匙开门力，3 次≤67 N						
10	在轨道侧开 ASD 力(压开门把手)，3 次≤67 N						
11	EED/PED 将门打开到门设计净开度过程中所需的力，3 次≤67 N						
日　期：		车　站：					
调试人员：		见证人员：					

表 2-17　单个滑动门功能测试(上行，7#~12#)

车站名称：　　　　　　　　　　　　　　　　调试记录编号：

调试编号：PF-002		调试项：单个滑动门功能测试					
目　的：确认每一个门功能正常		区　域：站台(上行)					
序号	调试标准	7#滑动门 调试结果（Y/N）	8#滑动门 调试结果（Y/N）	9#滑动门 调试结果（Y/N）	10#滑动门 调试结果（Y/N）	11#滑动门 调试结果（Y/N）	12#滑动门 调试结果（Y/N）
1	门处于正常关闭锁紧状态，确认未插入钥匙时位于“自动”位置处。此时，SIG、PSL、IBP 各级正常开关门时，此门均会执行相应动作						
2	将 LCB 转到“隔离”，DOI 指示灯亮。此时，SIG、PSL、IBP 各级正常开关门时，此门均不动作						
3	门处于正常关闭锁紧状态，将 LCB 转到“手动开”，门开 DOI 指示灯亮，并通过秒表测试开门时间，开门时间需满足(2.5 ±0.1)~(3.5 ±0.1) s。“手动开”位置时，SIG、PSL、IBP 各级正常开关门时，此门均不动作						
4	门处于正常开启到位状态，将 LCB 转到“手动关”，门开 DOI 指示灯亮，并通过秒表测试开门时间，开门时间需满足(3.0 ±0.1)~(4.0 ±0.1) s。“手动关”位置时，SIG、PSL、IBP 各级正常开关门时，此门均不动作						
5	SIG、PSL、IBP 任一种开关门模式下，在两扇门中间放置一障碍物(5 mm×40 mm×200 mm)。障碍物检测功能正常						
6	门处于正常关闭锁紧状态，手动解锁滑动门，使滑动门开启一定的距离。手动解锁功能正常						
7	如果此滑动门监控应急门，监控应急门功能正常						

续上表

序号	调试标准	7#滑动门	8#滑动门	9#滑动门	10#滑动门	11#滑动门	12#滑动门
		调试结果（Y/N）	调试结果（Y/N）	调试结果（Y/N）	调试结果（Y/N）	调试结果（Y/N）	调试结果（Y/N）
8	推 ASD 的开门力，3 次≤133 N						
9	站台侧用“T”型钥匙开门力，3 次≤67 N						
10	在轨道侧开 ASD 力（压开门把手），3 次≤67 N						
11	EED/PED 将门打开到门设计净开度过程中所需的力，3 次≤67 N						
日　期：		车　站：					
调试人员：		见证人员：					

表 2-18　单个滑动门功能测试（上行，13#～18#）

车站名称：　　　　　　　　　　　　　　　　调试记录编号：

调试编号：PF-003		调试项：单个滑动门功能测试					
目　的：确认每一个门功能正常		区　域：站台（上行）					
序号	调试标准	13#滑动门	14#滑动门	15#滑动门	16#滑动门	17#滑动门	18#滑动门
		调试结果（Y/N）	调试结果（Y/N）	调试结果（Y/N）	调试结果（Y/N）	调试结果（Y/N）	调试结果（Y/N）
1	门处于正常关闭锁紧状态，确认未插入钥匙时位于“自动”位置处。此时，SIG、PSL、IBP 各级正常开关门时，此门均会执行相应动作						
2	将 LCB 转到“隔离”，DOI 指示灯亮。此时，SIG、PSL、IBP 各级正常开关门时，此门均不动作						
3	门处于正常关闭锁紧状态，将 LCB 转到“手动开”，门开 DOI 指示灯亮，并通过秒表测试开门时间，开门时间需满足（2.5±0.1）～（3.5±0.1）s。“手动开”位置时，SIG、PSL、IBP 各级正常开关门时，此门均不动作						
4	门处于正常开启到位状态，将 LCB 转到“手动关”，门开 DOI 指示灯亮，并通过秒表测试开门时间，开门时间需满足（3.0±0.1）～（4.0±0.1）s。“手动关”位置时，SIG、PSL、IBP 各级正常开关门时，此门均不动作						
5	SIG、PSL、IBP 任一种开关门模式下，在两扇门中间放置一障碍物（5 mm×40 mm×200 mm）。障碍物检测功能正常						
6	门处于正常关闭锁紧状态，手动解锁滑动门，使滑动门开启一定的距离。手动解锁功能正常						
7	如果此滑动门监控应急门，监控应急门功能正常						
8	推 ASD 的开门力，3 次≤133 N						
9	站台侧用“T”型钥匙开门力，3 次≤67 N						
10	在轨道侧开 ASD 力（压开门把手），3 次≤67 N						
11	EED/PED 将门打开到门设计净开度过程中所需的力，3 次≤67 N						
日　期：		车　站：					
调试人员：		见证人员：					

表 2-19 单个滑动门功能测试(上行,19#～20#)

车站名称: 调试记录编号:

调试编号:PF-004		调试项:单个滑动门功能测试					
目　　的:确认每一个门功能正常		区　域:站台(上行)					
序号	调试标准	19#滑动门	20#滑动门	21#滑动门	22#滑动门	23#滑动门	24#滑动门
		调试结果(Y/N)	调试结果(Y/N)	调试结果(Y/N)	调试结果(Y/N)	调试结果(Y/N)	调试结果(Y/N)
1	门处于正常关闭锁紧状态,确认未插入钥匙时位于"自动"位置处。此时,SIG、PSL、IBP 各级正常开关门时,此门均会执行相应动作						
2	将 LCB 转到"隔离",DOI 指示灯亮。此时,SIG、PSL、IBP 各级正常开关门时,此门均不动作						
3	门处于正常关闭锁紧状态,将 LCB 转到"手动开",门开 DOI 指示灯亮,并通过秒表测试开门时间,开门时间需满足(2.5 ±0.1)～(3.5 ±0.1) s。"手动开"位置时,SIG、PSL、IBP 各级正常开关门时,此门均不动作						
4	门处于正常开启到位状态,将 LCB 转到"手动关",门开 DOI 指示灯亮,并通过秒表测试开门时间,开门时间需满足(3.0 ±0.1)～(4.0 ±0.1) s。"手动关"位置时,SIG、PSL、IBP 各级正常开关门时,此门均不动作						
5	SIG、PSL、IBP 任一种开关门模式下,在两扇门中间放置一障碍物(5 mm×40 mm×200 mm)。障碍物检测功能正常						
6	门处于正常关闭锁紧状态,手动解锁滑动门,使滑动门开启一定的距离。手动解锁功能正常						
7	如果此滑动门监控应急门,监控应急门功能正常						
8	推 ASD 的开门力,3 次≤133 N						
9	站台侧用"T"型钥匙开门力,3 次≤67 N						
10	在轨道侧开 ASD 力(压开门把手),3 次≤67 N						
11	EED/PED 将门打开到门设计净开度过程中所需的力,3 次≤67 N						
日　　期:		车　　站:					
调试人员:		见证人员:					

表 2-20 单个滑动门功能测试(下行,1#～6#)

车站名称: 调试记录编号:

调试编号:PF-005		调试项:单个滑动门功能测试					
目　　的:确认每一个门功能正常		区　域:站台(下行)					
序号	调试标准	1#滑动门	2#滑动门	3#滑动门	4#滑动门	5#滑动门	6#滑动门
		调试结果(Y/N)	调试结果(Y/N)	调试结果(Y/N)	调试结果(Y/N)	调试结果(Y/N)	调试结果(Y/N)
1	门处于正常关闭锁紧状态,确认未插入钥匙时位于"自动"位置处。此时,SIG、PSL、IBP 各级正常开关门时,此门均会执行相应动作						
2	将 LCB 转到"隔离",DOI 指示灯亮。此时,SIG、PSL、IBP 各级正常开关门时,此门均不动作						
3	门处于正常关闭锁紧状态,将 LCB 转到"手动开",门开 DOI 指示灯亮,并通过秒表测试开门时间,开门时间需满足(2.5 ±0.1)～(3.5 ±0.1) s。"手动开"位置时,SIG、PSL、IBP 各级正常开关门时,此门均不动作						
4	门处于正常开启到位状态,将 LCB 转到"手动关",门开 DOI 指示灯亮,并通过秒表测试开门时间,开门时间需满足(3.0 ±0.1)～(4.0 ±0.1) s。"手动关"位置时,SIG、PSL、IBP 各级正常开关门时,此门均不动作						

续上表

序号	调试标准	1#滑动门	2#滑动门	3#滑动门	4#滑动门	5#滑动门	6#滑动门
		调试结果（Y/N）	调试结果（Y/N）	调试结果（Y/N）	调试结果（Y/N）	调试结果（Y/N）	调试结果（Y/N）
5	SIG、PSL、IBP 任一种开关门模式下，在两扇门中间放置一障碍物（5 mm×40 mm×200 mm）。障碍物检测功能正常						
6	门处于正常关闭锁紧状态，手动解锁滑动门，使滑动门开启一定的距离。手动解锁功能正常						
7	如果此滑动门监控应急门，监控应急门功能正常						
8	推 ASD 的开门力，3 次≤133 N						
9	站台侧用“T”型钥匙开门力，3 次≤67 N						
10	在轨道侧开 ASD 力（压开门把手），3 次≤67 N						
11	EED/PED 将门打开到门设计净开度过程中所需的力，3 次≤67 N						
日　期：		车　站：					
调试人员：		见证人员：					

表 2-21　单个滑动门功能测试（下行，7#～12#）

车站名称：　　　　　　　　　　　　　　　　调试记录编号：

调试编号：PF-006		调试项：单个滑动门功能测试					
目　的：确认每一个门功能正常		区　域：站台（下行）					
序号	调试标准	7#滑动门	8#滑动门	9#滑动门	10#滑动门	11#滑动门	12#滑动门
		调试结果（Y/N）	调试结果（Y/N）	调试结果（Y/N）	调试结果（Y/N）	调试结果（Y/N）	调试结果（Y/N）
1	门处于正常关闭锁紧状态，确认未插入钥匙时位于“自动”位置处。此时，SIG、PSL、IBP 各级正常开关门时，此门均会执行相应动作						
2	将 LCB 转到“隔离”，DOI 指示灯亮。此时，SIG、PSL、IBP 各级正常开关门时，此门均不动作						
3	门处于正常关闭锁紧状态，将 LCB 转到“手动开”，门开 DOI 指示灯亮，并通过秒表测试开门时间，开门时间需满足（2.5±0.1）～（3.5±0.1）s。“手动开”位置时，SIG、PSL、IBP 各级正常开关门时，此门均不动作						
4	门处于正常开启到位状态，将 LCB 转到“手动关”，门开 DOI 指示灯亮，并通过秒表测试开门时间，开门时间需满足（3.0±0.1）～（4.0±0.1）s。“手动关”位置时，SIG、PSL、IBP 各级正常开关门时，此门均不动作						
5	SIG、PSL、IBP 任一种开关门模式下，在两扇门中间放置一障碍物（5 mm×40 mm×200 mm）。障碍物检测功能正常						
6	门处于正常关闭锁紧状态，手动解锁滑动门，使滑动门开启一定的距离。手动解锁功能正常						
7	如果此滑动门监控应急门，监控应急门功能正常						
8	推 ASD 的开门力，3 次≤133 N						
9	站台侧用“T”型钥匙开门力，3 次≤67 N						
10	在轨道侧开 ASD 力（压开门把手），3 次≤67 N						
11	EED/PED 将门打开到门设计净开度过程中所需的力，3 次≤67 N						
日　期：		车　站：					
调试人员：		见证人员：					

表 2-22 单个滑动门功能测试(下行,13#~18#)

车站名称: 调试记录编号:

调试编号:PF-007		调试项:单个滑动门功能测试					
目　的:确认每一个门功能正常		区　域:站台(下行)					
序号	调试标准	13#滑动门	14#滑动门	15#滑动门	16#滑动门	17#滑动门	18#滑动门
		调试结果(Y/N)	调试结果(Y/N)	调试结果(Y/N)	调试结果(Y/N)	调试结果(Y/N)	调试结果(Y/N)
1	门处于正常关闭锁紧状态,确认未插入钥匙时位于“自动”位置处。此时,SIG、PSL、IBP 各级正常开关门时,此门均会执行相应动作						
2	将 LCB 转到“隔离”,DOI 指示灯亮。此时,SIG、PSL、IBP 各级正常开关门时,此门均不动作						
3	门处于正常关闭锁紧状态,将 LCB 转到“手动开”,门开 DOI 指示灯亮,并通过秒表测试开门时间,开门时间需满足(2.5±0.1)~(3.5±0.1) s。“手动开”位置时,SIG、PSL、IBP 各级正常开关门时,此门均不动作						
4	门处于正常开启到位状态,将 LCB 转到“手动关”,门开 DOI 指示灯亮,并通过秒表测试开门时间,开门时间需满足(3.0±0.1)~(4.0±0.1) s。“手动关”位置时,SIG、PSL、IBP 各级正常开关门时,此门均不动作						
5	SIG、PSL、IBP 任一种开关门模式下,在两扇门中间放置一障碍物(5 mm×40 mm×200 mm)。障碍物检测功能正常						
6	门处于正常关闭锁紧状态,手动解锁滑动门,使滑动门开启一定的距离。手动解锁功能正常						
7	如果此滑动门监控应急门,监控应急门功能正常						
8	推 ASD 的开门力,3 次≤133 N						
9	站台侧用“T”型钥匙开门力,3 次≤67 N						
10	在轨道侧开 ASD 力(压开门把手),3 次≤67 N						
11	EED/PED 将门打开到门设计净开度过程中所需的力,3 次≤67 N						
日　期:		车　站:					
调试人员:		见证人员:					

表 2-23 单个滑动门功能测试(下行,19#~24#)

车站名称: 调试记录编号:

调试编号:PF-008		调试项:单个滑动门功能测试					
目　的:确认每一个门功能正常		区　域:站台(下行)					
序号	调试标准	19#滑动门	20#滑动门	21#滑动门	22#滑动门	23#滑动门	24#滑动门
		调试结果(Y/N)	调试结果(Y/N)	调试结果(Y/N)	调试结果(Y/N)	调试结果(Y/N)	调试结果(Y/N)
1	门处于正常关闭锁紧状态,确认未插入钥匙时位于“自动”位置处。此时,SIG、PSL、IBP 各级正常开关门时,此门均会执行相应动作						
2	将 LCB 转到“隔离”,DOI 指示灯亮。此时,SIG、PSL、IBP 各级正常开关门时,此门均不动作						
3	门处于正常关闭锁紧状态,将 LCB 转到“手动开”,门开 DOI 指示灯亮,并通过秒表测试开门时间,开门时间需满足(2.5±0.1)~(3.5±0.1) s。“手动开”位置时,SIG、PSL、IBP 各级正常开关门时,此门均不动作						

续上表

序号	调试标准	19#滑动门	20#滑动门	21#滑动门	22#滑动门	23#滑动门	24#滑动门
		调试结果（Y/N）	调试结果（Y/N）	调试结果（Y/N）	调试结果（Y/N）	调试结果（Y/N）	调试结果（Y/N）
4	门处于正常开启到位状态，将 LCB 转到“手动关”，门开 DOI 指示灯亮，并通过秒表测试开门时间，开门时间需满足（3.0 ± 0.1）~（4.0 ±0.1）s。“手动关”位置时，SIG、PSL、IBP 各级正常开关门时，此门均不动作						
5	SIG、PSL、IBP 任一种开关门模式下，在两扇门中间放置一障碍物（5 mm ×40 mm ×200 mm）。障碍物检测功能正常						
6	门处于正常关闭锁紧状态，手动解锁滑动门，使滑动门开启一定的距离。手动解锁功能正常						
7	如果此滑动门监控应急门，监控应急门功能正常						
8	推 ASD 的开门力，3 次≤133 N						
9	站台侧用“T”型钥匙开门力，3 次≤67 N						
10	在轨道侧开 ASD 力（压开门把手），3 次≤67 N						
11	EED/PED 将门打开到门设计净开度过程中所需的力，3 次≤67 N						
日　期：		车　站：					
调试人员：		见证人员：					

表 2-24　单个应急门功能测试（上行，1# ~ 6#）

车站名称：　　　　　　　　　　　　　　　　　　调试记录编号：

调试编号：PF-009		调试项：单个应急门功能测试					
目　的：确认每一个门应急门功能正常		区　域：站台（上行）					
序号	调试标准	1#应急门	2#应急门	3#应急门	4#应急门	5#应急门	6#应急门
		调试结果（Y/N）	调试结果（Y/N）	调试结果（Y/N）	调试结果（Y/N）	调试结果（Y/N）	调试结果（Y/N）
1	门处于正常关闭锁紧状态，确认未插入钥匙时位于“自动”位置处。DOI 指示灯熄灭						
2	将应急门隔离开关置于“非隔离”位，当应急门打开时，应急门 DOI 指示灯亮。当应急门关闭后，应急门 DOI 灯熄灭						
3	将应急门隔离开关置于“隔离”位，在开关应急门时 DOI 指示灯均不亮						
4	在应急门、端门压推杆的力，3 次≤ 67 N						
5	站台侧用“T”型钥匙开门力，3 次≤67 N						
6	EED/PED 将门打开到门设计净开度过程中所需的力，3 次≤67 N						
日　期：		车　站：					
调试人员：		见证人员：					

表 2-25　单个应急门功能测试（上行，7# ~ 12#）

车站名称：　　　　　　　　　　　　　　　　　　调试记录编号：

调试编号：PF-010		调试项：单个应急门功能测试					
目　的：确认每一个门应急门功能正常		区　域：站台（上行）					
序号	调试标准	7#应急门	8#应急门	9#应急门	10#应急门	11#应急门	12#应急门
		调试结果（Y/N）	调试结果（Y/N）	调试结果（Y/N）	调试结果（Y/N）	调试结果（Y/N）	调试结果（Y/N）
1	门处于正常关闭锁紧状态，确认未插入钥匙时位于“自动”位置处。DOI 指示灯熄灭						

续上表

序号	调试标准	7#应急门	8#应急门	9#应急门	10#应急门	11#应急门	12#应急门
		调试结果(Y/N)	调试结果(Y/N)	调试结果(Y/N)	调试结果(Y/N)	调试结果(Y/N)	调试结果(Y/N)
2	将应急门隔离开关置于“非隔离”位，当应急门打开时，应急门 DOI 指示灯亮。当应急门关闭后，应急门 DOI 灯熄灭						
3	将应急门隔离开关置于“隔离”位，在开关应急门时 DOI 指示灯均不亮						
4	在应急门、端门压推杆的力，3 次≤67 N						
5	站台侧用“T”型钥匙开门力，3 次≤67 N						
6	EED/PED 将门打开到门设计净开度过程中所需的力，3 次≤67 N						
日　　期：		车　　站：					
调试人员：		见证人员：					

表 2-26　单个应急门功能测试（下行，1#～6#）

车站名称：　　　　　　　　　　　　　　　　　　　　　　调试记录编号：

调试编号：PF-011		调试项：单个应急门功能测试					
目　　的：确认每一个门应急门功能正常		区　　域：站台（下行）					
序号	调试标准	1#应急门	2#应急门	3#应急门	4#应急门	5#应急门	6#应急门
		调试结果(Y/N)	调试结果(Y/N)	调试结果(Y/N)	调试结果(Y/N)	调试结果(Y/N)	调试结果(Y/N)
1	门处于正常关闭锁紧状态，确认未插入钥匙时位于“自动”位置处。DOI 指示灯熄灭						
2	应急门 LCB“自动”位置，当应急门打开时，应急门 DOI 指示灯亮。监控此应急门的滑动门 DOI 灯闪亮报警，此滑动门不动作。当应急门关闭后，应急门 DOI 灯熄灭，监控的滑动门恢复正常控制						
3	将 LCB 转到“隔离”，DOI 指示灯亮。当应急门打开时，应急门 DOI 指示灯亮，监控此应急门的滑动门正常动作						
4	在应急门、端门压推杆的力，3 次≤67 N						
5	站台侧用“T”型钥匙开门力，3 次≤67 N						
6	EED/PED 将门打开到门设计净开度过程中所需的力，3 次≤67 N						
日　　期：		车　　站：					
调试人员：		见证人员：					

表 2-27　单个应急门功能测试（下行，7#～12#）

车站名称：　　　　　　　　　　　　　　　　　　　　　　调试记录编号：

调试编号：PF-012		调试项：单个应急门功能测试					
目　　的：确认每一个门应急门功能正常		区　　域：站台（下行）					
序号	调试标准	7#应急门	8#应急门	9#应急门	10#应急门	11#应急门	12#应急门
		调试结果(Y/N)	调试结果(Y/N)	调试结果(Y/N)	调试结果(Y/N)	调试结果(Y/N)	调试结果(Y/N)
1	门处于正常关闭锁紧状态，确认未插入钥匙时位于“自动”位置处。DOI 指示灯熄灭						
2	应急门 LCB“自动”位置，当应急门打开时，应急门 DOI 指示灯亮。监控此应急门的滑动门 DOI 灯闪亮报警，此滑动门不动作。当应急门关闭后，应急门 DOI 灯熄灭，监控的滑动门恢复正常控制						

续上表

序号	调试标准	7#应急门	8#应急门	9#应急门	10#应急门	11#应急门	12#应急门
		调试结果(Y/N)	调试结果(Y/N)	调试结果(Y/N)	调试结果(Y/N)	调试结果(Y/N)	调试结果(Y/N)
3	将 LCB 转到“隔离”,DOI 指示灯亮。当应急门打开时,应急门 DOI 指示灯亮,监控此应急门的滑动门正常动作						
4	在应急门、端门压推杆的力,3 次≤67 N						
5	站台侧用“T”型钥匙开门力,3 次≤67 N						
6	EED/PED 将门打开到门设计净开度过程中所需的力,3 次≤67 N						
日　期:		车　站:					
调试人员:		见证人员:					

表 2-28　PSL 功能调试(上行)

车站名称:　　　　　　　　　　　　　　　　　调试记录编号:

调试编号:PL-001		调试项:PSL 功能调试	
目　的:确保 PSL 各功能正常		区　域:站台(上行)	
序号	调试标准	调试结果(Y/N)	备注
1	确认 LCB 为自动状态,并且未处于 IBP 控制模式下,确认“PSL 操作允许”为“关”位置。插入 PSL 钥匙,使“PSL 操作允许”置于“开”。此时,PSL 操作允许指示灯亮。SIG 不能控制 PSD 开关门(注:双 PSL 时,同侧一个 PSL 插入 PSL 钥匙,使“PSL 操作允许”置于“开”。此时,PSL 操作允许指示灯亮。同侧另一个 PSL 同侧互锁灯亮。SIG 不能控制 PSD 开关门)		
2	按下开门按钮,整侧滑动门同时开启,PSL 开门指示灯及关闭锁紧指示灯功能正常(注:双 PSL 时,同侧一个 PSL 插入 PSL 钥匙,使“PSL 操作允许”置于“开”。此时,同侧另一个使“PSL 操作允许”置于“开”,按下开门按钮,整侧滑动门不动作)		
3	按下关门按钮,整侧滑动门同时关闭,PSL 开门指示灯及关闭锁紧指示灯功能正常(注:双 PSL 时,同侧一个 PSL 插入 PSL 钥匙,使“PSL 操作允许”置于“开”。此时,同侧另一个使“PSL 操作允许”置于“开”,按下关门按钮,整侧滑动门不动作)		
4	确认互锁解除钥匙开关处于“关”位置,插入互锁解除钥匙开关,旋转至“开”位置。此时,互锁解除指示灯亮。此互锁解除钥匙开关为自复位型		
5	确认 LCB 为自动状态,插入 PSL 钥匙,使“PSL 操作允许”置于“开”。此时,操作 IBP 开关门按钮,整侧门均能开关门		
6	使“PSL 操作允许”置于“开”。此时,操作 LCB 开关门,单个门均能开关门		
日　期:		车　站:	
调试人员:		见证人员:	

表 2-29　PSL 功能调试(下行)

车站名称:　　　　　　　　　　　　　　　　　调试记录编号:

调试编号:PL-001		调试项:PSL 功能调试	
目　的:确保 PSL 各功能正常		区　域:站台(下行)	
序号	调试标准	调试结果(Y/N)	备注
1	确认 LCB 为自动状态,并且未处于 IBP 控制模式下,确认“PSL 操作允许”为“关”位置。插入 PSL 钥匙,使“PSL 操作允许”置于“开”。此时,PSL 操作允许指示灯亮。SIG 不能控制 PSD 开关门(注:双 PSL 时,同侧一个 PSL 插入 PSL 钥匙,使“PSL 操作允许”置于“开”。此时,PSL 操作允许指示灯亮。同侧另一个 PSL 同侧互锁灯亮。SIG 不能控制 PSD 开关门)		
2	按下开门按钮,整侧滑动门同时开启,PSL 开门指示灯及关闭锁紧指示灯功能正常(注:双 PSL 时,同侧一个 PSL 插入 PSL 钥匙,使“PSL 操作允许”置于“开”。此时,同侧另一个使“PSL 操作允许”置于“开”,按下开门按钮,整侧滑动门不动作)		
3	按下关门按钮,整侧滑动门同时关闭,PSL 开门指示灯及关闭锁紧指示灯功能正常(注:双 PSL 时,同侧一个 PSL 插入 PSL 钥匙,使“PSL 操作允许”置于“开”。此时,同侧另一个使“PSL 操作允许”置于“开”,按下关门按钮,整侧滑动门不动作)		

续上表

序号	调试标准	调试结果(Y/N)	备注
4	确认互锁解除钥匙开关处于“关”位置,插入互锁解除钥匙开关,旋转至“开”位置。此时,互锁解除指示灯亮。此互锁解除钥匙开关为自复位型		
5	确认LCB为自动状态,插入PSL钥匙,使“PSL操作允许”置于“开”。此时,操作IBP开关门按钮,整侧门均能开关门		
6	使“PSL操作允许”置于“开”。此时,操作LCB开关门,单个门均能开关门		
日　　期:		车　　站:	
调试人员:		见证人员:	

表2-30　PSC功能调试(上行)

车站名称:　　　　　　　　　　　　　　　　调试记录编号:

调试编号:PC-001		调试项:PSC功能调试	
目　　的:确保PSC各功能正常		区　　域:屏蔽门/安全门设备房,站台(上行)	
序号	调试标准	调试结果(Y/N)	备注
1	连接模拟系统,模拟SIG、IBP开关门,PSC柜内各开关门信号正常		
2	操作PSL开关门,PSC柜内各开关门信号正常		
3	所有门关闭锁紧后,安全回路导通。如果一个门(滑动门、应急门)处于打开状态,而此时此门LCB为自动位置,安全回路断开。复位后恢复正常		
4	PSC柜内PLC正常工作		
5	PSC柜内各电气回路正常工作		
6	PSC柜各盘面指示灯正常工作		
7	上位机监控软件正常工作		
8	各总线网络工作正常		
日　　期:		车　　站:	
调试人员:		见证人员:	

表2-31　PSC功能调试(下行)

车站名称:　　　　　　　　　　　　　　　　调试记录编号:

调试编号:PC-001		调试项:PSC功能调试	
目　　的:确保PSC各功能正常		区　　域:屏蔽门/安全门设备房,站台(下行)	
序号	调试标准	调试结果(Y/N)	备注
1	连接模拟系统,模拟SIG、IBP开关门,PSC柜内各开关门信号正常		
2	操作PSL开关门,PSC柜内各开关门信号正常		
3	所有门关闭锁紧后,安全回路导通。如果一个门(滑动门、应急门)处于打开状态,而此时此门LCB为自动位置,安全回路断开。复位后恢复正常		
4	PSC柜内PLC正常工作		
5	PSC柜内各电气回路正常工作		
6	PSC柜各盘面指示灯正常工作		
7	上位机监控软件正常工作		
8	各总线网络工作正常		
日　　期:		车　　站:	
调试人员:		见证人员:	

表2-32　端门功能调试(上行)

车站名称:　　　　　　　　　　　　　　　　调试记录编号:

调试编号:PE-001		调试项:端门功能调试	
目　　的:确保端门各功能正常		区　　域:站台(上行)	
序号	调试标准	调试结果(Y/N)	备注
1	1#端门正常关闭状态下,DOI指示灯灭		

续上表

序号	调试标准	调试结果(Y/N)	备注
2	1#端门打开,DOI 指示灯亮		
3	1#端门打开一定时间后(现为 2 分钟),MMS 界面报端门打开超时报警,DOI 指示灯亮		
4	关闭 1#端门后,DOI 灯灭。端门超时报警消除		
5	2#端门正常关闭状态下,DOI 指示灯灭		
6	2#端门打开,DOI 指示灯亮		
7	2#端门打开一定时间后(现为 2 分钟),MMS 界面报端门打开超时报警,DOI 指示灯亮		
8	关闭 2#端门后,DOI 灯灭。端门超时报警消除		
日　　期:		车　　站:	
调试人员:		见证人员:	

表 2-33　端门功能调试(下行)

车站名称:　　　　　　　　　　　　　　　　　　　　　　　　调试记录编号:

调试编号:PE-001		调试项:端门功能调试	
目　　的:确保端门各功能正常		区　　域:站台(下行)	
序号	调试标准	调试结果(Y/N)	备注
1	1#端门正常关闭状态下,DOI 指示灯灭		
2	1#端门打开,DOI 指示灯亮		
3	1#端门打开一定时间后(现为 2 分钟),MMS 界面报端门打开超时报警,DOI 指示灯亮		
4	关闭 1#端门后,DOI 灯灭。端门超时报警消除		
5	2#端门正常关闭状态下,DOI 指示灯灭		
6	2#端门打开,DOI 指示灯亮		
7	2#端门打开一定时间后(现为 2 分钟),MMS 界面报端门打开超时报警,DOI 指示灯亮		
8	关闭 2#端门后,DOI 灯灭。端门超时报警消除		
日　　期:		车　　站:	
调试人员:		见证人员:	

十一、潜污泵调试

1. 潜污泵调试项目

调试内容包括但不局限于以下几点:

①控制箱交接试验。

②潜污泵运行试验。

2. 潜污泵调试步骤

(1)单泵启动前准备

①水泵腔体充水。

②手动盘车,确认转子部件应转动灵活,无卡壳、摩擦现象。

(2)单泵送电调试

①点动启动,检查水泵旋转方向,叶轮与泵壳有无摩擦。

②水泵运行状态信号测试和调定。

③故障模拟、报警信号检测。

④连续运行,检查启动及运行电流、振动、噪声、进/出口压力、流量、功率等。

⑤运行结束,切断主电源,检查空气开关、接触器等相关电气元器件及倒流防止器。

3. 潜污泵调试注意事项

①水泵安装前,需将水池内及附近的建筑垃圾清理干净,水池盖板放置符合要求,防止垃圾进入池内,影响水泵运行。

②需将电缆套管安装就绪并将暗装控制箱孔洞清理干净。

③提供现场运输及起吊设备。

④注意不可将潜污泵电缆头置入水中,导致水从电缆流入泵体。

4. 潜污泵厂家检查记录表(见表 2-34 和表 2-35)

表 2-34 潜污泵调试记录表

调试记录编号:

车站名称: 调试日期:

<table>
<tr><td>设备编号</td><td colspan="7"></td></tr>
<tr><td>安装部位</td><td colspan="7"></td></tr>
<tr><td colspan="8">水泵型号及性能参数</td></tr>
<tr><td>型号</td><td></td><td>出厂编号</td><td></td><td>扬程
(m)</td><td></td><td>流量
(m^3/h)</td><td></td></tr>
<tr><td>电机型号</td><td></td><td>功率
(kW)</td><td></td><td>额定电压
(V)</td><td></td><td>额定电流
(A)</td><td></td></tr>
<tr><td colspan="8">调试前检查记录</td></tr>
<tr><td colspan="3">各固定连接部位是否有松动</td><td colspan="2">□是 □否</td><td colspan="2">压力表是否灵敏、准确、可靠</td><td>□是 □否</td></tr>
<tr><td colspan="3">润滑油是否正常</td><td colspan="2">□是 □否</td><td colspan="2">盘车是否灵活</td><td>□是 □否</td></tr>
<tr><td colspan="3">电机绕组对地绝缘电阻(MΩ)</td><td colspan="2"></td><td colspan="2">电动机转向是否与泵的转向相符</td><td>□是 □否</td></tr>
<tr><td colspan="8">调试记录</td></tr>
<tr><td colspan="2">轴承最高温度(℃)</td><td colspan="6">泵机电动机</td></tr>
<tr><td colspan="2">泵(机)</td><td colspan="2">电动机</td><td rowspan="2">电压(V)</td><td colspan="3">实测电流(A)</td></tr>
<tr><td>允许</td><td>实测</td><td>允许</td><td>实测</td><td>A 相</td><td>B 相</td><td>C 相</td></tr>
<tr><td></td><td></td><td></td><td></td><td></td><td></td><td></td><td></td></tr>
<tr><td colspan="2">连续运行时间</td><td colspan="4">年 月 日 时 分 至 时 分</td><td>环境温度(℃)</td><td></td></tr>
<tr><td colspan="8">调试结论:</td></tr>
<tr><td colspan="2">现场监理:
代表签字:
日 期:</td><td colspan="2">施工单位:
代表签字:
日 期:</td><td colspan="2">供 货 商:
代表签字:
日 期:</td><td colspan="2">设备监造:
代表签字:
日 期:</td></tr>
</table>

表 2-35 车站机电工程给潜污泵及控制箱单机调试记录表

调试记录编号:

车站名称: 调试时间:

<table>
<tr><td colspan="2">设备编号</td><td></td><td>设备出厂编号</td><td colspan="2"></td></tr>
<tr><td colspan="2">型 号</td><td></td><td>安装地点</td><td colspan="2"></td></tr>
<tr><td>检验类别</td><td colspan="2">检验内容及标准</td><td>检验结果</td><td>判定</td><td>备注</td></tr>
<tr><td rowspan="3">控制箱交接试验</td><td colspan="2">每路配电开关及保护装置规格、型号与设计图纸相符</td><td>□是 □否</td><td>□合格 □不合格</td><td></td></tr>
<tr><td colspan="2">相间和相对地间的绝缘电阻值应大于 0.5 MΩ</td><td>□是 □否</td><td>□合格 □不合格</td><td></td></tr>
<tr><td colspan="2">用 1 kV 的试验电压进行交流工频耐压试验,试验持续时间 1 min,无击穿闪络现象</td><td>□是 □否</td><td>□合格 □不合格</td><td></td></tr>
</table>

续上表

检验类别	检验内容及标准	检验结果	判定	备注
控制箱交接试验	二次回路交流工频耐试验，当绝缘电阻值大于10 MΩ时，用2 500 V兆欧表摇测1 min，应无闪络击穿现象；当绝缘电阻值大于1～10 MΩ时，用1 000 V兆欧表摇测1 min，应无闪络击穿现象	□是 □否	□合格 □不合格	
	连接电动机与控制箱的电线电缆的线间电阻绝缘值符合要求(大于0.5 MΩ)	□是 □否	□合格 □不合格	
潜污泵运行试验	启动时间	S	□合格 □不合格	
	启动电流	A	□合格 □不合格	
	工作电压	V	□合格 □不合格	
	运行电流	A	□合格 □不合格	
	手动控制调试：把控制柜的转换开关旋至手动挡，点动每台水泵。 ①检查电机转向是否正确； ②检查电动机是否有异常的响声	□是 □否 □是 □否	□合格 □不合格	
	自动控制调试：调好液位仪高低，把控制柜的转换开关旋至自动挡，模拟故障和报警信号，水泵应能根据水位高低自动启动停止水泵并正常显示报警	□是 □否	□合格 □不合格	
调试结论：				
现场监理： 代表签字： 日　期：	施工单位： 代表签字： 日　期：	供 货 商： 代表签字： 日　期：	设备监造： 代表签字： 日　期：	

十二、门禁系统设备调试

1. 门禁系统调试项目

调试内容包括但不局限于以下几点：

ACS与通信系统接口测试；ACS与通信系统信息测试；网络控制器调试；就地控制器调试；读卡器调试；磁力锁调试；门磁调试；出门按钮、紧急开门按钮调试；车站工作站调试；工控机调试。

2. 门禁系统调试步骤

(1)ACS与通信系统接口测试

①ACS检查，确保本系统正常。

②通信检查，确保本系统正常。

③系统整体调试：工作站与网络控制器的连接，工作站与就地控制器的连接，工作站对门禁设备控制功能。

(2)ACS与通信系统信息测试

①门禁点信号的输入/输出：将网络控制器连接到OTN的不同节点，在读卡器上刷卡、模拟门禁点动作检查服务器及客户端上是否收到相关信息，将门禁服务器连接到OTN的不同节点，在读卡器上刷卡、模拟门禁点动作检查服务器及客户端上是否收到相关信息，将门禁客户端连接到OTN的不同节点，在读卡器上刷卡、模拟门禁点动作检查服务器及客户端上是否收到相关信息。

②远端控制：通过门禁服务器对系统前端门禁点进行手动操作(远程开门，改变门模式)，检查系统前端门禁点是否对这些操作响应。

③以太网通信:将作为服务器和客户端计算机连接到 OTN 的不同节点,两台计算机互相 ping 对方 IP 地址,并从 A 计算机复制文件到 B 计算机。

(3)网络控制器调试

①上电后检查所有 220 V、24 V/12 V 电源是否正常。

②检测网络控制器电源灯、状态灯是否正常。

③下载所有程序数据。

④通过车站级工作站软件检测网络控制器的通信状态。

⑤通过中央级门禁系统软件检查网络控制器通信状态。

⑥做双网络控制器冷备冗余测试。

(4)就地控制器调试

①上电后检查所有 220 V、24 V/12 V 电源是否正常。

②检测网络控制器电源灯、状态灯是否正常。

③通过车站级工作站软件检测网络控制器的通信状态。

④通过中央级门禁系统软件检查网络控制器通信状态。

(5)读卡器调试

①在待机、刷有效卡、刷无效卡时读卡器指示灯显示状态。

②刷有效卡、无效卡时磁力锁的响应状态,车站及工作站数据传送和监测。

③刷有效卡、无效卡时磁力锁的响应状态,中央级服务器的数据传送和监测。

(6)磁力锁调试

①通电和断电情况下,磁力锁吸合测试。

②刷有效卡、无效卡时磁力锁的开锁及上锁状态,车站级工作站的数据传送和监测。

③刷有效卡、无效卡时磁力锁的开锁及上锁状态,中央级服务器的数据传送和监测。

(7)门磁调试

①在开门和关门时车站级工作站监测到的门开关状态。

②在开门和关门时中央级服务器监测到的门开关状态。

(8)出门按钮调试

①在按门磁按钮式磁力锁的响应状态,车站级工作站的数据传送和监测。

②在开门和关门时磁力锁的响应状态,中央级服务器的数据传送和监测。

(9)中央服务器调试

安装操作系统及门禁有关软件。

(10)工控机调试

安装操作系统及门禁有关软件。

3. 门禁系统调试注意事项

①确认 ACS 设备具备调试条件,接线及安装正确无误。

②调试人员告知安装单位,所有与调试无关的人员离场,确认所有调试人员均已就位。

③各设备专业人员对设备检查无问题的情况下,经专业人员同意才能对设备进行通电及测试。

④如发现元器件短路、烧毁等现象,应立即断电检查,予以排除。

4. 门禁系统调试记录表(见表2-36～表2-38)

表2-36 门禁系统调试记录表

调试车站名称：　　　　　　　　　　　　　　　　　　　　　　　　调试时间：

项　目	测试内容	
功能测试	测试项目	测试结果
	线缆检测	
	磁力锁检测	
	控制机箱检测	
	开门方式检查功能	
	计算机编程功能	
	报警功能	
	指示/显示功能	
	主控IC自检功能	
	网络自检功能	
	应急开门检查	
	公司码开门功能	
	出入授权功能	
	报表功能	
	卡状态功能	
	删除卡号功能	
	电子地图功能	
	火灾联系功能	
	新建用户功能	
调试结论：		
现场监理： 代表签字： 日　期：	施工单位： 代表签字： 日　期：	供 货 商： 代表签字： 日　期： 设备监造： 代表签字： 日　期：

表2-37 车站机电工程ACS与通信系统接口测试记录表

车站名称：　　　　　　　　　　　　　　　　　　　　　　　　调试时间：

序号	调试项目	调试检测内容	检测结果	备注
1	ACS检查	检查ACS是否正常运行	□合格　□不合格	
		将ACS控制的所有设备都达到测试状态	□合格　□不合格	
		ACS模式选择处于自动状态、监控的设备全部处在自动状态(第一次测试)	□合格　□不合格	
2	通信检查	通信网络连接检查	□合格　□不合格	
		通过软件远程控制	□合格　□不合格	
3	系统整体调试	工作站与网络控制器的连接	□合格　□不合格	
		工作站与就地控制器的连接	□合格　□不合格	
		工作站对门禁设备控制功能	□合格　□不合格	
调试结论：				
参与人员签名： 现场监理： 代表签字： 日　期：	施工单位： 代表签字： 日　期：	供 货 商： 代表签字： 日　期：	设备监造： 代表签字： 日　期：	

表 2-38 车站机电工程 ACS 与通信系统信息测试记录表

车站名称： 调试时间：

序号	调试项目	调试检测内容	检测结果	备注
1	门禁点信号的输入输出	将网络控制器连接到 OTN 的不同节点，在读卡器上刷卡、模拟门禁点动作检查服务器及客户端上是否收到相关信息	□合格 □不合格	
		将门禁服务器连接到 OTN 的不同节点，在读卡器上刷卡、模拟门禁点动作检查服务器及客户端上是否收到相关信息	□合格 □不合格	
		将门禁客户端连接到 OTN 的不同节点，在读卡器上刷卡、模拟门禁点动作检查服务器及客户端上是否收到相关信息	□合格 □不合格	
2	远端控制	通过门禁服务器对系统前端门禁点进行手动操作（远程开门，改变门模式），检查系统前端门禁点是否对这些操作响应	□合格 □不合格	
3	以太网通信	将作为服务器和客户端计算机连接到 OTN 的不同节点，两台计算机互相 ping 对方 IP 地址，并从 A 计算机复制文件到 B 计算机	□合格 □不合格	
调试结论：				
参与人员签名： 现场监理： 代表签字： 日　　期：	施工单位： 代表签字： 日　　期：	供 货 商： 代表签字： 日　　期：	设备监造： 代表签字： 日　　期：	

十三、BAS 设备调试内容

1. BAS 单机调试项目

调试内容包括但不局限于以下几点：UPS 调试；控制柜调试；控制箱调试；模拟量调试；工控机调试；冗余调试；监控点采集和控制；光纤以太网冗余测试。

2. BAS 设备单体调试步骤

（1）UPS 调试

①维修旁路测试。

②UPS 主机旁路功能测试。

③UPS 在线供电功能测试。

④市电与电池切换供电测试。

（2）控制柜调试

①上电后检查柜内所有 220 V、24 V 电源是否正常。

②检查所有模块、交换机的电源、状态指示灯是否正常。

③下载 PLC 程序。

④通过上位机检查画面及编程软件检查 PLC 通信状态。

⑤确认所有状态设备及元器件指示灯状态显示正常后进行 PLC 冗余测试；A、B 端切换测试。

（3）控制箱调试

①上电后检查柜内所有 220 V、24 V 电源是否正常。

②检查所有模块、交换机的电源、状态指示灯是否正常。

③通过上位机检查画面及编程软件检查各机架通信状态。

(4)模拟量调试

①控制箱上电后用万用表对传感器端子进行测量。

②电流型设备电压在 19～23 V、二通阀在 0～10 V。

③通过上位机画面检查温度、湿度、温湿度、二氧化碳传感器显示与现场是否一致。

(5)工控机调试

安装操作系统及上位机软件。

(6)冗余调试

①在任意一处拔掉 A 网,保持 B 网连接。

②在任意一处拔掉 B 网,保持 A 网连接。

③在任意一处拔掉 A、B 网。

④关闭主 CPU 电源,从 CPU 成为主 CPU 后另一端 PLC 通信正常。

⑤打开主 CPU 电源,两 CPU 同步后新得电的 CPU 成为从 CPU 后另一端 PLC 通信正常。

⑥关闭从 CPU 电源,主 CPU 正常工作且另一端 PLC 通信正常。

(7)监控点采集和控制

①对于 DI 点,用短路端子短接改变状态,观察 HMI 显示是否一致。

②对于 DO 点,在 HMI 控制其状态,观察 PLC 或控制箱 I/O 模块输出是否一致。

③对于 AO 点,通过专用软件进行赋值,用万用表检查对应 I/O 显示值判断是否正确。

④对于 AI 点,连接传感器,检查 HMI 对应状态是否正确。

(8)光纤以太网冗余测试

①拔掉以太网任意一处光纤,整个网络正常通信。

②拔掉以太网两处光纤,与 CPU 完全断开的部分失去连接,其余部分正常通信。

3. BAS 设备单调注意事项

①确认 BAS 设备具备调试条件,接线及安装正确无误。

②调试人员告知安装单位,所有与调试无关的人员立场,确认所有调试人员均已就位,底层机电设备处应安排底层机电设备技术人员,以防出现意外事故。

③如发现元器件短路、烧毁等现象,应立即断电检查,予以排除。

4. BAS 设备单机调试记录表(见表 2-39～表 2-41)

表 2-39　车站机电工程 BAS 系统光纤以太环网冗余测试记录

车　　站:　　　　　　　　　　　　　　　　　　　　调试时间:

测试内容	测试步骤	测试目标	测试结果	备注
现场总线冗余	拔掉以太环网的任一处光纤	整个网络保持正常通信	□合格　□不合格	
	拔掉以太环网两处的光纤	与 CPU 完全断开的部分失去连接,其余部分保持正常通信	□合格　□不合格	
调试结论:				
现场监理: 代表签字: 日　　期:	施工单位: 代表签字: 日　　期:	供　货　商: 代表签字: 日　　期:	设备监造: 代表签字: 日　　期:	

表 2-40 车站机电工程 BAS 系统 PLC 冗余切换测试记录

车　　站：　　　　　　　　　　　　　　　　　　　　调试时间：

序号	测试内容	测试步骤	测试目标	测试结果	备注
1	A 端冗余 PLC 的切换	关闭主 CPU 所在机架的电源	从 CPU 立即切换为主 CPU，设备保持正常通信，且与另一端 PLC 的通信正常	□合格　□不合格	
		打开被关闭的机架电源	两 CPU 经同步后，新得电的 CPU 成为从 CPU，主 CPU 不变，设备保持正常通信，且与另一端 PLC 的通信正常	□合格　□不合格	
		关闭主 CPU 所在机架的电源	从 CPU 立即切换为主 CPU，设备保持正常通信，且与另一端 PLC 的通信正常	□合格　□不合格	
		打开被关闭的机架电源	两 CPU 经同步后，新得电的 CPU 成为从 CPU，主 CPU 不变，设备保持正常通信，且与另一端 PLC 的通信正常	□合格　□不合格	
2	B 端冗余 PLC 的切换	关闭主 CPU 所在机架的电源	从 CPU 立即切换为主 CPU，设备保持正常通信，且与另一端 PLC 的通信正常	□合格　□不合格	
		打开被关闭的机架电源	两 CPU 经同步后，新得电的 CPU 成为从 CPU，主 CPU 不变，设备保持正常通信，且与另一端 PLC 的通信正常	□合格　□不合格	
		关闭主 CPU 所在机架的电源	从 CPU 立即切换为主 CPU，设备保持正常通信，且与另一端 PLC 的通信正常	□合格　□不合格	
		打开被关闭的机架电源	两 CPU 经同步后，新得电的 CPU 成为从 CPU，主 CPU 不变，设备保持正常通信，且与另一端 PLC 的通信正常	□合格　□不合格	

调试结论：

现场监理：	施工单位：	供 货 商：	设备监造：
代表签字：	代表签字：	代表签字：	代表签字：
日　　期：	日　　期：	日　　期：	日　　期：

表 2-41 车站机电工程 BAS 系统接口设备的监视与控制测试记录表

车　　站：　　　　　　　　　　　　　　　　　　　　日　　期：

设备名称	信号名称	箱/柜号	设备编号	信号名称				程序显示	程序下发的控制命令执行是否成功	备注
				DI	AI	DO	AO			
室内式温湿度变送器	温度				1					
	湿度				1					
管道式温湿度变送器	温度				1					
	湿度				1					
管道式温度变送器	温度				1					
水管式温度变送器	温度				1					
二氧化碳浓度变送器	CO_2浓度				1					
压力变送器	压力				1					
压差变送器	压差				1					
流量计	流量				1					

调试结论：

现场监理：	施工单位：	供 货 商：	设备监造：
代表签字：	代表签字：	代表签字：	代表签字：
日　　期：	日　　期：	日　　期：	日　　期：

十四、BAS与FAS接口调试内容

1. BAS与FAS接口调试项目

调试内容包括但不局限于以下几点：

①FAS-BAS联动功能通道故障调试。

②FAS-BAS联动功能火灾联动调试。

③FAS-BAS联动功能火灾干预调试记录。

④车站机电工程FAS-BAS联动功能火灾指令调试记录。

2. BAS与FAS接口调试步骤

(1)FAS-BAS联动功能通道故障调试

①BAS系统检查、FAS系统检查，各自确保本系统正常。②通信检查，确保BAS与FAS通信及网络正常。③FAS模拟火警。④BAS运行的相应模式指令。⑤FAS模拟通道故障(屏蔽模块)。⑥BAS运行的模式指令。⑦FAS对相应的模块进行复位。⑧BAS运行的模式指令。⑨BAS、FAS系统均复位。⑩FAS模拟通道故障(屏蔽相应的模块)、FAS模拟火灾信号(相应的区域)。⑪检查BAS的模式执行情况。⑫FAS对相应的模块进行复位，检查BAS的模式执行情况。⑬BAS、FAS系统均复位。

(2)FAS-BAS联动功能火灾联动调试

①BAS系统检查、FAS系统检查，各自确保本系统正常。②通信检查，确保BAS与FAS通信及网络正常。③FAS模拟火警。④BAS运行的相应模式指令。⑤FAS继续模拟另一个火灾模式的火警。⑥BAS运行的模式指令。⑦FAS保持第二个火警信号，消除第一个火警信号。⑧检查BAS的模式执行情况。⑨BAS、FAS系统均复位。

(3)FAS-BAS联动功能火灾干预调试

①BAS系统检查、FAS系统检查，各自确保本系统正常。②FAS模拟火警，BAS运行相应的模式指令。③人为执行另一个火灾模式。④BAS运行的模式指令。⑤FAS系统复位。⑥BAS系统复位。

(4)FAS-BAS联动功能火灾指令调试

①BAS系统检查、FAS系统检查，各自确保本系统正常。②FAS模拟火警，BAS运行相应的模式指令。③火灾解除，BAS、FAS系统均复位。

3. BAS与FAS接口注意事项

①确认BAS、FAS设备具备调试条件，接线、安装及组网正确无误。

②调试人员告知安装单位，所有与调试无关的人员离场，确认所有调试人员均已就位，底层机电设备处应安排底层机电设备技术人员，以防出现意外事故。

③各设备专业人员对设备检查无问题的情况下，经专业人员同意才能对设备进行通电及测试。

④如发现元器件短路、烧毁等现象，应立即断电检查，予以排除。

4. BAS与FAS接口调试记录表(见表2-42～表2-45)

表2-42　车站机电工程FAS-BAS联动功能通道故障调试记录

车站名称:　　　　　　　　　　　　　　　　　　　　调试时间:

序号	调试项目	调试检测内容	检测结果	备注
1	BAS检查	检查BAS是否正常运行	□合格　□不合格	
		将BAS控制的所有设备都打到测试位或就地控制	□合格　□不合格	
2	FAS检查	检查FAS是否正常运行	□合格　□不合格	
		FAS打到自动状态	□合格　□不合格	
3	FAS模拟火警		□合格　□不合格	
4	BAS运行的相应模式指令		□合格　□不合格	
5	FAS模拟通道故障(屏蔽模块)		□合格　□不合格	
6	BAS运行的模式指令		□合格　□不合格	
7	FAS对相应的模块进行复位		□合格　□不合格	
8	BAS运行的模式指令		□合格　□不合格	
9	复位	FAS复位	□合格　□不合格	
10		BAS复位	□合格　□不合格	
11	FAS模拟通道故障(屏蔽相应的模块)		□合格　□不合格	
12	FAS模拟火灾信号(相应的区域)		□合格　□不合格	
13	检查BAS的模式执行情况		□合格　□不合格	
14	FAS对相应的模块进行复位,检查BAS的模式执行情况		□合格　□不合格	
15	复位	FAS复位	□合格　□不合格	
		BAS复位	□合格　□不合格	
调试结论:				
现场监理: 代表签字: 日　　期:	施工单位: 代表签字: 日　　期:	供 货 商: 代表签字: 日　　期:	设备监造: 代表签字: 日　　期:	

表2-43　车站机电工程FAS-BAS联动功能火灾联动调试记录

车站名称:　　　　　　　　　　　　　　　　　　　　调试时间:

序号	调试项目	调试检测内容	检测结果	备注
1	BAS检查	检查BAS是否正常运行	□合格　□不合格	
		将BAS控制的所有设备都打到测试位或就地控制	□合格　□不合格	
2	FAS检查	检查FAS是否正常运行	□合格　□不合格	
		FAS打到自动状态	□合格　□不合格	
3	FAS模拟火警		□合格　□不合格	
4	BAS运行的相应模式指令		□合格　□不合格	
5	FAS继续模拟另一个火灾模式的火警		□合格　□不合格	
6	BAS运行的模式指令		□合格　□不合格	
7	FAS保持第二个火警信号,消除第一个火警信号		□合格　□不合格	
8	检查BAS的模式执行情况		□合格　□不合格	
9	复位	FAS复位	□合格　□不合格	
		BAS复位	□合格　□不合格	

续上表

调试结论：			
现场监理： 代表签字： 日　　期：	施工单位： 代表签字： 日　　期：	供 货 商： 代表签字： 日　　期：	设备监造： 代表签字： 日　　期：

表 2-44　车站机电工程 FAS-BAS 联动功能火灾干预调试记录

车站名称：　　　　　　　　　　　　　　　　　　　　　　　　　　　　调试时间：

序号	调试项目	调试检测内容		检测结果	备　注
1	BAS 检查	检查 BAS 是否正常运行		□合格　□不合格	
		将 BAS 控制的所有设备都打到测试位或就地控制		□合格　□不合格	
2	FAS 检查	检查 FAS 是否正常运行		□合格　□不合格	
		FAS 打到自动状态		□合格　□不合格	
3	通过 IBP 盘实施人工干预	FAS 模拟火警，BAS 运行相应的模式指令		□合格　□不合格	
4		手动在 IBP 盘上执行另一个火灾模式		□合格　□不合格	
5		BAS 运行的模式指令		□合格　□不合格	
6		FAS 控制盘保持火灾模式指令，手动复位 IBP 盘的模式复位按钮		□合格　□不合格	
7		BAS 运行的模式指令		□合格　□不合格	
8		FAS、BAS 复位		□合格　□不合格	
9	通过 BAS 的站级计算机进行人工干预	FAS 模拟一个火警，BAS 运行相应的模式指令		□合格　□不合格	
10		在 BAS 的 HMI 人工启动另一个火灾模式的指令		□合格　□不合格	
11		BAS 运行的模式指令		□合格　□不合格	
12		复位	FAS 复位	□合格　□不合格	
			BAS 复位	□合格　□不合格	
13	IBP 盘先后发出多个模式指令	手动在 IBP 盘上执行一个火灾模式		□合格　□不合格	
14		BAS 运行相应的模式指令		□合格　□不合格	
15		在 IBP 盘按下另一个模式的指令按钮		□合格　□不合格	
16		BAS 运行的模式指令		□合格　□不合格	
17		复位	FAS 复位	□合格　□不合格	
18			BAS 复位	□合格　□不合格	
19	BAS 的 HMI、IBP 盘之间优先级的测试	在 BAS 的站级计算机人工启动火灾模式的指令		□合格　□不合格	
20		在 IBP 盘按下另一个模式的指令按钮并打开确认钥匙开关		□合格　□不合格	
21		检查 BAS 的模式执行情况		□合格　□不合格	
22		保持 IBP 盘的状态，BAS 复位后，重新在站级计算机人工启动火灾模式的指令		□合格　□不合格	
23		检查 BAS 的模式执行情况		□合格　□不合格	
调试结论：					
现场监理： 代表签字： 日　　期：	施工单位： 代表签字： 日　　期：	供 货 商： 代表签字： 日　　期：	设备监造： 代表签字： 日　　期：		

表 2-45　车站机电工程 FAS-BAS 联动功能火灾指令调试记录

车站名称：　　　　　　　　　　　　　　　　　　　　　　　　　　　调试时间：

序号	调试项目	调试检测内容	检测结果	备　注
1	BAS 检查	检查 BAS 是否正常运行	□合格　□不合格	
		将 BAS 控制的所有设备都打到测试位或就地控制	□合格　□不合格	
		BAS 模式选择处于手动状态、监控的设备全部处在手动状态(第一次测试)	□合格　□不合格	
2	FAS 检查	检查 FAS 是否正常运行	□合格　□不合格	
		FAS 打到自动状态	□合格　□不合格	
3	FAS 模拟火警	FAS 收到现场火警信号并正确发出相应火灾模式。	□合格　□不合格	
4	BAS 自动运行火灾模式	BAS 正确接收相应的火灾模式指令	□合格　□不合格	
		BAS 正确执行相应的火灾模式指令	□合格　□不合格	
5	火警解除复位	FAS 复位	□合格　□不合格	
		BAS 复位	□合格　□不合格	
调试结论：				
现场监理： 代表签字： 日　　期：	施工单位： 代表签字： 日　　期：	供 货 商： 代表签字： 日　　期：	设备监造： 代表签字： 日　　期：	

十五、BAS 与变频器接口调试内容

1. BAS 与变频器接口调试内容、步骤

①在隧道系统的排热风机采用变频器进行变风量运行。

②冷水机组的冷水回路、二次泵采用变频器进行变流量运行。

③变频器的调节范围：0～50 Hz。

④变频器在 BAS 的应用范围：15～50 Hz。

⑤变频器将根据 BAS 的设定值，调节输出频率，并在状态反映字中反馈实际转速，同时反映变频器的运行状态和故障信息。

2. BAS 与变频器接口注意事项

调试前应注意以下事项：

①变频器与 BAS 均已上电并运行正常。

②调试设备均处于停止状态，环控设备处于“BAS”状态。

3. BAS 与变频器接口调试记录表（见表 2-46）

表 2-46　车站机电工程 BAS 与变频器设备调试记录

调试记录编号：

车站名称：　　　　　　　　　　　　　　　　　　　　　　　　　　　调试时间：

子系统	设备名称	设备编号	属性描述	类型	BAS 接收(报警及状态监控)		备注
					设备状态与 BAS 程序显示状态是否一致	BAS 程序下发的控制命令执行是否成功	
智能低压	排热风机/大组合式空调器/大回排风机		手动/自动状态	DI			
			变频器运行状态	DI			
			变频器停止状态	DI			

续上表

子系统	设备名称	设备编号	属性描述	类型	BAS 接收(报警及状态监控)		备注
					设备状态与 BAS 程序显示状态是否一致	BAS 程序下发的控制命令执行是否成功	
智能低压	排热风机/大组合式空调器/大回排风机		故障报警	DI			
			变频柜频率反馈	AI			
			平均工作电流值	AI			
			平均工作电压值	AI			
			BAS 环控/就地	DI			
			环控/BAS	DI			
			手动/自动控制	DO			
			变频器启动控制	DO			
			变频器停止控制	DO			
			频率设定	AO			
			手动/BAS 位置	DI			
			工频/变频状态	DI			
			工频运行	DI			
			故障	DI			
			超温报警	DI			
			超温跳闸	DI			
			水平震动报警	DI			
			垂直震动报警	DI			
			工频启动控制	DO			
			工频停止控制	DO			
调试结论:							
参与人员签名: BAS 供货商:　　　　变频器供货商:　　　　车站承包商: 现场监理:　　　　设备监造商: 年　月　日							

十六、BAS 与冷水机组接口调试内容

1. BAS 与冷水机组接口调试内容、步骤

调试内容及步骤包括但不局限于以下:BAS 通过车站 HMI 的 BAS 界面检测冷水机组的电压、电流、压力、温度、启停等运行参数,并对其进行启停控制、复位控制等工作;与此同时与冷水机组上位软件显示值进行比较并记录。监测 10 分钟数据传输并反复多次启停、调整改变参数。

2. BAS 与冷水机组接口注意事项

冷水机组设备运行时,安全阀下装设的截止阀需保证打开,不得关闭,只有当安全阀需要效验或压力试验值达到其起跳压力时方可关闭此阀。

3. BAS和冷水机组接口调试记录表(见表2-47)

表2-47　机电工程BAS与冷水机组设备调试记录

序号	名　　称	类型	地址	BAS读数	冷水机组读数	结论	备注
1	机组运行状态	AI					
2	现场/BAS	AI					
3	故障报警信息	AI					
4	冷却水进水温度	AI					
5	冷却水出水温度	AI					
6	冷冻水进水温度	AI					
7	冷冻水出水温度	AI					
8	蒸发压力	AI					
9	冷凝压力	AI					
10	机组累计运行时间	AI					
11	机组当前容量百分比	AI					
12	冷却水电动调节阀开度	AI					
13	启动/停止控制	AO					
14	冷冻水出水温度设定	AO					
调试结论:							
现场监理: 代表签字: 日　期:	施工单位: 代表签字: 日　期:		供货商: 代表签字: 日　期:		设备监造: 代表签字: 日　期:		

十七、BAS与潜污泵接口调试内容

1. BAS与潜污泵接口调试项目

调试内容包括但不局限于以下几点:

①现场操作手动/自动按钮,并进行启停,测试BAS反馈信号是否与现场一致。

②现场模拟设备故障,测试BAS反馈信号是否与现场一致。

③现场操作液位传感器,模拟超高、测试BAS反馈信号是否与现场一致。

④设备复位,恢复正常。

2. BAS与潜污泵接口调试步骤

①将排水泵打到“手动”位,并通过对讲机报给BAS人员,由BAS人员在操作站确认反馈信号是否正确。

②依次手动启动1号、2号泵,并通过对讲机报给BAS专业人员,由BAS人员在操作站确认反馈信号是否正确。

③将排水泵打到“自动位”,并通过对讲机报给BAS专业人员,由BAS人员在操作站确认反馈信号是否正确。

④将液位传感器提起,模拟排水泵自动启动和超高水位报警并通过对讲机报给BAS专业人员,由BAS人员在操作站确认反馈信号是否正确。

⑤模拟将排水泵故障,并通过对讲机报给BAS专业人员,由BAS人员在操作站确认反馈信号是否

正确。

⑥取消将排水泵故障,并将转换开关打到"自动"位,并通过对讲机报给 BAS 专业人员,由 BAS 人员在操作站确认反馈信号是否正确。

⑦现场所有设备复位,恢复正常。

3. BAS 与潜污泵接口注意事项

与给排水系统的接口在给排水系统的水泵、过滤器设备控制箱的接线端子排上。车站环境与设备监控系统负责接口端子的电缆连接及电缆敷设,且必须保证接线正确之后才能进行模拟调试。

4. BAS 与潜污泵接口调试记录表(见表 2-48)

表 2-48　车站机电工程 BAS 与给排水设备调试记录

调试记录编号:

车站名称:　　　　　　　　　　　　　　调试时间:

序号	测试项目	测试内容	测试结果		备注
			是	否	
1	就地状态	在现场将潜污泵打到就地状态,观察环控室 BAS 操作屏"就地状态"反馈信号显示是否正确			
		在现场依次手动启动 1 号和 2 号泵,观察操作站端反馈信号是否正确			
2	远程状态	在现场将潜污泵打到远程状态,观察环控室 BAS 操作屏"远程状态"反馈信号显示是否正确			
3	水泵运行	在现场提起液位传感器,手动模拟自动启动水泵,观察环控室 BAS 操作屏"运行"(水泵变绿色)反馈信号显示是否正确			
4	超高水位报警	在现场模拟超高水位报警,观察环控室 BAS 操作屏"超高水位"反馈信号显示是否正确			
5	超低水位报警	在现场模拟超低水位报警,观察环控室 BAS 操作屏"超高水位"反馈信号显示是否正确			
6	现场模拟故障	现场模拟故障,观察环控室 BAS 操作屏"故障"反馈信号显示是否正确			
7	取消故障	观察环控室 BAS 操作屏"故障"反馈信号是否被取消			
8	紧急启动	按下紧急启动,观察反馈信号是否正确			
9	紧急停止	按下紧急停止,观察反馈信号是否正确			
调试结论:					
现场监理: 代表签字: 日　期:	施工单位: 代表签字: 日　期:	供 货 商: 代表签字: 日　期:	设备监造: 代表签字: 日　期:		

十八、BAS 与 EPS 接口调试内容

1. BAS 与 EPS 接口调试内容、步骤

①检查 EPS 装置,确认装置正常工作;检查 BAS 控制屏上的监视信号,确认能接收到信号。

②现场操作员检查设备,确认交流馈线母线有电,查看充电柜上监控屏显示是否正常,并确认 BAS 信号显示正常。

③模拟交流馈线母线失电,查看充电柜上监控屏显示是否正确,并确认 BAS 信号显示正常。

④模拟逆变器工作,查看充电柜上监控屏显示是否正确,并确认 BAS 信号显示正常。

⑤模拟 EPS 旁路,查看充电柜上监控屏显示是否正确,并确认 BAS 信号显示正常。

⑥模拟输入互投装置工作,查看充电柜上监控屏显示是否正确,并确认 BAS 信号显示正常。

⑦模拟 EPS 系统故障,查看充电柜上监控屏显示是否正确,并确认 BAS 信号显示正常。

⑧模拟电池组异常,查看充电柜上监控屏显示是否正确,并确认 BAS 信号显示正常。

⑨模拟充电机故障,查看充电柜上监控屏显示是否正确,并确认 BAS 信号显示正常。

⑩模拟逆变器故障,查看充电柜上监控屏显示是否正确,并确认 BAS 信号显示正常。

⑪模拟输入/输出柜故障,查看充电柜上监控屏显示是否正确,并确认 BAS 信号显示正常。

⑫模拟 EPS 与 BAS 通信故障,查看充电柜上监控屏显示是否正确,并确认 BAS 信号显示正常。

⑬EPS 回复到正常工作状态,查看充电柜上监控屏显示是否正确,并确认 BAS 信号显示正常。

2. BAS 与 EPS 接口注意事项

调试前应注意以下事项:

①EPS 与 BAS 均已上电并运行正常。

②确认 BAS 能监控到 EPS 的状态信息及报警信息。

3. BAS 与 EPS 接口调试记录表(见表 2-49)

表 2-49 车站机电工程 BAS 与 EPS 调试记录

调试记录编号:

车站名称: 调试时间:

序号	模拟故障名称	BAS 工作站			EPS 主机			备注
		要求显示信息	实际显示信息	结论	要求显示信息	实际显示信息	结论	
1	市电							
2	逆变							
3	旁路							
4	输入互投装置状态							
5	系统故障							
6	电池组异常							
7	充电器故障							
8	逆变器故障							
9	输入/输出柜故障							
10	市电							
11	逆变							
12	旁路							
13	系统故障							
调试结论:								
现场监理: 代表签字: 日　期:		施工单位: 代表签字: 日　期:			供 货 商: 代表签字: 日　期:		设备监造: 代表签字: 日　期:	

十九、BAS 与无机房电梯调试

1. BAS 与无机房电梯调试内容

①无机房电梯就地进行开启、关闭、上/下行操作,与 BAS 主机显示运行状态进行核对。

②在无机房电梯控制柜模拟故障信号(如急停等),BAS 主机显示相应故障信号。

③无机房电梯就地打开驻停开关,BAS 主机显示驻停信号,且无法对电梯进行任何操作。

2. BAS 与无机房电梯调试记录表(见表 2-50)

表 2-50 BAS 与无机房电梯接口调试记录

调试记录编号:

车站名称: 调试时间:

序号	设备名称	设备类型	设备位置	测试项目				测试内容	备注
				无机房电梯就地操作	驻停状态	模拟故障	消除故障	是否与 BAS 反馈信号状态一致	
1	BAS								
	电梯								
2	BAS								
	电梯								
调试结论:									
现场监理: 代表签字: 日 期:		施工单位: 代表签字: 日 期:			供 货 商: 代表签字: 日 期:			设备监造: 代表签字: 日 期:	

二十、BAS 与照明配电及导向系统调试内容

1. BAS 与照明配电及导向系统调试内容、步骤

照明配电及导向系统的人工点动控制:通过对照明导向设备的人工点动控制及反馈信号调试,检测 BAS 接受照明及导向系统相关信号的情况,同时检测照明及导向系统设备对 BAS 控制命令的响应情况。

调试步骤如下:

①检查并记录所有设备的 BAS/就地状态。

②由环控室 BAS 人员对单区照明或导向设备发出启动指令。

③由照配室操作员检查设备对应的配电箱动作是否正常。

④由现场操作员检查对应的设备动作是否正常。

⑤由照配室操作员检查设备对应的配电箱反馈信号是否正常。

⑥BAS 人员检查设备状态反馈信号是否正常。

⑦由维修工作站操作人员将设备停止并观察反馈信号。

⑧照配室操作员及现场操作员检查设备状态。

⑨由照配室操作员将设备对应的配电箱上的开关切换为就地。

⑩由维修工作站操作员检查反馈信号是否正常。

⑪由照配室操作员将设备对应的配电箱切换为 BAS。

⑫由环控室 BAS 人员检查反馈信号是否正常。

2. BAS 与照明配电及导向系统注意事项

调试前应注意以下事项:

①照配室操作员应确认参与调试的设备具备调试条件,并且设备已按调试要求处于相应状态。

②BAS 工作站操作员检查工作站上各设备的状态信息（运行/关闭、BAS/就地、故障报警），确认BAS 工作正常。

3. BAS 与照明配电及导向系统调试记录（见表 2-51 和表 2-52）

表 2-51　车站机电工程 BAS 与照明系统点动控制调试记录

调试记录编号：

车站名称：　　　　　　　　　　　　　　　　　　　　　　　　调试时间：

序号	设备编号	设备描述	设备位置	点动控制			设备控制级别的反馈			备注
				BAS 输出信号	BAS 反馈信号	照配室动作	现场动作	设备在 BAS 位时 BAS 的反馈	设备在就地位时 BAS 的反馈	
1										
2										
3										
4										
5										
6										
7										
8										
9										
10										
11										
12										
13										
14										
15										
调试结论：										
现场监理： 代表签字： 日　　期：			施工单位： 代表签字： 日　　期：			供 货 商： 代表签字： 日　　期：		设备监造： 代表签字： 日　　期：		

表 2-52　车站机电工程 BAS 与照明系统模式控制调试记录

调试记录编号：

车站名称：　　　　　　　　　　　　　　　　　　　　　　　　调试时间：

序号	模式号	模式名称	BAS 按照模式表要求正确地监控设备的启停	能否进行点动控制	备注
1					
2					
3					
4					
5					
6					
7					
8					
9					
10					

续上表

序号	模式号	模式名称	BAS 按照模式表要求正确地监控设备的启停	能否进行点动控制	备注
11					
12					
13					
14					
15					
16					
调试结论：					
现场监理： 代表签字： 日　　期：	施工单位： 代表签字： 日　　期：		供 货 商： 代表签字： 日　　期：	设备监造： 代表签字： 日　　期：	

二十一、BAS 与智能低压系统调试内容

1. BAS 与智能低压系统调试内容、步骤

①车站环控设备的人工单体控制

通过对车站环控设备的人工单体控制及反馈信号调试，检测 BAS 系统接收智能低压相关信号情况，同时检测智能低压设备对 BAS 系统控制命令的响应情况。

①检查并记录所有设备的车、环控状态。

②BAS 人员对单台环控设备发出启动指令。

③智能低压检查设备对应的开关柜状态显示是否正常。

④环控系统人员检查对应的设备动作是否正常。

⑤低压人员检查设备对应的开关柜反馈信号是否正常。

⑥BAS 人员检查设备状态反馈信号是否正常。

⑦如设备有两种控制命令（指高、低速，正、反转运行），则重复上述 6 步，调试第二个命令执行情况。

⑧由 BAS 人员将设备停止并观察反馈信号。

⑨环控系统人员检查设备状态。

⑩环控系统人员将设备切换为就地（如有）。

⑪就地/环控/BAS 权限切换测试。

⑫智能低压人员将设备对应的电控柜切换为环控。

⑬由 BAS 人员检查反馈信号是否正常。

⑭智能低压人员将设备对应的电控柜切换为 BAS。

⑮由 BAS 人员将设备对应的电控柜切换为 BAS。

⑯由 BAS 人员检查反馈信号是否正常。

⑰智能低压人员对环控设备对应的电控柜模拟设备设置故障信号。

⑱由 BAS 人员检查反馈信号是否正常。

⑲将设备恢复原状态。

(2)车站环控模式的人工点动控制

通过对车站环控模式的人工点动控制及反馈信号调试,来检测 BAS 接收智能低压相关信号情况,同时检测智能低压设备对 BAS 控制命令的响应情况。

①检查 BAS 工作状态,保证系统显示的环控设备状态为实际的设备状态。

②智能低压人员检查并记录所有设备的车、环控状态,将 BAS 所控的设备转换到 BAS 状态。

③由 BAS 人员手动发送模式控制命令,并在工作站上观察设备的反馈信号。

④智能低压人员根据模式表检查响应的开关柜同智能低压调试计算机的反馈信号并记录。

⑤BAS 人员切换模式命令,并在工作站上观察设备的反馈信号。

⑥重复上述 5 步,直到所有模式调试完毕。

2. BAS 与智能低压系统注意事项

①所检测环控设备与 BAS 均已上电并运行正常。

②调试设备均处于停止状态,环控设备处于"BAS"状态。

③风亭、风机内无杂物,风路畅通。

④对于影响模式运行的联动/调节风阀,预先已环控方式使其长期开启。

⑤准备调试的模式应尽量与上一模式内容相近,避免调试时造成风阀或者同一通风设备的频繁启停。

3. BAS 与智能低压系统调试记录(见表 2-53 和表 2-54)

表 2-53 车站机电工程 BAS 与智能低压单体控制调试记录

调试记录编号:

车站名称: 调试时间:

<table>
<tr><th rowspan="2">序号</th><th rowspan="2">设备名称</th><th rowspan="2">设备编号</th><th rowspan="2">设备位置</th><th colspan="4">点动单体设备</th><th colspan="3">设备故障模拟</th><th rowspan="2">备注</th></tr>
<tr><th>BAS 控制命令</th><th>开关柜的显示</th><th>BAS 收到的状态反馈</th><th>现场设备实际动作</th><th>开关柜或现场故障模拟</th><th>BAS 收到的反馈</th><th>开关柜的显示</th></tr>
<tr><td rowspan="3">1</td><td>BAS</td><td></td><td></td><td rowspan="3"></td><td rowspan="3"></td><td rowspan="3"></td><td rowspan="3"></td><td rowspan="3"></td><td rowspan="3"></td><td rowspan="3"></td><td rowspan="3"></td></tr>
<tr><td>IMCC</td><td></td><td></td></tr>
<tr><td>环控</td><td></td><td></td></tr>
<tr><td rowspan="3">2</td><td>BAS</td><td></td><td></td><td rowspan="3"></td><td rowspan="3"></td><td rowspan="3"></td><td rowspan="3"></td><td rowspan="3"></td><td rowspan="3"></td><td rowspan="3"></td><td rowspan="3"></td></tr>
<tr><td>IMCC</td><td></td><td></td></tr>
<tr><td>环控</td><td></td><td></td></tr>
<tr><td rowspan="3">3</td><td>BAS</td><td></td><td></td><td rowspan="3"></td><td rowspan="3"></td><td rowspan="3"></td><td rowspan="3"></td><td rowspan="3"></td><td rowspan="3"></td><td rowspan="3"></td><td rowspan="3"></td></tr>
<tr><td>IMCC</td><td></td><td></td></tr>
<tr><td>环控</td><td></td><td></td></tr>
<tr><td colspan="12">调试结论:</td></tr>
<tr><td colspan="12">参与人员签名:
BAS 供货商: 智能低压供货商: 车站承包商:
现场监理: 设备监造商:
年 月 日</td></tr>
</table>

表 2-54 车站机电工程 BAS 与智能低压接口测试记录

调试记录编号：

车站名称： 调试时间：

子系统	设备类型号	箱柜号	设备名称	设备编号	属性描述	BAS 图形显示（报警及状态监控）		备注
						设备状态与上位画面状态是否一致	上位画面下发的控制命令执行是否成功	
智能低压	B03	组合式风阀			调试内容： B03： DI-全开/全关；故障/控制超时；DO-打开/关闭。 B06： DI-启停状态；故障；就地/环控；环控/车控；DO-启动控制/停止控制。 B09： DI-全开/全关；故障；环控/车控；DO-打开/关闭。 B10： DI-启停状态；故障；就地/环控；环控/车控。 B11： DI-启停状态；故障；就地/环控；环控/车控。 B12： DI-启停状态；高/低速；就地/主机			
智能低压	B03	电动调节阀						
智能低压	B06	排烟风机						
智能低压	B06	回排风机						
智能低压	B06	柜式空调器						
智能低压	B04	组合空调器						
智能低压	B06	新风机						
智能低压	B06	送风机						
智能低压	B06	排风机						
智能低压	B06	消防用正压送风机						
智能低压	B01	隧道风机						
智能低压	B47	水系统点动蝶阀						
智能低压	B03	小系统电动调节阀						
智能低压	B04	小系统柜式空调器						
智能低压	B04	大系统组合空调器						
智能低压	B05	组合式空调过滤网阻塞						
智能低压	B06	小系统排风机						
智能低压	B06	大系统排烟风机						
智能低压	B06	小系统回排风机						
智能低压	B06	大系统新风机						
智能低压	B06	小系统新风机						
智能低压	B09	电动蝶阀						
智能低压	B10	冷却水泵						
智能低压	B10	冷冻水泵						
智能低压	B11	冷水机组						
智能低压	B12	冷却塔						

参与人员签名：

BAS 供货商： 智能低压供货商： 车站承包商：

现场监理： 设备监造商：

年 月 日

二十二、BAS 与自动扶梯调试内容

1. BAS 与自动扶梯调试内容、步骤

①扶梯人员在现场操作自动梯向上运行，并将现场情况通过对讲机报告给 BAS 人员。

②确认反馈信号正确后，BAS 人员通知扶梯人员停止扶梯。在收到现场停梯报告后，BAS 人员再次观察扶梯“停止”反馈信号是否正确。

③重复上述步骤，直至符合。

④扶梯人员在现场操作自动梯向下运行，并将现场情况通过对讲机报告给 BAS 人员。

⑤确认反馈信号正确后，BAS 人员通知扶梯人员停止扶梯。在收到现场停梯报告后，BAS 人员再次观察扶梯“停止”反馈信号是否正确。

⑥重复上述步骤，直至符合。

⑦自动扶梯人员在现场随机模拟 3 个故障，每模拟完一个故障，通过对讲机向 BAS 人员报告。

⑧接到报告后，BAS 人员在 BAS 操作站上观察自动扶梯是否处于“故障”状态。确认后，要求扶梯人员对扶梯复位。在收到现场复位报告后，BAS 人员再次观察扶梯信号是否正常。

⑨确认反馈信号正确后，BAS 人员可通知现场进行下一个故障模拟调试。通知故障调试完毕。

⑩自动扶梯人员对左右扶手带进行模拟欠速或超速 2%（相对梯级速度），并通过秒表计时，同时将时间报告给 BAS 人员。

⑪BAS 人员仔细观察操作站商扶梯左右扶手带。确认持续欠速或超速 5 s，其反馈信号是否正确。

⑫自动扶梯人员对左右扶手带进行模拟欠速或超速 5%（相对梯级速度），并通过秒表计时，同时将时间报告给 BAS 人员。

⑬BAS 人员仔细观察操作站商扶梯左右扶手带。确认持续欠速或超速 5 s，自动扶梯是否停止，其反馈信号是否正确。

2. BAS 与自动扶梯调试记录（见表 2-55）

表 2-55　车站机电工程 BAS 与自动扶梯系统调试记录

车站名称：　　　　　　　　　　　　　　　　　　　　调试时间：

序号	设备名称	设备编号	设备位置	测试项目							测试内容	备注
				上行状态	下行状态	停止状态	急停状态	综合故障报警	左扶手带异常	右扶手带异常	是否与 BAS 反馈信号状态一致	
1	BAS											
	自动扶梯											
2	BAS											
	自动扶梯											
3	BAS											
	自动扶梯											
4	BAS											
	自动扶梯											
调试结论：												
现场监理： 代表签字： 日　　期：			集成管理： 代表签字： 日　　期：				施工单位： 代表签字： 日　　期：			供 货 商： 代表签字： 日　　期：		

二十三、FAS 设备调试内容和步骤

1. FAS 设备调试项目

调试内容包括但不局限于以下几点：

常规检查；故障测试；火灾报警控制盘按钮测试；火灾报警控制盘报警测试；火灾报警控制盘手动/自动状态；联动电源盘测试；消防电话控制盘测试；智能特征烟感探测器报警测试；智能特征温感探测

器报警测试；智能手动报警按钮报警测试；感温电缆测试；控制模块测试；输入模块测试；隔离模块测试；图形工作站测试。

2. FAS设备调试步骤

（1）常规检查

①在220 V和24 V充电的接点上分别接入AC 220 V交流电和DC 24 V电池电源，此时控制盘应显示正常。

②控制盘内接线电线应有标记符号或者中文标签。

③在控制盘正常工作的情况下，备用电池端子上的两对DC 24 V电压输出触点应有常规DC 24 V电压输出。

（2）故障测试

①回路卡开路故障：断开回路控制卡上的A+A-（相对应的端子排号为1、2）输出触点，控制盘上应有故障显示，接通1、2输出触点，控制盘显示正常；断开回路控制卡上的B+B-（相对应的端子排号为3、4）输出触点，控制盘上应有故障显示，接通输出触点，控制盘显示正常。对其他回路控制卡做相同的测试。

②回路卡短路故障：对回路控制卡上的A+A-（相对应的端子排号为1、2）回路进行短路，控制盘应显示故障；对回路控制卡上的B+B-（相对应的端子排号为3、4）回路进行短路，控制盘应显示故障。排除短路，控制盘显示正常。对其他回路控制卡做相同的测试。

③电池故障：将电池电压降低到12 V时，控制盘报警，显示电池故障，提高电池电压，控制盘显示正常。

④电源故障（无电池电源、无交流电）：移开交流电，控制盘显示电源故障；电池电压低于20 V或移开电池电源，控制盘显示电源故障。重新接入交流电并接入24 V电池电源，控制盘又显示正常。

（3）火灾报警控制盘按钮测试

①消音按钮：当控制盘发出警报或故障显示时，按下消音按钮，控制盘的鸣叫声停止（此时并不消除警报或故障状态）。

②火警按钮：当控制盘发出报警信息时，按此按键进行火警查看和确认（只是信息确认，现场逻辑程序不启动）。

③联动按钮：当控制盘进行预订的逻辑控制，对应的外部设备动作后，给报警控制器联动反馈信息，按此按键进行联动信息查看。

④其他按钮：当控制盘有故障或者其他除A、B信息以外的信息出现时，按此按键可以查看相对应的信息。

⑤屏蔽按钮：当系统有设备需要进行屏蔽操作，进行屏蔽后，按此按键可以查看相对应的屏蔽设备信息。

⑥复位：按下复位按钮，将清除任何已经启动的输出回路信号（包括报警、电流输出）。控制盘恢复至正常状态。

⑦自检：按下自检按键，将点亮控制盘上所有指示灯，巡查LCD显示屏明暗度，发出蜂鸣器的鸣响。

⑧信息查询上下翻页：按此按键可以对需查看信息进行上下翻页。

（4）火灾报警控制盘报警测试

①对在主机上任意让某一探测器报警（烟感或温感），控制盘上报警显示相对应的探测器报警

信息。

②对在主机上任意某一手动报警按钮进行碎玻报警，控制盘上报警显示相对应的手动报警按钮报警信息；对在主机上任意某报警模块进行短接报警，控制盘上报警显示对应的模块报警信息。

(5)火灾报警控制盘手动/自动状态。

①自动状态：控制盘在自动状态时，其接收到两个报警信息(2 个探测器，或者 2 个手报，或者 1 个手报 1 个探测器)后，控制盘输出火灾模式信号，并依照工程要求控制警铃等模块动作。

②手动状态：控制盘在手动状态时，其接收到两个报警信息(2 个探测器，或者 2 个手报，或者 1 个手报 1 个探测器)后，不发出火灾模式信号。在设定时间内确认火警或转为自动状态，手动转为自动状态后，逻辑输出按照自动模式输出；经过设定时间没有复位火警信息的，其输出模式按照自动模式输出。

(6)联动电源盘测试

①检查联动电源盘与外部设备连线是否正确，AC 220 V、DC 24 V 电源线连接是否到位，整齐、规范。在 220 V 和 24 V 的接点上分别接入 AC 220 V 交流电和 DC 24 V 电池电源，此时控制盘应显示正常。

②联动电源盘须用中文标识，接线箱内的电线应有标识号码(且不得用手写体，应用印刷体打印标识)，箱内端子排列顺序及端子接线图应结合本工程实际进行设计，以便于现场施工。

③在电源盘正常工作的情况下 TB2 1～6 号端子 DC 24 V 电压输出触点应有常规 DC 24 V 电压输出。

④电池故障：将电池电压降低到 12 V 时，控制盘报警，显示电池故障，提高电池电压，控制盘显示正常。

(7)消防电话控制盘测试

①检查消防电话控制盘与外部设备连线是否正确，DC 24 V 电源线连接是否到位，整齐、规范。在 24 V 的接点上接入 24 V 电源，此时控制盘应显示正常。

②联动电源盘须用中文标识，接线箱内的电线应有标识号码(且不得用手写体，应用印刷体打印标识)，箱内端子排列顺序及端子接线图应结合本工程实际进行设计，以便于现场施工。

③在消防电话控制盘正常工作的情况下 TB2 7～8 号端子 DC 24 V 电压输出触点应有常规 DC 24 V 信号电压输出。

④短路故障：TB2 7～8 号端子进行短路，控制盘应显示故障。短路排除后，控制盘显示正常。

⑤电话插孔或者固定电话接入 TB2 7～8 号端子，并对接入设备进行地址设定后，移动手柄插入电话或者固定电话听筒拿起后，消防电话控制盘发出鸣响，并显示需接听呼入的电话地址，拿起控制盘听筒，可进行通话。

(8)智能特征烟感探测器报警测试

①火警测试：通过火警报警盘模拟施工方配合使用烟雾报警器对烟感探测器进行报警测试，达到报警浓度后，探测器报警灯常亮报警。

②故障测试：通过火警报警盘模拟故障或者摘取探测器，探测器应在火灾报警控制盘上显示故障。

(9)智能特征温感探测器报警测试

①火警测试：通过火灾报警控制盘或者施工方配合使用温度报警器对烟温感探测器进行报警测试，达到报警温度后，探测器报警灯常亮报警。

②故障测试：通过火警报警控制盘模拟故障或者摘取探测器，探测器应在火灾报警控制盘上显示故障。

(10)智能手动报警按钮报警测试

①通过火灾报警控制盘或者测试钥匙对手动报警按钮进行火警测试，玻璃片正确落至报警位置后手报报警灯常亮报警。

②通过火灾报警控制盘或者摘取手动报警按钮，手动报警按钮应该在火灾报警控制盘上显示故障。

(11)感温电缆测试

①火警测试：施工方配合使用感温电缆测试温度仪器对感温电缆进行报警测试，达到报警温度后，感温电缆控制器输出火警继电器常闭点，相对应接口火警接口模块在火灾报警控制盘上显示报警。

②故障测试：通过对感温电缆控制器进行故障模拟，感温电缆控制器输出故障继电器常闭点，相对应接口故障接口模块在火灾报警控制盘上显示故障。

(12)控制模块测试

①联动测试：通过火灾报警控制盘手动启动控制模块或者通过模拟火警联动控制模块，联动成功后火灾报警控制盘上显示相对应模块名称。

②故障测试：通过火灾报警控制盘模拟或者现场摘取模块，联动模块应在火灾报警控制盘上显示故障。

(13)输入模块测试

①输入测试：通过火灾报警控制盘模拟输入模块动作或者通过现场短接输入模块，输入模块应在火灾报警控制盘显示联动反馈或者状态。

②故障测试：通过火灾报警控制盘模拟或者现场摘取模块，输入模块应在火灾报警控制盘上显示故障。

(14)隔离模块测试

①动作测试：通过模拟回路信号线短路故障，短路隔离模块应动作，隔离模块后面设备应在火灾报警控制盘显示通信故障。

②故障测试：通过火灾报警控制盘模拟或者现场摘取模块，隔离模块应在火灾报警控制盘上显示故障。

(15)图形工作站测试

①显示功能：图形工作站和火灾报警控制盘正确连接后，图形工作站应能显示报文信息；火灾报警控制盘发生火警后，图形工作站应能正确显示其报文信息，并在图形上显示其位置(与现场核实是否一致)。

②故障功能：图形工作站和火灾报警控制盘失去连接后，火灾报警控制盘上显示连接故障。

3. FAS设备注意事项

(1)成品保护

①报警探测器装完之后，应戴上防尘罩，如灰尘较多，应调试时在安装。

②气体就地盘、辅助电源箱、模块箱在工作完毕后，箱门应上锁，并对箱体进行保护。

③手动报警按钮、消火栓按钮、电话及电话插孔做好保护措施，特别是对报警按钮玻璃的保护。

(2)线路条件

①电源线、回路线、电话线、亮灯线等绝缘电阻不少于20 MΩ,应有记录文件。

②每一回路的回路电缆、电源电缆、电话电缆、通信线缆不接地不短路,应有记录文件。

③回路线、模块箱、气体就地盘、辅助电源箱设备外接线,应有线缆标识。

④每一回路的回路线、电源线、亮灯线、电话线,应全部连通、不可存在断路、错线情况,应有记录文件。

⑤火灾自动报警系统应单独布线,系统内不同电压等级、不同电流类别的线路,不应布在同一管内或线槽的同一槽孔内。应有全数记录文件。

(3)设备安装完成条件

①各设备安装工艺,应有施工内部安装质量控制文件,FACP与模块箱、气体就地盘、辅助电源箱、消防立柜等应有安装控制记录。

②各柜体、箱体应100%安装完成。

③模块箱、气体就地盘、辅助电源箱外部端子接线应100%完成。

④区间回路设备应100%安装完成。

⑤气体灭火系统探测器类安装应100%完成。

⑥FAS系统(除区间回路,以及建筑装修部位外),应100%安装完成。

⑦电话通信系统,除建筑装修部位外,应100%安装完成。

(4)电源条件

保证稳定的设备供电条件。

(5)感温电缆

感温电缆安装需在强电电缆安装后安装固定(必须S型敷设)。

4. FAS设备单机调试记录(见表2-56~表2-61)

表2-56 车站机电工程FAS系统火灾报警控制盘单机调试记录

车站名称: 调试时间:

序号	调试项目	功能要求	检验结果	备　注
1	常规检查	在220 V和24 V充电的接点上分别接入AC 220 V交流电和DC 24 V电池电源,此时控制盘应显示正常	□合格　□不合格	
		控制盘内接线电线应有标记符号或者中文标签	□合格　□不合格	
		在控制盘正常工作的情况下,备用电池端子上的两对DC 24 V电压输出触点应有常规DC 24 V电压输出	□合格　□不合格	
2	故障测试	回路卡开路故障:断开回路控制卡上的A+A-(相对应的端子排号为1、2)输出触点,控制盘上应有故障显示,接通1、2输出触点,控制盘显示正常;断开回路控制卡上的B+B-(相对应的端子排号为3、4)输出触点,控制盘上应有故障显示,接通输出触点,控制盘显示正常。对其他回路控制卡做相同的测试	□合格　□不合格	
		回路卡短路故障:对回路控制卡上的A+A-(相对应的端子排号为1、2)回路进行短路,控制盘应显示故障;对回路控制卡上的B+B-(相对应的端子排号为3、4)回路进行短路,控制盘应显示故障。排除短路,控制盘显示正常。对其他回路控制卡做相同的测试	□合格　□不合格	
		电池故障:将电池电压降低到12 V时,控制盘报警,显示电池故障,提高电池电压,控制盘显示正常	□合格　□不合格	
		电源故障(无电池电源、无交流电):移开交流电,控制盘显示电源故障;电池电压低于20 V或移开电池电源,控制盘显示电源故障。重新接入交流电并接入24 V电池电源,控制盘又显示正常	□合格　□不合格	

续上表

序号	调试项目	功能要求	检验结果	备　注
3	火灾报警控制盘按钮测试	控制盘消音按钮：当控制盘发出警报或故障显示时，按下消音按钮，控制盘的鸣叫声停止（此时并不消除警报或故障状态）	□合格　□不合格	
		火警按钮：当控制盘发出报警信息时，按此按键进行火警查看和确认（只是信息确认，现场逻辑程序不启动）	□合格　□不合格	
		联动按钮：当控制盘进行预订的逻辑控制，对应的外部设备动作后，给报警控制器联动反馈信息，按此按键进行联动信息查看	□合格　□不合格	
		其他按钮：当控制盘有故障或者其他除 A、B 信息以外的信息出现时，按此按键可以进行查看相对应的信息	□合格　□不合格	
		屏蔽按钮：当系统有设备需要进行屏蔽操作，进行屏蔽后，按此按键可以查看相对应的屏蔽设备信息	□合格　□不合格	
		复位：按下复位按钮，将清除任何已经启动的输出回路信号（包括报警、电流输出）。控制盘恢复至正常状态	□合格　□不合格	
		自检：按下自检按键，将点亮控制盘上所有指示灯，巡查 LCD 显示屏明暗度，发出蜂鸣器的鸣响	□合格　□不合格	
		信息查询上下翻页：按此按键可以对需查看信息进行上下翻页	□合格　□不合格	
4	火灾报警控制盘报警测试	对在主机上任意让某一探测器报警（烟感或温感），控制盘上报警显示相对应的探测器报警信息	□合格　□不合格	
		对在主机上任意某一手动报警按钮进行碎玻报警，控制盘上报警显示相对应的手动报警按钮报警信息；对在主机上任意某报警模块进行短接报警，控制盘上报警显示对应的模块报警信息	□合格　□不合格	
5	火灾报警控制盘手动/自动状态	自动状态：控制盘在自动状态时，其接收到两个报警信息（2 个探测器，或者 2 个手报，或者 1 个手报 1 个探测器）后，控制盘输出火灾模式信号，并依照工程要求控制警铃等模块动作	□合格　□不合格	
		手动状态：控制盘在手动状态时，其接收到两个报警信息（2 个探测器，或者 2 个手报，或者 1 个手报 1 个探测器）后，不发出火灾模式信号。在设定时间内确认火警或转为自动状态，手动转为自动状态后，逻辑输出按照自动模式输出；经过设定时间没有复位火警信息的，其输出模式按照自动模式输出	□合格　□不合格	
调试结论：				
现场监理： 代表签字： 日期：	施工单位： 代表签字： 日期：	供 货 商： 代表签字： 日期：	设备监造： 代表签字： 日期：	

表 2-57　车站机电工程 FAS 系统联动电源盘及消防电话控制盘单机调试记录

调试车站名称：　　　　　　　　　　　　　　　　　　　　调试时间：

序号	调试项目	功能要求	检验结果	备　注
1	联动电源盘测试	检查联动电源盘与外围设备连线是否正确，AC 220 V、DC 24 V 电源线连接是否到位，整齐、规范。在 220 V 和 24 V 的接点上分别接入 AC 220 V 交流电和 DC 24 V 电池电源，此时控制盘应显示正常	□合格　□不合格	
		联动电源盘须用中文标识，接线箱内的电线应有标识号码（且不得用手写体，应用印刷体打印标识），箱内端子排列顺序及端子接线图应结合本工程实际进行设计，以便于现场施工	□合格　□不合格	
		在电源盘正常工作的情况下 TB2 1 ~ 6 号端子 DC 24 V 电压输出触点应有常规 DC 24 V 电压输出	□合格　□不合格	
		电池故障：将电池电压降低到 12 V 时，控制盘报警，显示电池故障，提高电池电压，控制盘显示正常	□合格　□不合格	

续上表

序号	调试项目	功能要求	检验结果	备　注
2	消防电话控制盘测试	检查消防电话控制盘与外围设备连线是否正确，DC 24 V 电源线连接是否到位，整齐、规范。在 24 V 的接点上接入 24 V 电源，此时控制盘应显示正常	□合格　□不合格	
		联动电源盘须用中文标识，接线箱内的电线应有标识号码(且不得用手写体，应用印刷体打印标识)，箱内端子排列顺序及端子接线图应结合本工程实际进行设计，以便于现场施工	□合格　□不合格	
		在消防电话控制盘正常工作的情况下 TB2 7～8 号端子 DC 24 V 电压输出触点应有常规 DC 24 V 信号电压输出	□合格　□不合格	
		短路故障：TB2 7～8 号端子进行短路，控制盘应显示故障。短路排除后，控制盘显示正常	□合格　□不合格	
		电话插孔或者固定电话接入 TB2 7～8 号端子，并对接入设备进行地址设定后，移动手柄插入电话或者固定电话听筒拿起后，消防电话控制盘发出鸣响，并显示需接听呼入的电话地址，拿起控制盘听筒，可进行通话	□合格　□不合格	
调试结论：				
现场监理： 代表签字： 日期：	施工单位： 代表签字： 日期：	供 货 商： 代表签字： 日期：	设备监造： 代表签字： 日期：	

表 2-58　车站机电工程 FAS 系统探测器终端设备单机调试记录

调试车站名称：　　　　　　　　　　　　　　　　　　调试时间：

序号	调试项目	功能要求	检验结果	测试数量
1	智能特征烟感探测器报警测试	火警测试：通过火警报警盘模拟施工方配合使用烟雾报警器对烟感探测器进行报警测试，达到报警浓度后，探测器报警灯常亮报警	□合格　□不合格	
		故障测试：通过火警报警盘模拟故障或者摘取探测器，探测器应在火灾报警控制盘上显示故障	□合格　□不合格	
2	智能特征温感探测器报警测试	火警测试：通过火灾报警控制盘或者施工方配合使用温度报警器对烟温感探测器进行报警测试，达到报警温度后，探测器报警灯常亮报警	□合格　□不合格	
		故障测试：通过火警报警控制盘模拟故障或者摘取探测器，探测器应在火灾报警控制盘上显示故障	□合格　□不合格	
3	智能手动报警按钮报警测试	通过火灾报警控制盘或者测试钥匙对手动报警按钮进行火警测试，玻璃片正确落至报警位置后手报报警灯常亮报警	□合格　□不合格	
		通过火灾报警控制盘或者摘取手动报警按钮，手动报警按钮应该在火灾报警控制盘上显示故障	□合格　□不合格	
调试结论：				
现场监理： 代表签字： 日期：	施工单位： 代表签字： 日期：	供 货 商： 代表签字： 日期：	设备监造： 代表签字： 日期：	

表 2-59　车站机电工程 FAS 系统感温电缆单机调试记录

调试车站名称：　　　　　　　　　　　　　　　　　　调试时间：

序号	调试项目	功能要求	检验结果	数　量
1	感温电缆测试	火警测试：施工方配合使用感温电缆测试温度仪器对感温电缆进行报警测试，达到报警温度后，感温电缆控制器输出火警继电器常闭点，相对应接口火警接口模块在火灾报警控制盘上显示报警	□合格　□不合格	

续上表

序号	调试项目	功能要求	检验结果	数　量
1	感温电缆测试	故障测试：通过对感温电缆控制器进行故障模拟，感温电缆控制器输出故障继电器常闭点，相对应接口故障接口模块在火灾报警控制盘上显示故障	□合格　□不合格	
调试结论：				
现场监理： 代表签字： 日期：	施工单位： 代表签字： 日期：	供 货 商： 代表签字： 日期：	设备监造： 代表签字： 日期：	

表 2-60　车站机电工程 FAS 系统控制模块单机调试记录

调试车站名称：　　　　　　　　　　　　　　　　　　　　调试时间：

序号	调试项目	功能要求	检验结果	测试数量
1	控制模块测试	联动测试：通过火灾报警控制盘手动启动控制模块或者通过模拟火警联动控制模块，联动成功后火灾报警控制盘上显示相对应模块名称	□合格　□不合格	
		故障测试：通过火灾报警控制盘模拟或者现场摘取模块，联动模块应在火灾报警控制盘上显示故障	□合格　□不合格	
2	输入模块测试	输入测试：通过火灾报警控制盘模拟输入模块动作或者通过现场短接输入模块，输入模块应在火灾报警控制盘显示联动反馈或者状态	□合格　□不合格	
		故障测试：通过火灾报警控制盘模拟或者现场摘取模块，输入模块应在火灾报警控制盘上显示故障	□合格　□不合格	
3	隔离模块测试	动作测试：通过模拟回路信号线短路故障，短路隔离模块应动作，隔离模块后面设备应在火灾报警控制盘显示通信故障	□合格　□不合格	
		故障测试：通过火灾报警控制盘模拟或者现场摘取模块，隔离模块应在火灾报警控制盘上显示故障	□合格　□不合格	
调试结论：				
现场监理： 代表签字： 日期：	施工单位： 代表签字： 日期：	供 货 商： 代表签字： 日期：	设备监造： 代表签字： 日期：	

表 2-61　车站机电工程 FAS 系统工作站单机调试记录

调试车站名称：　　　　　　　　　　　　　　　　　　　　调试时间：

序号	调试项目	功能要求	检验结果	备　注
1	图形工作站测试	显示功能：图形工作站和火灾报警控制盘正确连接后，图形工作站应能显示报文信息；火灾报警控制盘发生火警后，图形工作站应能正确显示其报文信息，并在图形上显示其位置（与现场核实是否一致）	□合格　□不合格	
		故障功能：图形工作站和火灾报警控制盘失去连接后，火灾报警控制盘上显示连接故障	□合格　□不合格	
调试结论：				
现场监理： 代表签字： 日期：	施工单位： 代表签字： 日期：	供 货 商： 代表签字： 日期：	设备监造： 代表签字： 日期：	

二十四、FAS 与防火阀调试大纲

1. FAS 与防火阀调试步骤

调试步骤如下：

①双方设备单体调试完毕，并在正常状态下通电以准备调试。

②关闭防烟防火阀。

③检查 FAS 是否接收到该状态的反馈信息。

④检查 FAS 图形工作站软件上、接口对方设备状态与软件界面上所显示的状态是否相符。

2. FAS 与防火阀注意事项

注意事项如下：

①高空作业须注意人员安全措施。

②调试完成后须复位防烟防火阀。

3. FAS 与防火阀调试记录(见表 2-62)

表 2-62　车站机电工程 FAS 与防火阀接口测试

车站名称：　　　　　　　　　　　　　　　　调试时间：

序号	设备编号	设备名称	属性描述	FAS 图形显示（图形工作站软件）	设备状态与软件界面状态是否一致	备　注
1		防烟防火阀	关闭防烟防火阀	是否收到反馈信号		
调试结论：						
参与人员签名： FAS 供货商：　　　防烟防火阀供货商：　　　车站承包商： 现场监理：　　　设备监造商： 年　月　日						

二十五、FAS 与气灭调试步骤

1. FAS 与气灭调试项目

调试内容包括但不局限于以下几点：

①连接测试：FAS 控制盘和气灭控制盘通过 RS485 正确连接后，主机界面都应显示正常；断开连接后，FAS 控制盘和气体控制盘均应显示控制盘通信故障。

②信息显示测试：通过模拟各主机火警、故障等信息，气灭报警控制盘的所有信息应在 FAS 报警控制盘显示界面显示，而 FAS 报警信息不应在气灭报警控制盘显示界面显示。

③复位功能：气灭报警控制盘和 FAS 报警控制盘均应能复位气体区保护内探测器或者手报火警信息。

2. FAS 与气灭调试步骤

FAS 与自动灭火系统测试的调试步骤如下：

①用烟枪(香烟)模拟发生火警的烟雾，制造出一级报警信号(检查气体灭火系统控制盘的反应)。

②检查 FAS 控制盘的反应。

③用温枪(电吹风)模拟发生火警的高温,制造出二级报警信号(检查气体灭火系统控制盘的反应)。

④检查 FAS 控制盘的反应。

⑤检查气体灭火系统现场的声、光报警是否正确,报警指示是否正确。

⑥二级报警延时 30 s 后,检测气体灭火系统控制盘是否输出喷气信号;到气瓶间进行压力开关手动操作。

⑦检查 FAS 控制盘是否接收到气体释放信号。

⑧复位,试验转换手动/自动状态,检查气体灭火系统控制盘的反应。

⑨检查 FAS 盘是否接收到正确的状态信号。

⑩复位,制造任意一故障(如断开电池电源),检查气体灭火系统控制盘显示是否正确。

⑪检查 FAS 盘是否接收到正确的故障信号。

3. FAS 与气灭注意事项

注意事项如下:

①确认气灭系统接线正确。

②调试人员告知安装单位,所有与调试无关的人员立场,确认所有调试人员均已就位,关闭相应防火门,并在相应防火门处设立警示牌,防止测试时,任何人员开启防火门,进入测试区域。

③各设备专业人员对设备检查无问题的情况下,经专业人员同意才能对设备进行通电启动试机。

4. FAS 与气灭调试记录(见表 2-63 和表 2-64)

表 2-63 车站机电工程 FAS 与气灭主机接口测试

调试记录编号:

车站名称: 调试时间:

序号	调试项目	功能要求	检验结果	备 注
1	连接测试	FAS 控制盘和气灭控制盘通过 RS485 正确连接后,主机界面都应显示正常;断开连接后,FAS 控制盘和气体控制盘均应显示控制盘通信故障	□合格 □不合格	
2	信息显示测试	通过模拟各主机火警、故障等信息,气灭报警控制盘的所有信息应在 FAS 报警控制盘显示界面显示,而 FAS 报警信息不应在气灭报警控制盘显示界面显示	□合格 □不合格	
3	复位功能	气灭报警控制盘和 FAS 报警控制盘均应能复位气体区保护内探测器或者手报火警信息	□合格 □不合格	
调试结论:				
现场监理: 代表签字: 日期:	施工单位: 代表签字: 日期:	供 货 商: 代表签字: 日期:	设备监造: 代表签字: 日期:	

表 2-64 车站机电工程 FAS 与气灭信息接口测试

调试记录编号:

车站名称: 调试时间:

序号	保护区名称	检测内容	结 果	备 注
1		检测喷气电压信号		
		模拟释放信号		
		报告并记录现场情况		

续上表

序号	保护区名称	检测内容	结果	备注
2		检测喷气电压信号		
		模拟释放信号		
		报告并记录现场情况		
3		检测喷气电压信号		
		模拟释放信号		
		报告并记录现场情况		
4		检测喷气电压信号		
		模拟释放信号		
		报告并记录现场情况		
调试结论:1. 是否能正确收到喷气电压信号。(　　) 2. 是否能正确传送释放信号给 FAS。(　　)				
参与人员签名: 现场监理:　　施工单位:　　设备监造: FAS 供货商:　　气体灭火供货商:　　年　月　日				

二十六、FAS 与 IG541 调试内容

1. FAS 与 IG541 调试步骤

调试步骤如下:

①火灾报警灭火控制器、气体灭火控制盘检查并确认火灾报警灭火控制器、气体灭火控制盘无故障显示,显示正常,符合要求。

②感烟探测器:对智能感烟进行模拟火警,火灾报警灭火控制器上应有准确的报警位置信息显示。

③感温探测器:对感温探测器分别进行模拟火警,火灾报警灭火控制器上应有准确的报警位置信息显示。

④警铃:模拟火警信号,触发警铃响应发声,声音满足规范要求。

⑤声光报警器:模拟火警信号,触发声光报警器发出声、光报警信号。

⑥紧急释放装置:模拟火警信号,按下后指示灯亮,火灾报警灭火控制器上应有准确的动作信息显示。

⑦紧急止喷按钮:模拟火警信号,按下后指示灯亮,火灾报警灭火控制器上应有准确的动作信息显示。

⑧手动/自动转换开:转动或按下后指示灯亮,火灾报警灭火控制器上应有准确的动作信息显示。

⑨电磁阀:模拟火警信号,气体释放后电磁阀动作正常。

⑩选择阀/分区控制阀:模拟火警信号,气体释放后选择阀/分区控制阀动作正常。

⑪灭火剂释放反馈装置:模拟火警信号,气体释放后火灾报警灭火控制器上应有准确的动作信息显示。

⑫防火阀:模拟火警信号,防火阀动作正常。

⑬系统整体性能检测。

a. 一级报警:对智能感烟或感温探测器分别进行模拟火警,火灾报警灭火控制器上应有准确的报警位置信息显示,与此同时警铃开始动作,并提供给 FAS 系统的一级报警干接点信号应动作。

b. 二级报警及控制盘 30 s 延时。

➢ 对智能感烟探测器和智能温感探测器同时进行模拟火警,此时警铃、蜂鸣器及闪灯开始动作,同时提供给 FAS 系统的二级报警干接点信号应动作。

➢ 防火阀控制回路有电流信号输出(防火阀动作),系统延时 30 s 后,电磁阀电流输出回路应有 DC 24 V 电流输出(用 24 V 灯泡代替测试,放气时灯泡发亮)。

➢ 火灾报警灭火控制器应有气体释放信号显示。

➢ 在接收到压力开关的动作信号后,点亮气体释放灯并将释放信号提供给 FAS 系统。

c. 系统紧急停止测试:在系统延时阶段,按下紧急停止按钮,此时控制盘停止计时,系统暂停释放。如需继续释放,则需按下紧急启动按钮,系统即会释放。系统测试正常,符合要求。

d. 电气式手拉启动:在无火灾探测报警的情况下,拉下手拉启动器,此时控制盘经过延时,电磁阀输出回路有电压输出,蜂鸣器及闪灯动作,火灾报警灭火控制器应有气体释放信号显示。在接收到压力开关的动作信号后,点亮气体释放灯并将释放信号提供给 FAS 系统。防火阀控制回路有电流信号输出。测试系统正常,符合要求。

e. 手动/自动转换测试。

➢ 当火灾报警灭火控制器处于手动状态时,无论现场的气体灭火控制盘切换到何种状态,该火灾报警灭火控制器所控制的气体灭火控制盘都应处于手动状态。此时对智能探测器进行模拟火警,气体灭火控制盘应没有任何输出;此时拉下手拉启动器,灭火控制盘经过延时,电磁阀电流输出回路应有 DC 24 V 电流输出,蜂鸣器及闪灯动作。火灾报警灭火控制器应有气体释放信号显示。在接收到压力开关的动作信号后,点亮气体释放灯并将释放信号提供给 FAS 系统。防火阀控制回路有电流信号输出。测试系统正常,符合要求。

➢ 当火灾报警灭火控制器处于自动状态时,除现场处于手动状态的灭火控制盘外,其余灭火控制盘当探测器报警时应能完成上述的一级报警和二级报警的动作。

f. 模拟试验。

➢ 接通试验防护区钢瓶组的驱动钢瓶电磁阀,其电磁阀(用 24 V 灯泡代替)。

➢ 进行一级、二级报警测试:FAS 系统接收到一级、二级报警信号。

➢ 防护区防火阀或空调系统是否关闭。

➢ 在自动状态下控制启动钢瓶电磁阀(电磁阀用 24 V 灯泡代替,灯泡发亮)。

➢ 压力开关动作,FAS 系统接收到气体释放信号。

➢ 喷放后对系统进行检查、复位。

g. 相邻区域防火阀联动测试:当一气体保护分区发生火灾后,除本气体保护分区内的防火阀关闭外,相邻区域的防火阀也可以根据事先设定的程序进行关闭。

⑭DC 24 V 辅助电源箱。观察面板指示灯正常后,测量机内输出端口的输出电压是否正常(24 V)。如正常,依次断开主电,不断备电。断开备电,不断主电。观察各指示灯应相应点燃及报警音是否正常。每操作上述的一项后,按动静音开关,关闭报警音。再次操作后报警音应重响。但总故障灯应一直闪动,直到全部正常为止。

2. FAS 与 IG541 调试记录(见表 2-65 和表 2-66)

表 2-65 车站机电工程气体灭火系统输送管道调试记录

调试记录编号:
车站名称: 调试日期:

防护区名称				
序号	项　目	内　容	调试记录	备　注
1	强度试验	介质名称		
		压力	MPa	
		时间	min	
		调试结果	□合格　□不合格	
2	严密性试验	介质名称		
		压力	MPa	
		时间	min	
		调试结果	□合格　□不合格	
3	吹扫试验	介质名称		
		压力	MPa	
		时间	min	
		调试结果	□合格　□不合格	
调试结论:				
现场监理: 代表签字: 日期:		施工单位: 代表签字: 日期:	供 货 商: 代表签字: 日期:	

表 2-66 车站机电工程气体灭火系统调试记录

调试记录编号:
车站名称: 调试日期:

防护区名称				
序号	项　目	内　容	调试结果	备　注
1	火灾报警灭火控制器、气体灭火控制盘	检查并确认火灾报警灭火控制器、气体灭火控制盘无故障显示,显示正常,符合要求	□合格　□不合格	
2	感烟探测器	对智能感烟进行模拟火警,火灾报警灭火控制器上应有准确的报警位置信息显示	□合格　□不合格	
3	感温探测器	对感温探测器分别进行模拟火警,火灾报警灭火控制器上应有准确的报警位置信息显示	□合格　□不合格	
4	警铃	模拟火警信号,触发警铃响应发声,声音满足规范要求	□合格　□不合格	
5	声光报警器	模拟火警信号,触发声光报警器发出声、光报警信号	□合格　□不合格	
6	紧急释放装置	模拟火警信号,按下后指示灯亮,火灾报警灭火控制器上应有准确的动作信息显示	□合格　□不合格	
7	紧急止喷按钮	模拟火警信号,按下后指示灯亮,火灾报警灭火控制器上应有准确的动作信息显示	□合格　□不合格	
8	手动/自动转换开	转动或按下后指示灯亮,火灾报警灭火控制器上应有准确的动作信息显示	□合格　□不合格	
9	电磁阀	模拟火警信号,气体释放后电磁阀动作正常	□合格　□不合格	
10	选择阀/分区控制阀	模拟火警信号,气体释放后选择阀/分区控制阀动作正常	□合格　□不合格	

续上表

防护区名称				
序号	项　目	内　容	调试结果	备　注
11	灭火剂释放反馈装置	模拟火警信号,气体释放后火灾报警灭火控制器上应有准确的动作信息显示	□合格　□不合格	
12	防火阀	模拟火警信号,防火阀动作正常	□合格　□不合格	
13	系统整体性能检测		□合格　□不合格	
	一级报警	对智能感烟或感温探测器分别进行模拟火警,火灾报警灭火控制器上应有准确的报警位置信息显示,与此同时警铃开始动作,并提供给 FAS 系统的一级报警干接点信号应动作	□合格　□不合格	
	二级报警及控制盘 30 s 延时	对智能感烟探测器和智能温感探测器同时进行模拟火警,此时警铃、蜂鸣器及闪灯开始动作,同时提供给 FAS 系统的二级报警干接点信号应动作	□合格　□不合格	
		防火阀控制回路有电流信号输出(防火阀动作),系统延时 30 s 后,电磁阀电流输出回路应有 DC 24 V 电流输出(用 24 V 灯泡代替测试,放气时灯泡发亮)	□合格　□不合格	
		火灾报警灭火控制器应有气体释放信号显示	□合格　□不合格	
		在接收到压力开关的动作信号后,点亮气体释放灯并将释放信号提供给 FAS 系统	□合格　□不合格	
	系统紧急停止测试	在系统延时阶段,按下紧急停止按钮,此时控制盘停止计时,系统暂停释放。如需继续释放,则需按下紧急启动按钮,系统即会释放。系统测试正常,符合要求	□合格　□不合格	
	电气式手拉启动	在无火灾探测报警的情况下,拉下手拉启动器,此时控制盘经过延时,电磁阀输出回路有电压输出,蜂鸣器及闪灯动作,火灾报警灭火控制器应有气体释放信号显示。在接收到压力开关的动作信号后,点亮气体释放灯并将释放信号提供给 FAS 系统。防火阀控制回路有电流信号输出。测试系统正常,符合要求	□合格　□不合格	
	手动/自动转换测试	当火灾报警灭火控制器处于手动状态时,无论现场的气体灭火控制盘切换到何种状态,该火灾报警灭火控制器所控制的气体灭火控制盘都应处于手动状态。此时对智能探测器进行模拟火警,气体灭火控制盘应没有任何输出;此时拉下手拉启动器,此时灭火控制盘经过延时,电磁阀电流输出回路应有 DC 24 V 电流输出,蜂鸣器及闪灯动作。火灾报警灭火控制器应有气体释放信号显示。在接收到压力开关的动作信号后,点亮气体释放灯并将释放信号提供给 FAS 系统。防火阀控制回路有电流信号输出。测试系统正常,符合要求	□合格　□不合格	
		当火灾报警灭火控制器处于自动状态时,除现场处于手动状态的灭火控制盘外,其余灭火控制盘当探测器报警时应能完成上述的一级报警和二级报警的动作	□合格　□不合格	
	模拟试验	接通试验防护区钢瓶组的驱动钢瓶电磁阀,其电磁阀(用 24 V 灯泡代替)	□合格　□不合格	
		进行一级报警、二级报警测试:FAS 系统接收到一级、二级报警信号	□合格　□不合格	
		防护区防火阀或空调系统是否关闭	□合格　□不合格	
		在自动状态下控制启动钢瓶电磁阀(电磁阀用 24 V 灯泡代替,灯泡发亮)	□合格　□不合格	
		压力开关动作,FAS 系统接收到气体释放信号	□合格　□不合格	
		喷放后对系统进行检查、复位	□合格　□不合格	

续上表

序号	项　　目	内　　容	调试结果	备　　注
防护区名称				
13	相邻区域防火阀联动测试	当一气体保护分区发生火灾后，除本气体保护分区内的防火阀关闭外，相邻区域的防火阀也可以根据事先设定的程序进行关闭	□合格　□不合格	
14	DC 24 V 辅助电源箱	观察面板指示灯正常后，测量机内输出端口的输出电压是否正常(24 V)。如正常，依次断开主电，不断备电。断开备电，不断主电。观察各指示灯应相应点燃及报警音是否正常。每操作上述的一项后，按动静音开关，关闭报警音。再次操作后报警音应重响。但总故障灯应一直闪动，直到全部正常为止	□合格　□不合格	
调试结论：				
现场监理： 代表签字： 日期：	施工单位： 代表签字： 日期：	供 货 商： 代表签字： 日期：	设备监造： 代表签字： 日期：	

二十七、气体灭火与防烟防火阀调试

1. 气体灭火与防烟防火阀调试项目

气体自动灭火系统模拟喷气状态，控制盘送出 DC 24 V、0.5 A 的电源给相对应保护区的防烟防火阀，测试系统联动功能是否达到设计目的。

2. 气体灭火与防烟防火阀调试步骤

调试步骤如下：

①检查自动灭火系统、现场环控设备已全部置于测试位，发布开始测试命令。

②自动灭火系统现场控制盘按紧急启动模拟喷气。

③检查自动灭火控制盘防烟防火阀输出端子是否有 DC 24 V 输出。

④检查防烟防火阀是否全部动作，并报告自动灭火负责人。

⑤调试结束后，自动灭火及防烟防火阀都进行复位。

3. 气体灭火与防烟防火阀注意事项

注意事项如下：

①高空作业须注意人员安全措施。

②调试完成后须复位防烟防火阀。

4. 气体灭火与防烟防火阀调试记录(见表 2-67)

表 2-67　车站机电工程 FAS 与防火阀接口测试

车站名称：　　　　　　　　　　　　　　　　　　　　　　　　调试时间：

序号	设备编号	设备名称	属性描述	FAS 图形显示(图形工作站软件)	设备状态与软件界面状态是否一致	备　　注
1		防烟防火阀	关闭防烟防火阀	是否收到反馈信号		

续上表

<table>
<tr><td colspan="3">调试结论：</td></tr>
<tr><td>参与人员签名：
FAS 供货商：
现场监理：</td><td>
防烟防火阀供货商：
设备监造商：</td><td>
车站承包商：

年　月　日</td></tr>
</table>

二十八、PSCADA 与低压柜调试

1. PSCADA 与低压柜调试内容、步骤

PSCADA 的人工单体控制：

通过对低压配电柜进线、出线、馈线开关的人工单体控制及反馈信号调试，检测 PSCADA 系统接收低压配电柜相关信号情况，同时检测低压配电柜对 PSCADA 系统控制命令的响应情况。

单体控制调试步骤如下：

①检查 PSCADA 工作状态，保证系统显示的低压配电柜状态为实际的设备状态。

②低压配电柜人员检查并记录所有进线、出线、馈线回路状态，将 PSCADA 所控的回路断路器转换到远方状态。

③由 PSCADA 人员手动发送控制命令，并在工作站上观察设备的反馈信号。

④低压配电柜人员根据信息点表检查响应的开关柜同 PSCADA 调试计算机的反馈信号并记录。

⑤重复上述步骤，直到所有回路调试完毕。

2. PSCADA 与低压柜注意事项

调试前应注意以下事项：

①应确认参与调试的设备具备调试条件，并且设备已按调试要求处于相应状态。

②PSCADA 工作站操作员检查工作站上各设备的状态信息（运行/关闭、PSCADA/就地、故障报警），确认 PSCADA 工作正常。

3. PSCADA 与低压柜调试记录（见表 2-68 ~ 表 2-70）

表 2-68　车站机电工程 PSCADA 与低压配电柜调试记录

车站名称：　　　　　　　　　　　　　　　　　　　　调试时间：

序号	设备编号	设备描述	设备位置	点动控制				设备控制级别的反馈		备　注
				PSCADA 输出信号	PSCADA 反馈信号	照配室动作	现场动作	设备在 PSCADA 位时 PSCADA 的反馈	设备在就地位时 PSCADA 的反馈	
1										
2										
3										
4										
5										
6										
7										

续上表

序号	设备编号	设备描述	设备位置	点动控制				设备控制级别的反馈		备　注
				PSCADA 输出信号	PSCADA 反馈信号	照配室动作	现场动作	设备在 PSCADA 位时 PSCADA 的反馈	设备在就地位时 PSCADA 的反馈	
8										
9										
10										
11										
12										
13										
14										
15										
调试结论：										
参与人员签名： 低压柜供货商：　　PSCADA 供货商：　　车站承包商： 现场监理：　　设备监造商： 年　月　日										

表 2-69　车站机电工程 PSCADA 与照明系统模式控制调试记录

调试记录编号：

车站名称：　　　　　　　　　　　　　　　　　　　　　调试时间：

序号	模式号	模式名称	PSCADA 按照模式表要求正确地监控设备的启停	能否进行点动控制	备注
1					
2					
3					
4					
5					
6					
7					
8					
9					
10					
11					
12					
13					
14					
15					
16					
调试结论：					
参与人员签名： 低压柜供货商：　　PSCADA 供货商：　　车站承包商： 现场监理：　　设备监造商： 年　月　日					

表 2-70 车站机电工程 PSCADA 与智能照明系统调试记录

调试记录编号:

车站名称: 调试时间:

序号	设备名称	设备编号	设备位置	测试项目			测试内容	备 注
				分位	合位	故障	是否与 PSCADA 反馈信号状态一致	
1	PSCADA							
	智能照明							
2	PSCADA							
	智能照明							
3	PSCADA							
	智能照明							
4	PSCADA							
	智能照明							
调试结论:								
参与人员签名: 低压柜供货商: PSCADA 供货商: 车站承包商: 现场监理: 设备监造商: 年 月 日								

二十九、事故照明电源装置(EPS)系统调试

1. EPS 调试内容

①上机前的检验:介电强度的试验。

②电柜上电后,进行如下调试:主备电源转换检查;各支路负荷回路调试;逆变供电调试;报警功能调试;保护功能调试。

2. EPS 调试步骤

调试步骤如下:

①断开所有开关。

②给输入线路送电。

③测 NQF/RQF 空开上端电压,检查输入电压是否正常。

④正常值:标准线电压 380 V +38 V 或 380 V -57 V,线间电压应相等(323 ~420 V 范围内)。

⑤标准相电压 220 V +22 V 或送 220 V -33 V,三相电压应相等(187 ~240 V 范围内)。

注意:测相电压时,应测相线对零(N),不应测相线对地(PE)。

⑥进线电压正常后给机内上电。

⑦合上 NQF、RQF 空开,观察双电源控制器应显示额定电压,主备电源指示灯亮,一个合闸指示灯亮。

⑧合上 QS 开关,将手动旁路开关打至旁路位置 I,此时旁路指示灯亮,合上总负荷开关 QF2,逐步将各分支回路空开合上,检查负荷情况。

⑨应检查各支路负荷是否全部接上。有支路开关或灯位开关的回路,应将开关合上,防止所流电流不真实。

⑩负荷情况正常后，断开总负荷开关 QF2，将旁路开关打至位置 II，此时旁路指示灯熄灭。

⑪ 合上 QF1，观察显示状态，市电指示灯亮，KM1 吸合，市电供电指示灯亮(绿色)。

⑫合上 QF1、QF2，此时 1 号、2 号充电器将会上电，显示直流电压，逆变主机上电，人机界面上电将有显示，将熔断器 FUD11/FUD12(FUD13/FUD14)闭合，电池指示灯亮，此时将对电池进行充电。

⑬调试逆变功能。

⑭应急回路处于空载状态，断开 NQF、RQF 或 QF1 空开，主机开始应急输出；看人机界面显示输出电压是否正常。

⑮重新合上 NQF、RQF 或 QF1 空开，看人机界面显示是否正常。

⑯应急回路处于满载状态，再次断开 NQF、RQF 或 QF1 空开，主机开始应急输出；看输出电压、电流是否正常。

⑰重复步骤②，看人机界面显示是否正常。

3. EPS 调试注意事项

①下列情况不具备调试条件：

a. 进线不能送电，输入电压不对。

b. 出线没接负荷或只接部分负荷(经调查能确定剩余负荷时除外)。

c. 负荷超载或短路。

d. 负荷侧导线带电(包括各种状态反馈线和各种控制线的非控制状态带电)。

e. 零线没有经过应急电源柜配出，半路就近借零。

f. 控制线和各种状态反馈线电压等级与应急电源柜配置不符。

②对上述不具备调试条件的情况，卖方及项目管理方应及时同建设方联系，讲明情况，要求建设方组织各单位整改后再进行安装调试。

4. EPS 调试记录(见表 2-71)

表 2-71　车站机电工程低压动照系统事故应急电源调试记录

调试记录编号：

车站名称：　　　　　　　　　　　　　　　　　　　　　　调试日期：

<table>
<tr><td colspan="2">EPS 柜号</td><td colspan="2"></td><td>输出柜号</td><td colspan="2"></td><td>电池组号</td><td></td></tr>
<tr><td>测试步骤</td><td>检测项目</td><td colspan="2">检测内容</td><td>检测工具</td><td>测试方法</td><td>检测标准及要求</td><td>检测结果</td><td>备　注</td></tr>
<tr><td rowspan="4">1</td><td rowspan="4">基本功能测试</td><td colspan="2">输入电压</td><td>万用表</td><td>测量</td><td>AC (380 V ± 57 V)/(220 V ± 33 V)</td><td>__V,__V,__V</td><td></td></tr>
<tr><td colspan="2">检测蓄电池电压是否正常</td><td>万用表</td><td>测量</td><td>480 ~ 553.5 V 之间</td><td>__V</td><td></td></tr>
<tr><td colspan="2">蓄电池容量试验</td><td>蓄电池容量测试仪</td><td></td><td>蓄电池容量应达到额定容量的 80% 以上</td><td>额定容量为 100 AH 实测__AH；额定容量为 150 AH 实测__AH</td><td></td></tr>
<tr><td>双电源切换测试</td><td>①双回路进线电源切换(手动)</td><td></td><td>将双电源打到手动状态利用 EPS 操作屏，分别转换至主电状态或备电状态</td><td>两路交流进线手动切换功能正常，蓄电池始终处于浮充状态</td><td>断主电备电合，主电恢复后仍处备电；断备电主电合，备电恢复后仍处主电</td><td></td></tr>
</table>

续上表

测试步骤	检测项目	检测内容		检测工具	测试方法	检测标准及要求	检测结果	备　注
1	基本功能测试	双电源切换测试	②双回路进线电源切换（自动）		将双电源打到自动状态分别切断主电、备电断路器，观察工作状态	两路交流进线自动切换功能正常，蓄电池始终处于浮充状态	断主电备电合，主电恢复后自动转至备电；断备电主电合	
		市电与逆变器供电切换测试	①双回路进线电源均停电		同时切断主电及备电，观察 EPS 是否转入应急状态	市电与逆变器供电切换功能正常，蓄电池自动切换处于供电状态	转入应急逆变供电状态	
			②停电大约1分钟后再送主（备）		送主电或备电均应自动转入市电工作状态	市电与逆变器供电切换功能正常，蓄电池自动切换处于	主（备）电恢复后蓄电池自动转回浮充状态	
		输出电压（应急时）：		万用表	测量	AC（380 V±19 V）/（220 V±11 V）	__V，__V，__ V	
2	充放电试验	充电模块热插拔		钳形电流表、万用表、示波器	分别热插拔1#，2#充电模块	热插拔后均能正常充电	热插拔后均能正常充电	
		充电装置稳压精度			分别测量1#，2#充电模块充电电压	应与设定值≤±1%	1# 2#	
		充电装置稳流精度			分别测量1#，2#充电模块充电电流	应与设定值≤±1%	1# 2#	
		充电装置纹波系数			测量	<1%		
		过载能力（120%）			测量	>1 h		
		检测应急供电时间			额定负荷时测量	不少于90 min		
3	自动保护功能	输出电流过大			操作	合同条款要求	保护正常	
		蓄电池过欠压			操作	合同条款要求	>__V 充电停止，<__V 放电保护	
		全部掉电后保存参数功能			操作	10次以上装置运行和蓄电池参数		
		母线异常时报警			操作	合同条款要求	LCD 显示及报警	
		逆变器故障时报警			操作	合同条款要求	LCD 显示及报警	
		检修、旁路静态开关合上，供电持续时报警			操作	合同条款要求	检修红灯亮（检修状态不设声音报警）	
		通风风扇故障时报警			操作	合同条款要求	正常	
		检测单体电池的端电压			操作	合同条款要求	LCD 显示及报警	
		检测单体电池的内阻			操作	合同条款要求	LCD 显示内阻值	
		蓄电池超温			操作	合同条款要求	LCD 显示及报警	
调试结论：								
现场监理： 代表签字： 日期：			施工单位： 代表签字： 日期：			供 货 商： 代表签字： 日期：	设备监造： 代表签字： 日期：	

三十、综合监控单机调试

1. 综合监控单机调试项目

调试内容包括但不局限于以下几点：

①ISCS 硬件运行状态检查。

②ISCS 软件功能调试。

③IBP 盘调试。

④大屏幕系统调试。

2. 综合监控单机调试步骤

①ISCS 硬件运行状态检查：主要测试服务器、操作员工作站、交换机、FEP 等设备运行状态检查。

②ISCS 软件功能调试：主要包括软件授权检查、控制功能、监视功能、报警功能、趋势分析、权限管理、系统性能等功能调试。

③IBP 盘调试：主要包括信号系统、隧道通风、车站环控、自动售检票系统、门禁系统、自动扶梯、站台门、区间水泵、消防水泵等功能调试。

④大屏幕系统调试：主要包括大屏幕显示系统运行及行调、电调、环调调度员要求的功能。

3. 综合监控单机调试记录(见表 2-72 ~ 表 2-78)

表 2-72　车站机电工程综合监控系统功能线路测试记录表

调试记录编号：

调试车站名称：　　　　　　　　　　　　　　　　　　调试时间：

调试步骤		结　果	备　注
1	检查工控机、服务器、FEP 至交换机的所有网线是否连接正确	□合格　□不合格	
2	检查工控机、服务器、FEP 的 IP 地址是否正确	□合格　□不合格	
3	检查工控机至服务器、FEP 的网络是否正常(包括主、备设备)	□合格　□不合格	
4	检查服务器至工控机、FEP 的网络是否正常(包括主、备设备)	□合格　□不合格	
5	启动工控机的综合监控软件，检查服务器与工作站的数据通信是否正常	□合格　□不合格	
6	检查工控机 HMI、用户配置等软件配置是否正确	□合格　□不合格	
调试结论：			
现场监理： 代表签字： 日期：	施工单位： 代表签字： 日期：	供 货 商： 代表签字： 日期：	设备监造： 代表签字： 日期：

表 2-73　车站机电工程综合监控系统服务器测试记录表

调试记录编号：

调试车站名称：　　　　　　　　　　　　　　　　　　调试时间：

设备编号		安装位置	
调试步骤		结　果	备　注
1	将电源线、视频线、光纤连接好	□合格　□不合格	
2	接通 220 V 电源，检查服务器、磁盘整列所有显示灯是否正常	□合格　□不合格	
3	服务器开机，检查风扇、硬盘显示灯是否正常	□合格　□不合格	

续上表

设备编号		安装位置		
调试步骤			结　果	备　注
4	通过 KVM 切换，在显示器上检查服务器是否已经正常启动		□合格　□不合格	
5	检查服务器是否可以识别到磁盘整列		□合格　□不合格	
6	检查服务器是否已安装最新版本的综合监控软件		□合格　□不合格	
7	检查服务器数据库以及各种服务是否已全部启动		□合格　□不合格	
调试结论：				
现场监理： 代表签字： 日期：	施工单位： 代表签字： 日期：	供 货 商： 代表签字： 日期：	设备监造： 代表签字： 日期：	

表 2-74　车站机电工程综合监控系统 FEP 测试记录表

调试记录编号：
车站名称：　　　　　　　　　　　　　　　　　　　　调试时间：

设备编号		安装位置		
调试步骤			结　果	备　注
1	连接 FEP 电源线		□合格　□不合格	
2	接通电源，检查 FEP 所有显示灯是否正常		□合格　□不合格	
3	检查 FEP 网络地址是否正确		□合格　□不合格	
4	检查 FEP 程序版本及配置是否正确		□合格　□不合格	
调试结论：				
现场监理： 代表签字： 日期：	施工单位： 代表签字： 日期：	供 货 商： 代表签字： 日期：	设备监造： 代表签字： 日期：	

表 2-75　车站机电工程综合监控系统交换机测试记录表

调试记录编号：
车站名称：　　　　　　　　　　　　　　　　　　　　调试时间：

设备编号		安装地点		
调试步骤			结　果	备　注
1	将电源线连接好		□合格　□不合格	
2	接通电源，检查检查所有显示灯是否正常		□合格　□不合格	
3	检查交换机 VLAN 划分、IP 是否正确		□合格　□不合格	
调试结论：				
现场监理： 代表签字： 日期：	施工单位： 代表签字： 日期：	供 货 商： 代表签字： 日期：	设备监造： 代表签字： 日期：	

表 2-76　车站机电工程综合监控系统 UPS 测试记录表

调试记录编号：
车站名称：　　　　　　　　　　　　　　　　　　　　　　调试时间：

设备编号		安装地点		
调试步骤			结　果	备　注
1	将电源线连接好		□合格　□不合格	
2	接通电源，检查检查所有显示灯是否正常		□合格　□不合格	
3	UPS 通市电，带额定负荷，输出电压参数符合设计和产品技术要求		□合格　□不合格	
4	UPS 断开市电，UPS 能在线带额定负荷，输出电压参数、供电时间符合设计和产品技术要求		□合格　□不合格	
调试结论：				
现场监理： 代表签字： 日期：	施工单位： 代表签字： 日期：	供 货 商： 代表签字： 日期：	设备监造： 代表签字： 日期：	

表 2-77　车站机电工程综合监控系统 IBP 测试记录表

调试记录编号：
车站名称：　　　　　　　　　　　　　　　　　　　　　　调试时间：

设备编号			
调试步骤		结　果	备　注
1	产品外观检查	□合格　□不合格	
2	绝缘电阻符合要求	□合格　□不合格	
3	接通电源，按钮自检灯检查所有显示灯是否正常	□合格　□不合格	
调试结论：			
现场监理： 代表签字： 日期：	施工单位： 代表签字： 日期：	供 货 商： 代表签字： 日期：	设备监造： 代表签字： 日期：

表 2-78　车站机电工程综合监控系统工控机测试记录表

调试记录编号：
车站名称：　　　　　　　　　　　　　　　　　　　　　　调试时间：

设备编号		安装地点		
调试步骤			结　果	备　注
1	连接工控机、显示器电源线和视频线，将音响连接好		□合格　□不合格	
2	接通 220 V 电源，检查工控机、显示器显示灯是否正常		□合格　□不合格	
3	工控机开机，检查启动是否正常		□合格　□不合格	
4	将工控机设置为双屏显示		□合格　□不合格	
5	检查音响是否正常		□合格　□不合格	
6	启动综合监控软件		□合格　□不合格	
7	检查综合监控的 HMI		□合格　□不合格	
调试结论：				
现场监理： 代表签字： 日期：	施工单位： 代表签字： 日期：	供 货 商： 代表签字： 日期：	设备监造： 代表签字： 日期：	

三十一、综合监控和 ACS 调试

1. 综合监控和 ACS 调试项目

调试内容包括但不局限于以下几点：

①通信协议测试：ISCS 与 ACS 接口协议测试包含所有命令和数据的格式、收发的机制。

②监控功能测试：包含设备运行状态监视功能、设备报警监视功能、控制功能的测试。

③对时功能测试：ISCS 向 ACS 提供标准时间信息的测试。

④接口冗余测试：ISCS 与 ACS 主备接口冗余切换测试。

⑤接口性能测试：ISCS 与 ACS 接口数据传输性能的测试。

⑥网络故障恢复测试：ISCS 与 ACS 接口故障诊断与恢复功能测试。

2. 综合监控和 ACS 调试步骤

(1)ISCS 操作界面准备

调试人员登录并切换到 ACS 控制相应画面。所有结果正确，则进行下一步。

(2)ACS 状态监视

运营配合调试人员根据选定门禁的运营状况，在 HMI 的操作界面上及时反映相关的信息。根据 HMI 界面上的门禁设备布局图准确显示设备报警、故障点。

3. 综合监控和 ACS 调试调试记录(见表 2-79)

表 2-79 ISCS-ACS 接口调试记录

功　能	联调内容和要求	相关系统	结　果	备　注
ISCS 监测车站 ACS 设备联调	ISCS 画面准备			
	ISCS 可以正常登录并切换到相应画面	ISCS	□合格　□不合格	
	ISCS 正常显示 ACS 状态	ACS	□合格　□不合格	
	ISCS 正常显示 ACS 设备布置点	ACS	□合格　□不合格	
	ISCS 监控 ACS 系统状态			
	接收 ACS 状态及报警信号，并在 ISCS 中进行状态显示和报警	ISCS ACS	□合格　□不合格	
	ISCS 对 ACS 进行控制，现场设备能够进行正确响应	ISCS ACS	□合格　□不合格	
调试结论：				
现场监理： 代表签字： 日期：	施工单位： 代表签字： 日期：	供 货 商： 代表签字： 日期：	设备监造： 代表签字： 日期：	

三十二、综合监控与 BAS 调试

1. 综合监控与 BAS 调试项目

调试内容包括但不局限于以下几点：

①通信协议测试：ISCS 与 BAS 接口协议测试包含所有命令和数据的格式、收发机制等。

②操作权限测试：设备就地/远方操作权限切换测试。

③监控功能测试:包含设备运营状态监视功能、设备报警监视功能、操作优先级功能、设备单控功能、模块控制功能、时间表等功能的测试。

④对时功能测试:ISCS 向 BAS 提供标准时间信息的测试。

⑤接口冗余测试:ISCS 与 BAS 主备接口冗余切换测试。

⑥接口性能测试:ISCS 与 BAS 接口数据传输性能的测试。

⑦网络故障恢复测试:ISCS 与 BAS 接口故障诊断与恢复功能测试。

2. 综合监控与 BAS 调试步骤

(1)ISCS 操作界面准备

ISCS 中央级、车站级工作站登录并切换到相应画面。中央打开 BAS 系统车站界面。BAS 设备图形状态和故障信息与实际一致,BAS 报警列表信息与实际一致。

(2)ISCA 监控全线隧道通风系统

运营小组对区域内的射流风机、隧道风机进行监控,查看对应设备的信息并在权限允许的情况下对其进行控制,同时可监控隧道通风模式。

环控调试人员从车站现场观察设备状态是否正确。

(3)隧道通风模式控制

运营小组对区域内所有区段选择通风模式。

环控调试人员从车站现场观察设备状态是否正确。

(4)车站大系统监控模式

运营小组在 HMI 上查看车站大系统模式,更改当前模式,查看大系统设备状态。

环控调试人员从车站现场观察设备状态是否正确。

(5)车站小系统监控模式

运营小组在 HMI 上查看车站小系统模式,更改当前模式,查看小系统设备状态。

环控调试人员从车站现场观察设备状态是否正确。

(6)车站隧道通风监控模式

运营小组在 HMI 上查看车站隧道通风模式,更改当前模式,查看隧道通风设备状态。

环控调试人员从车站现场观察设备状态是否正确。

(7)监控车站大系统

运营小组在 HMI 上查看车站大系统设备故障报警和操作信息、设备分布图和设备状态,对单个设备进行启停操作,可以对单个设备标签设置设备禁用。

环控调试人员从车站现场观察设备状态是否正确。

(8)监控车站隧道通风系统

运营小组在 HMI 上查看车站隧道风机系统设备故障报警和操作信息、设备分布图和设备状态,对单个设备进行启停操作,可以对单个设备标签设置设备禁用。

环控调试人员从车站现场观察设备状态是否正确。

(9)监控车站小系统

运营小组在 HMI 上查看车站小系统设备故障报警和操作信息、设备分布图和设备状态,对单个设备进行启停操作,可以对单个设备标签设置设备禁用。

环控调试人员从车站现场观察设备状态是否正确。

(10)监控车站空调水系统

运营小组在 HMI 上查看车站空调水系统设备故障报警、设备分布图和设备状态,对系统启停控制。

环控调试人员从车站现场观察设备状态是否正确。

(11)监视车站电扶梯

运营小组在 HMI 上查看车站电扶梯设备状态,查看车站电梯设备故障报警信息,查看车站自动扶梯设备故障报警信息。

环控调试人员从车站现场观察设备状态是否正确。

(12)监控车站智能照明

运营小组在 HMI 上查看车站智能照明设备状态信息。

环控调试人员从车站现场观察设备状态是否正确。

(13)监控车站广告灯箱

运营小组在 HMI 上查看车站广告照明、灯饰照明设备状态,对单个设备进行开关设定,对单个设备标签设置设备禁用。

环控调试人员从车站现场观察设备状态是否正确。

(14)监视车站 EPS 系统

运营小组在 HMI 上查看车站 EPS 设备状态。

环控调试人员从车站现场观察设备状态是否正确。

(15)监视车站给排水系统

运营小组在 HMI 上查看车站给排水系统设备状态、故障报警信息、查看给排水系统的动态和静态信息。

环控调试人员从车站现场观察设备状态是否正确。

(16)监视车站温湿度、二氧化碳传感器

运营小组在 HMI 上查看车站传感器温湿度、二氧化碳信息。

环控调试人员从车站现场观察设备状态是否正确。

(17)监控车站智能低压系统

运营小组在 HMI 上查看车站智能低压系统设备状态、故障报警信息、查看智能低压系统的动态和静态信息。

环控调试人员从车站现场观察设备状态是否正确。

(18)监视车站 BAS 系统图

运营小组在 HMI 上可以监视 PLC、总线及其模块状态。

环控调试人员从车站现场观察设备状态是否正确。

(19)车站环控参数设定

运营小组在 HMI 上对车站的大系统、小系统、隧道通风系统设备进行设备单控,对车站的大系统、小系统、隧道通风系统进行“手动控制”“时间表控制”模式切换;车站值班员在 HMI 上查询相关参数。

环控调试人员从车站现场观察设备状态是否正确。

(20)中心 ISCS 对车站 BAS 系统操作场所切换

运营小组在中央工作站下发控制权限给车站工作站、中央工作站从车站工作站回收控制权限;中央调度员在所有 ISCS 工作站上观察设备状态是否正确。

环控调试人员从车站现场观察设备状态与中央 ISCS 的 HMI 上显示是否一致。

(21)监控时间表查询

运营小组在 HMI 上查看车站环控自动时间表,设置车站环控自动时间表,包括新增、修改、删除、激活、禁止、手动执行时间表,对车站环控半自动时间表进行确认和取消。

环控调试人员从车站现场观察设备状态是否正确。

(22)恢复正常状态

运营小组在 HMI 上恢复所有设备至正常状态,并通过画面监视所有 BAS 设备恢复至正常状态。

环控调试人员从车站现场观察 BAS 设备是否全部恢复到正常状态。

3. 综合监控与 BAS 调试记录(见表 2-80)

表 2-80 ISCS-BAS 接口调试记录

序号	联调内容和要求	相关系统	结　果	备　注
1	ISCS 操作界面准备			
	ISCS 可以正常登录并切换到相应画面	ISCS	□合格 □不合格	
	ISCS 正常显示 BAS 设备状态	ISCS、BAS	□合格 □不合格	
	ISCS 工作站 BAS 设备图形状态和故障信息与实际一致	ISCS、BAS	□合格 □不合格	
	ISCS 工作站 BAS 报警列表信息与实际一致	ISCS、BAS	□合格 □不合格	
2	ISCS 监控全线隧道通风系统			
	可以监视全线射流风机、隧道风机设备状态,与实际状态一致	ISCS、BAS	□合格 □不合格	
	可以控制全线射流风机、隧道风机	ISCS、BAS	□合格 □不合格	
	可以监控全线隧道模式,且与实际状态一致	ISCS、BAS	□合格 □不合格	
3	ISCS 对全线隧道通风模式控制			
	对全线所有区段选择通风模式,现场设备实际状态与中心显示一致	ISCS、BAS	□合格 □不合格	
4	ISCS 监控车站大系统模式			
	可以查看车站大系统模式、大系统的设备状态	ISCS、BAS	□合格 □不合格	
	在正常工况下可以更改车站大系统环控模式	ISCS、BAS	□合格 □不合格	
	在火灾工况下可以更改车站大系统环控模式	ISCS、BAS	□合格 □不合格	
5	ISCS 监控车站隧道通风系统模式			
	可以查看车站隧道通风系统模式、系统的设备状态	ISCS、BAS	□合格 □不合格	
	在正常工况下可以更改早晚通风模式	ISCS、BAS	□合格 □不合格	
	在阻塞工况下可以选择对应模式	ISCS、BAS	□合格 □不合格	
	在火灾工况下可以选择对应模式	ISCS、BAS	□合格 □不合格	
6	ISCS 监控车站小系统模式			
	可以查看车站小系统模式、系统的设备状态	ISCS、BAS	□合格 □不合格	
	在正常工况下可以更改车站小系统 A 端当前模式	ISCS、BAS	□合格 □不合格	
	在火灾工况下可以更改车站小系统 A 端当前模式	ISCS、BAS	□合格 □不合格	
	在正常工况下可以更改车站小系统 B 端当前模式	ISCS、BAS	□合格 □不合格	
	在火灾工况下可以更改车站小系统 B 端当前模式	ISCS、BAS	□合格 □不合格	
7	ISCS 监控车站大系统			
	可以查看车站大系统设备故障报警和操作信息	ISCS、BAS	□合格 □不合格	
	可以查看车站大系统设备分布图和设备状态	ISCS、BAS	□合格 □不合格	
	可以对单个设备进行启停设定	ISCS、BAS	□合格 □不合格	
	可以对单个设备标签设置设备禁用	ISCS、BAS	□合格 □不合格	

续上表

序号	联调内容和要求	相关系统	结　果	备　注
8	ISCS 监控车站隧道通风系统			
	可以查看车站隧道通风系统设备故障报警和操作信息	ISCS、BAS	□合格　□不合格	
	可以查看车站隧道通风设备分布图和设备状态	ISCS、BAS	□合格　□不合格	
	可以对单个设备进行启停设定	ISCS、BAS	□合格　□不合格	
	可以对单个设备标签设置设备禁用	ISCS、BAS	□合格　□不合格	
9	ISCS 监控车站小系统			
	可以查看车站小系统设备故障报警和操作信息	ISCS、BAS	□合格　□不合格	
	可以查看车站小系统设备分布图和设备状态	ISCS、BAS	□合格　□不合格	
	可以对单个设备进行启停设定	ISCS、BAS	□合格　□不合格	
	可以对单个设备标签设置设备禁用	ISCS、BAS	□合格　□不合格	
10	ISCS 监控车站空调群控系统			
	可以查看车站空调群控系统设备故障报警信息	ISCS、BAS	□合格　□不合格	
	可以查看空调群控系统设备分布图和设备状态	ISCS、BAS	□合格　□不合格	
	可以对空调群控系统进行启停控制	ISCS、BAS	□合格　□不合格	
	可以对大系统和小系统的空调机组管道的二通阀进行启停控制	ISCS、BAS	□合格　□不合格	
	可以对单个设备(电动二通阀)标签设置设备禁用	ISCS、BAS	□合格　□不合格	
11	ISCS 监控车站电扶梯系统			
	可以查看车站电梯设备故障报警信息	ISCS、BAS	□合格　□不合格	
	可以查看车站电梯设备状态	ISCS、BAS	□合格　□不合格	
	可以查看车站自动扶梯设备故障报警信息	ISCS、BAS	□合格　□不合格	
	可以查看车站自动扶梯设备状态	ISCS、BAS	□合格　□不合格	
12	ISCS 监控车站智能照明系统			
	可以查看车站智能照明设备状态信息	ISCS、BAS	□合格　□不合格	
13	ISCS 监控车站广告照明、灯饰照明			
	可以查看车站广告照明、灯饰照明设备状态	ISCS、BAS	□合格　□不合格	
	可以对单个设备进行开关控制	ISCS、BAS	□合格　□不合格	
	可以对单个设备标签设置设备禁用	ISCS、BAS	□合格　□不合格	
14	ISCS 监控车站应急照明电源(EPS)系统			
	可以查看查看车站 EPS 系统设备状态	ISCS、BAS	□合格　□不合格	
15	ISCS 监控车站给排水系统			
	可以查看车站给排水系统设备状态	ISCS、BAS	□合格　□不合格	
	可以查看设备故障报警信息	ISCS、BAS	□合格　□不合格	
	可以查看给排水系统的动态和静态信息	ISCS、BAS	□合格　□不合格	
16	ISCS 监控车站温湿度、二氧化碳传感器			
	可以查看车站温湿度、二氧化碳传感器设备状态	ISCS、BAS	□合格　□不合格	
17	ISCS 监控车站风机震动监测传感器			
	可以查看车站风机震动监测传感器设备状态	ISCS、BAS	□合格　□不合格	
18	ISCS 监控车站风机轴温传感器			
	可以查看车站风机轴温设备状态	ISCS、BAS	□合格　□不合格	
19	ISCS 监视车站 BAS 系统图			
	可以监视 PLC、总线及其模块设备状态	ISCS、BAS	□合格　□不合格	

续上表

序号	联调内容和要求	相关系统	结　果	备　注
20	ISCS 对车站进行环控参数设定			
	可对车站的大系统、小系统、隧道通风系统设备执行设备单控	ISCS、BAS	□合格　□不合格	
	可对车站的大系统、小系统、隧道通风系统进行模式控制方式切换	ISCS、BAS	□合格　□不合格	
21	ISCS 对车站 BAS 系统操作场所切换			
	中央工作站能够下发控制权限给车站工作站	ISCS、BAS	□合格　□不合格	
	中央工作站能够从车站工作站回收控制权限	ISCS、BAS	□合格　□不合格	
22	ISCS 查看环控时间表			
	可以查看车站环控自动时间表	ISCS、BAS	□合格　□不合格	
	可以设置车站环控自动时间表，包括新增、修改、删除、激活、禁止、手动执行时刻表	ISCS、BAS	□合格　□不合格	
	可以对车站环控半自动时间表进行确认和取消	ISCS、BAS	□合格　□不合格	
23	恢复所有设备至正常状态			
	中心 HMI 上显示所有设备状态恢复正常	ISCS	□合格　□不合格	
	车站现场设备恢复正常	BAS	□合格　□不合格	
调试结论：				

现场监理： 代表签字： 日期：	施工单位： 代表签字： 日期：	供 货 商： 代表签字： 日期：	设备监造： 代表签字： 日期：

三十三、综合监控和 FAS 调试

1. 综合监控和 FAS 调试项目

①通信协议测试：ISCS 与 FAS、ISCS 与温感光纤主机接口协议测试包含所有命令和数据的格式、收发机制等。

②监控功能测试：包含设备运营状态监视功能、设备报警监视功能、温感光纤温度监视功能。

③对时功能测试：ISCS 向 FAS 提供标准时间信息的测试。

④接口冗余测试：ISCS 与 FAS、ISCS 与温感光纤主机主备接口冗余切换测试。

⑤接口性能测试：ISCS 与 FAS、ISCS 与温感光纤主机接口数据传输性能的测试。

⑥网络故障恢复测试：ISCS 与 FAS、ISCS 与温感光纤主机接口故障诊断与恢复功能测试。

2. 综合监控和 FAS 调试步骤

(1)中央及车站操作界面准备

ISCS 中央级、车站级工作站登录并切换到相应画面。

车站打开 FAS 系统车站界面。

FAS 设备图形状态和故障信息与实际一致。

FAS 报警列表信息与实际一致。

所有设备状态正确，则进行下一步。

(2)ISCS 监视烟感探测器状态

运营配合调试人员通过中央、车站 ISCS 画面监视烟感探测器状态、对应防烟分区是否正确。

FAS 调试人员从车站 FAS 主机观察烟感探测器状态是否正确。

(3)ISCS 监视温感探测器状态

运营配合调试人员通过中央、车站 ISCS 画面监视温感探测器状态、对应防烟分区是否正确。

FAS 调试人员从车站 FAS 主机观察烟温感探测器状态是否正确。

(4)ISCS 监视手动报警按钮状态

运营配合调试人员通过中央、车站 ISCS 画面监视手动报警按钮状态。

FAS 调试人员从车站 FAS 主机观察手动报警按钮状态是否正确。

(5)ISCS 监视 FAS 主机状态

运营配合调试人员通过中央、车站 ISCS 画面监视 FAS 主机状态是否正确。

FAS 调试人员从车站 FAS 主机观察 FAS 主机状态是否正确。

(6)ISCS 监视 FAS 模块箱状态

运营配合调试人员通过中央、车站 ISCS 的 FAS 网络图画面监视 FAS 系统模块箱中模块状态是否正确。

FAS 调试人员从车站 FAS 主机观察 FAS 系统模块箱状态是否正确。

(7)ISCS 监视 FAS 其他设备(非消防电源、消火栓、警铃等)状态

运营配合调试人员通过中央、车站 ISCS 画面监视 FAS 其他设备(非消防电源、消火栓、警铃等)状态是否正确。

FAS 调试人员从车站 FAS 主机观察 FAS 其他设备(非消防电源、消火栓、警铃等)状态是否正确。

3. 综合监控与 FAS 调试记录(见表 2-81)

表 2-81　ISCS-FAS 接口调试记录

功　能	序号	联调内容和要求	相关系统	结　果	备　注
中心及车站 ISCS 对 FAS 的联调	1	中心及车站 ISCS 画面准备			
		中心及车站可以正常登录并切换到相应画面	ISCS	□合格　□不合格	
		ISCS 正常显示 FAS 设备状态	ISCS、FAS	□合格　□不合格	
		ISCS 工作站 FAS 设备图形状态和故障信息与实际一致	ISCS、FAS	□合格　□不合格	
		ISCS 工作站 FAS 报警列表信息与实际一致	ISCS、FAS	□合格　□不合格	
	2	验证烟感探测器状态是否正常显示			
		ISCS 画面正常显示感烟探测器状态	ISCS	□合格　□不合格	
		车站 FAS 主机正常显示感烟探测器状态	FAS	□合格　□不合格	
	3	验证温感探测器状态是否正常显示			
		ISCS 画面正常显示感温探测器状态	ISCS	□合格　□不合格	
		车站 FAS 主机正常显示感温探测器状态	FAS	□合格　□不合格	
	4	验证智能监视控制模块状态是否正常显示			
		ISCS 画面正常显示智能监视控制模块所连接设备的状态	ISCS	□合格　□不合格	
		车站 FAS 主机正常显示智能监视控制模块动作状态	FAS	□合格　□不合格	
	5	验证手动报警按钮状态是否正常显示			
		ISCS 画面正常显示手动报警按钮状态	ISCS	□合格　□不合格	
		车站 FAS 主机正常显示手动报警按钮状态	FAS	□合格　□不合格	

续上表

功　能	序号	联调内容和要求	相关系统	结　果	备　注
中心及车站 ISCS 对 FAS 的联调	6	验证 FAS 主机状态是否正常显示			
		ISCS 画面正常显示、操作 FAS 主机状态	ISCS	□合格　□不合格	
		车站 FAS 主机正常显示 FAS 主机状态	FAS	□合格　□不合格	
	7	验证 FAS 模块箱状态是否正常显示			
		ISCS 画面正常显示 FAS 模块箱状态	ISCS	□合格　□不合格	
		车站 FAS 主机正常显示 FAS 模块箱状态	FAS	□合格　□不合格	
	8	验证 ISCS 监视 FAS 其他设备(非消防电源、消火栓、警铃等)状态			
		ISCS 画面正常显示 FAS 其他设备(非消防电源、消火栓、警铃等)状态	ISCS	□合格　□不合格	
		车站 FAS 主机正常显示 FAS 其他设备(非消防电源、消火栓、警铃等)状态	FAS	□合格　□不合格	
调试结论：					
现场监理： 代表签字： 日期：	施工单位： 代表签字： 日期：	供 货 商： 代表签字： 日期：	设备监造： 代表签字： 日期：		

三十四、综合监控与 PSD

1. 综合监控与 PSD 调试步骤

(1)门体状态对点测试

门体状态主要包含对滑动门、应急门、端门的对点测试。

(2)PSL 状态对点测试

PSL 对点测试主要包括 PSL 使能状态、开关门命令、互锁解锁状态的测试。

(3)设备房设备对点测试

设备房设备对点测试主要包括 PEDC、UPS 各命令及故障点。

(4)IBP 对点测试

①IBP 对点测试主要进行 IBP 开门命令测试。

②IBP 开关门命令测试：通过使 IBP 钥匙打开上行/下行全部滑动门，确认门体状态后通过 PSL 关门命令将门关闭。

(5)资料整理

带权限联调完成后，对各站屏蔽门联调总结表中记录的问题进行梳理，将通用问题归类，通过技术分析、设备维修等手段恢复设备功能，并将处理方法进行记录。

(6)复测

①待全部门体整改完成后，可进行联调复测，通过复测将存在的问题的状态进行二次测试，保证每个状态点均能正确上传至综合监控系统。

②复测全部通过后，可认为屏蔽门设备与综合监控系统完成联调工作。

2. 综合监控与 PSD 调试注意事项

①确定滑动门，应急门、端门状态是否正常。

②确保接线正常,无接错现象。

③确保用电安全。

3. 综合监控与 PSD 调试记录(见表 2-82)

表 2-82 综合监控与 PSD 调试记录

设备类型	设备描述/数据点描述	中央/车站/车辆段	数据点类型	数值	数值说明	状态确认
ASD	滑动门					
	门开状态	O/S	DI	0-1	0 = 未定义/1 = 开到位	
	门关状态	O/S	DI	0-1	0 = 未定义/1 = 关到位	
	门开关状态	O/S	VDDI	0-3	0 = 未定义/1 = 开到位/2 = 关到位/3 = 未定义	
	手动开模式	O/S	DI	0-1	0 = 未定义/1 = 手动开	
	手动关模式	O/S	DI	0-1	0 = 未定义/1 = 手动关	
	隔离模式	O/S	DI	0-1	0 = 未定义/1 = 隔离	
	自动模式	O/S	DI	0-1	0 = 未定义/1 = 自动	
	手动解锁	O/S	DI	0-1	0 = 正常/1 = 报警	
	开门故障	O/S	DI	0-1	0 = 恢复/1 = 报警	
	关门故障	O/S	DI	0-1	0 = 恢复/1 = 报警	
	开门障碍物遇阻	O/S	DI	0-1	0 = 恢复/1 = 报警	
	关门障碍物遇阻	O/S	DI	0-1	0 = 恢复/1 = 报警	
	DCU 故障	O/S	DI	0-1	0 = 恢复/1 = 报警	
	电机故障	O/S	DI	0-1	0 = 恢复/1 = 报警	
	闸锁解锁故障	O/S	DI	0-1	0 = 恢复/1 = 报警	
	DCU 总线 1 故障	O/S	DI	0-1	0 = 恢复/1 = 报警	
	DCU 总线 2 故障	O/S	DI	0-1	0 = 恢复/1 = 报警	
	手动/隔离报警	O/S	DI	0-1	0 = 正常/1 = 报警	
ASD1	滑动门					
	左门开状态	O/S	DI	0-1	0 = 未定义/1 = 开到位	
	右门开状态	O/S	DI	0-1	0 = 未定义/1 = 开到位	
	左门关状态	O/S	DI	0-1	0 = 未定义/1 = 关到位	
	右门关状态	O/S	DI	0-1	0 = 未定义/1 = 关到位	
	手动开模式	O/S	DI	0-1	0 = 未定义/1 = 手动开	
	手动关模式	O/S	DI	0-1	0 = 未定义/1 = 手动关	
	隔离模式	O/S	DI	0-1	0 = 未定义/1 = 隔离	
	自动模式	O/S	DI	0-1	0 = 未定义/1 = 自动	
	手动解锁	O/S	DI	0-1	0 = 正常/1 = 报警	
	开门故障	O/S	DI	0-1	0 = 恢复/1 = 报警	
	关门故障	O/S	DI	0-1	0 = 恢复/1 = 报警	
	开门障碍物遇阻	O/S	DI	0-1	0 = 恢复/1 = 报警	
	关门障碍物遇阻	O/S	DI	0-1	0 = 恢复/1 = 报警	
	DCU 故障	O/S	DI	0-1	0 = 恢复/1 = 报警	
	左电机故障	O/S	DI	0-1	0 = 恢复/1 = 报警	
	右电机故障	O/S	DI	0-1	0 = 恢复/1 = 报警	
	左闸锁解锁故障	O/S	DI	0-1	0 = 恢复/1 = 报警	

续上表

设备类型	设备描述/数据点描述	中央/车站/车辆段	数据点类型	数值	数值说明	状态确认
	右闸锁解锁故障	O/S	DI	0-1	0 = 恢复/1 = 报警	
	DCU 总线 1 故障	O/S	DI	0-1	0 = 恢复/1 = 报警	
	DCU 总线 2 故障	O/S	DI	0-1	0 = 恢复/1 = 报警	
	手动/隔离报警	O/S	DI	0-1	0 = 正常/1 = 报警	
EED	应急门					
	应急门隔离报警	O/S	DI	0-1	0 = 自动/1 = 旁路	
	应急门打开报警	O/S	DI	0-1	0 = 正常/1 = 报警	
IBP	综合后备盘					
	IBP 操作允许状态	O/S	DI	0-1	0 = 禁止/1 = 允许	
	IBP 全开门/关门状态	O/S	DI	0-1	0 = 关门/1 = 开门	
	IBP 首末开门/关门状态	O/S	DI	0-1	0 = 关门/1 = 开门	
IBP1	综合后备盘					
	IBP 操作允许状态	O/S	DI	0-1	0 = 禁止/1 = 允许	
	IBP 全开门/关门状态	O/S	DI	0-1	0 = 关门/1 = 开门	
PED	站台端门					
	门未锁紧超时报警	O/S	DI	0-1	0 = 正常/1 = 报警	
	门打开状态	O/S	DI	0-1	0 = 关闭/1 = 开启	
PSL	屏蔽门就地控制盘					
	PSL 操作允许状态	O/S	DI	0-1	0 = 禁止/1 = 允许	
	PSL 开门命令	O/S	DI	0-1	0 = 未定义/1 = 开门	
	PSL 关门命令	O/S	DI	0-1	0 = 未定义/1 = 关门	
	PSL 开关门命令	O/S	VDDI	0-3	0 = 未定义/1 = 开门/2 = 关门/3 = 未定义	
	ASD/EED 互锁解除状态	O/S	DI	0-1	0 = 正常/1 = 解除	
PNC	电源故障					
	主电源故障	O/S	DI	0-1	0 = 恢复/1 = 报警	
	驱动电源故障	O/S	DI	0-1	0 = 恢复/1 = 报警	
	控制电源故障	O/S	DI	0-1	0 = 恢复/1 = 报警	
	驱动蓄电池故障	O/S	DI	0-1	0 = 恢复/1 = 报警	
	控制蓄电池故障	O/S	DI	0-1	0 = 恢复/1 = 报警	
	UPS 故障	O/S	DI	0-1	0 = 恢复/1 = 报警	
	PSC 与电源通信故障	O/S	DI	0-1	0 = 恢复/1 = 报警	
ALARM1	整侧站台					
	PEDC 故障报警	O/S	DI	0-1	0 = 恢复/1 = 报警	
	站台 ASD 全部开启状态 1	O/S	DI	0-1	0 = 未定义/1 = 全开	
	站台 ASD/EED 全部关闭状态	O/S	DI	0-1	0 = 未定义/1 = 全关	
	站台信号系统开门	O/S	DI	0-1	0 = 未定义/1 = 开	
	站台信号系统关门	O/S	DI	0-1	0 = 未定义/1 = 关	
	站台信号系统开关门	O/S	VDDI	0-3	0 = 未定义/1 = 开/2 = 关/3 = 未定义	
	总线故障	O/S	DI	0-1	0 = 恢复/1 = 报警	
ALARM	整侧站台					
	PEDC 故障报警	O/S	DI	0-1	0 = 恢复/1 = 报警	

续上表

设备类型	设备描述/数据点描述	中央/车站/车辆段	数据点类型	数值	数值说明	状态确认
	站台 ASD 全部开启状态 1	O/S	DI	0-1	0 = 未定义/1 = 全开	
	站台 ASD 首末门开启状态	O/S	DI	0-1	0 = 未定义/1 = 首末门开到位	
	站台 ASD/EED 全部关闭状态	O/S	DI	0-1	0 = 未定义/1 = 全关	
	站台信号系统开门	O/S	DI	0-1	0 = 未定义/1 = 开	
	站台信号系统关门	O/S	DI	0-1	0 = 未定义/1 = 关	
	站台信号系统开关门	O/S	VDDI	0-3	0 = 未定义/1 = 开/2 = 关/3 = 未定义	
	总线故障	O/S	DI	0-1	0 = 恢复/1 = 报警	
调试结论:						
现场监理: 代表签字: 日期:	施工单位: 代表签字: 日期:		供 货 商: 代表签字: 日期:		设备监造: 代表签字: 日期:	

三十五、车站模式调试

1. 车站模式调试项目及步骤

因模式调试涉及的专业和设备比较多,每个模式需要动作的设备也很多,设备分布比较广。在模式切换时,设备动作又比较频繁,设备容易出现故障。因此更需要施工单位和设备供货商提供有力的支持,并做好安全防护工作。对于由于某些设备的故障导致个别模式不能成功执行,可以先做记录后跳过这个模式,待全部测试完成后再返回来解决问题。

(1)照明导向系统调试

所有照明模式向回路转到车控位,由 BAS 上位下载模式。

通过上位模式画面的设备状态与照明导向模式表进行核对。

(2)小系统调试

所有小系统风机风阀转到车控位,风机的就地控制箱转到环控位,由 BAS 上位、FAS 接口和 IBP 盘下发模式。

通过上位模式画面的设备状态与环控模式进行核对。

(3)大系统调试

所有大系统风机风阀转到车控位,风机的就地控制箱转到环控,由 BAS 上位、FAS 接口和 IBP 盘下发模式。

通过上位模式画面的设备状态与环控模式进行核对。

(4)隧道系统调试

所有隧道系统风机风阀转到车控位,风机的就地控制箱转到环控,由 BAS 上位和 IBP 盘下发模式。

通过上位模式画面的设备状态与环控模式表进行核对。

(5)水系统调试

所有水系统设备转到车控位,水泵就地控制箱转到环控或主机控,由 BAS 上位下载模式。

通过上位模式画面的设备状态与环控模式表进行核对。

2. 车站模式调试记录(见表 2-83～表 2-86)

表 2-83 照明模式调试记录

车站： 日期：

系　统	模式名称	模式编号	设备状态与模式表要求是否一致		备　注
			上位机画面操作	实际照明回路反馈	
照明					

调试结论：

参与人员签名：

集成服务商： BAS 供货商：

现场监理： 车站承包商： 设计院：

年　月　日

表 2-84 大系统模式调试记录

车站： 日期：

系　统	模式名称	模式编号	设备状态与模式表要求是否一致			备　注
			上位机画面操作	FAS 接口	IBP 执行	
大系统	小新风空调($i_r<i_w$)	D1				
	全新风空调($i_r \geqslant i_w$)	D2				
	非空调工况($T_w \leqslant T_o$)	D3				
	站厅层火灾	D4				
	站台层火灾	D5				
	车站Ⅰ号出入口火灾	D6				
	夜间运行	D99				
	小新风空调($i_r<i_w$)	X1				
	全新风空调($i_r \geqslant i_w$)	X2				
	非空调工况($T_w \leqslant T_o$)	X3				
	××××区灭火后排气	X4				
	××××区任意房间火灾	X99				
	××××火灾	X5				
	××××灭火后排气	X7				
	××××火灾	X14				
	全停模式	X99				

调试结论：

参与人员签名：

建设事业总部： 运营事业总部： 设计院：

集成服务商： BAS 供货商：

现场监理： 车站承包商：

年　月　日

表 2-85　水系统模式调试记录

车站：　　　　　　　　　　　　　　　　　　　　　　　　日期：

系　统	模式名称	模式编号	设备状态与模式表要求是否一致			备　注
			上位机画面操作	FAS 接口	IBP 执行	
水系统	LD≤60%	W1				
	60% ＜LD≤100%	W2				
	LD＞60%	W3				
	冷冻水泵发生故障	W4				
	冷却水泵发生故障	W5				
	夜间运行模式	W6				
	非空调工况运行或火灾运行	W99				

调试结论：

参与人员签名：
建设事业总部：　　　　运营事业总部：　　　　设计院：
集成服务商：　　　　BAS 供货商：
现场监理：　　　　车站承包商：
　　　　　　　　　　　　　　　　　　　　年　月　日

表 2-86　隧道通风系统模式调试记录

车站：　　　　　　　　　　　　　　　　　　　　　　　　日期：

系　统	模式名称	模式编号	设备状态与模式表要求是否一致		备　注
			上位机画面操作	IBP 执行	
隧道通风系统	正常运行首选	33M1			

调试结论：

参与人员签名：
建设事业总部：　　　　运营事业总部：　　　　设计院：
现场监理：　　　　车站承包商：　　　　BAS 供货商：
　　　　　　　　　　　　　　　　　　　　年　月　日

三十六、车站放烟

1. 车站放烟步骤

(1)站厅(设备区)放烟

①施工单位在烟感保护区域点烟饼。

②FAS 人员在车控室监视火灾报警主机是否正常报警。

③BAS 人员在环控机房观察 BAS 操作站火灾模式是否收到并正确执行,观察车控室 IBP 盘火灾模式是否正确点亮。

④通风空调施工单位观察现场烟雾排除情况,并可摄像(在风亭查看排烟情况、查看设备区公共区有无窜烟、可测量风速)。

⑤通风空调设计单位现场观察系统效果是否达到设计要求。

⑥低压人员查看照明是否切入火灾照明状态以及应急照明投入情况。

⑦观察电扶梯、闸机是否停止/释放。

⑧低压、风机风阀厂家在现场及时维护放烟时可能出现的设备故障。

(2)站台放烟

步骤与站厅放烟基本相同,但增加一个步骤:在点燃烟饼、烟雾起来后,屏蔽门专业须手动开启站台屏蔽门,手动选择(可由 BAS 人员在 BAS 操作站或车控室 IBP 盘)启动一个隧道通风模式,实现辅助排烟。

2. 车站放烟注意事项

①烟雾排尽,FAS 人员复位火警主机,BAS 人员复位 BAS,自动灭火系统复位。

②各专业记录下测试发现的问题需进行整改。

③车站移交运营后,放烟须提前请点,并由各专业运营人员配合方可。

3. 车站放烟调试记录(见表 2-87)

表 2-87 BAS 与 FAS、自动灭火、环控、智能低压等系统的联动调试记录

调试站点: 调试时间:
烟饼数量: 放烟区域:

系 统	设备动作内容	调试标准	调试描述 (启停时间、风速、窜烟的情况)	调试结果	备 注
FAS	烟感报警				
	FACP 报警				
	警铃动作				
	图形界面报警				
	报警模式发送至 BAS				
	FAS AFC 闸机动作				
	防火卷帘动作				
	防烟防火阀动作				
	消防水泵动作				
	报警信号发送至 OCC				
	模式联动				

续上表

系　统	设备动作内容	调试标准	调试描述（启停时间、风速、窜烟的情况）	调试结果	备　注
BAS	BAS 接收 FAS 报警模式				
	应急照明启动				
	电梯动作				
	照明导向动作				
	电动窗动作(如有)				
	模式执行是否成功				
低压	接收 BAS 模式指令				
	联动大风机动作				
	联动小风机动作				
	风阀(组合风阀)动作				
	变频器动作				
	软启动器动作				
	照明导向动作				
	应急照明火灾模式下照度测量				
IBP 盘操作	PSD				
	门禁				
	筹隧道模式				
	AFC 闸机				
	扶梯				
广播	广播联动				
效果评判及整改建议:					
调试结论:					
参与人员签名: 建设事业总部:　运营事业总部:　设计院: 设备监造商:　供货商:　现场监理:　车站承包商: 年　月　日					

第四节　例 会 制 度

机电系统调试开始前，由设备监造商组织，业主主持，设备供货商、施工承包商、设计单位、工程监理参加，召开调试启动会议。会议的主要议题是：各方对调试前置条件进行确认，对调试方案进行澄清与确认，明确各方分工和责任，讨论地铁其他系统需具备的工程条件及与其协调问题。

机电系统调试过程中，固定每周由设备监造商组织，业主主持，设备供货商、施工承包商、设计单位、工程监理参加，召开调试协调例会。会议的主要议题是：各方对调试情况和进度及时沟通汇报，及时汇报节点进度情况，明确各方分工和责任，讨论需协调解决的问题。

第五节　调试专题会

地铁机电系统调试是个庞大且复杂的系统,针对调试过程中出现的影响关键节点和质量的问题,由设备监造商组织,建设方主持,相关设备供货商、施工承包商、设计单位和工程监理参加,召开调试专题会。会议主要议题:各方就调试过程中遇到的具体问题进行说明,明确各方分工和责任,建设方调度调试工作,各方确认保证调试质量和进度的必要措施,确保调试工作的顺利进行。

第六节　调试工作的重难点

一、联调要点及协调重点

设备调试阶段的工作重点是:协调好不同调试单位之间的关系、调试单位与供货商之间的关系,包括协调调试计划和调试工作的接口,组织解决调试中的各种问题。

设备调试阶段的主要目标是:在设备安装完成后,通过现场试验检验设备本身及设备之间是否达到了应该具有的功能以及功能是否正确,检验设备安装后电缆接线是否正确,并将设备的有关参数调整到与整个系统相匹配,以保证系统设备运行安全。

在设备调试阶段,设备监造单位应按照建设方的工程总工期要求、现场调试计划和现场调试大纲的要求,组织好施工承包商和设备供货商做好现场调试工作。现场调试工作具体将由设备供货商和施工承包商负责,按照设备监造单位提供的现场调试的试验内容、试验方法和试验步骤进行调试。调试工作的内容包括各项设备在现场安装后进行的单机调试(如继电保护整定试验、风机的运转试验等),不同设备之间的接口调试,特别是接口试验和功能试验等,以及机电系统模式调试,包括照明模式调试、大系统、小系统、隧道风系统模式调试、水系统模式调试等。

虽然在设备采购合同中明确供货商有责任协助施工承包商解决试验中发生的技术问题,但扯皮常有发生。作为设备监造商,在调试阶段除了组织好系统各项设备的调试工作以外,协助解决调试过程中出现的技术问题,特别是接口问题,也是义不容辞的责任。在现场调试完成后,还需督促供货商和施工单位共同签署各种调试记录及报告,并收集整理供后续功能验证及各项验收、专家评审时使用。

系统联调阶段的工作重点是:编制科学、完善的联调方案,制订切实可行、操作性强的联调计划,协调解决各种接口技术问题,验证设备之间接口的正确性、功能之间的匹配性。

系统联调阶段的主要目标是:在完成每项单体设备试验和全所设备之间接口试验、设备之间整组功能试验后,完成系统中的各类设备与相关设备之间的功能试验。

对于设备系统联调中存在的问题,应进行系统错误的修正,根据错误的性质分别处理,一般的问题,由承包商、供货商处理、集成管理服务商协调,监理确认。涉及系统的重大问题,特别是与其他系统(如土建、通信等)的配合问题,建设单位组织设计院及相关各方讨论、分析,找到错误的原因和解决办法,慎重处理。为在联调的各类问题消缺整改工作的及时到位,联调问题可统计分 A、B、C 三类,明确责任单位,由责任单位牵头整改,要求 C 类问题当日整改,B 类问题 3 日内整改,A 类问题根据实际情况限期整改的原则。针对各类测试、调试、检查等发生或发现的问题,由各责任单位迅速制订整改计划,落实整改措施、指定专人负责,要求在指定的时间范围内完成整改,不得影响后续调试、其他专业施工及整个工程的进度计划。在联调问题处理过程可采取一些奖惩措施，调动参与联调单位的积极性，针对联调过程问题控制良好、各类调试问题较少、积极配合整改工作有效开展的单位和个人，将在适当的时候给予荣誉表彰和奖励，并将褒奖情况通报其主管单位，以资鼓励；同样针对连续发生二次以上不按期整改的，不服从联调规程的单位将给予处罚，通报其主管单位，并要求其主管单位派员驻点整顿。

在联调阶段，设备监造商首先必须编制好联调方案等技术文件和配合参加系统大联调的工作建议；其次应该做好调试计划的管理工作、调试结果的确认工作和调试文件的归档工作；最后应该组织好调试管理工作，协调好参加调试各方的工作关系，解决好调试过程中的技术问题，特别是接口问题。

二、本阶段难点及对策

难点1：机电系统联调属于全线设备系统总联调的一部分，设备联调工作量大、接口多、实施困难。设备系统子系统多、设备多、技术接口多、调试工作交叉进行、接口管理任务多、参与联调工作的单位多，联调工作繁重，联调的组织管理工作十分重要。

对策1：在机电系统设备现场调试和联调阶段，由监造商制定车站各系统联调方案和计划以及相应的现场调试配合计划，组织安排相关供货商、施工单位参与设备各系统联调，并负责解决系统联调过程中出现的技术问题。

设备子系统多、设备多、技术接口多、参与联调工作的单位多、联调内容多而复杂，在联调过程中应通过联调例会的形式进行参与联调的各系统、各单位之间的协调，协调解决联调质量问题、联调进度问题、接口问题等；在联调各方出现歧义时由监造商负责沟通协调或通过专题会议协调出现的接口问题；监造商与建设方、监造商与供货商、供货商与施工单位之间的关系通过会议、书面或口头沟通等方式进行协调。

难点2：设备接口涉及设备供货单位多，在进行接口技术方面（接口类型、物理接口、功能接口、接口责任等）的确认。

对策2：编制详细接口协调计划，提前与相关系统设计、供货商收集设备接口资料，按计划合理组织召开接口协调会。

难点3：调试人员管理。

对策3：监造商检查供货商人员到位情况，需满足合同要求及调试要求；检查调试人员技术能力情况，现场问题的处理时效；开展供货商调试人员考核，对于出现问题（技术能力不足、责任心缺失、时间观念差等）次数达到三次的供货商调试人员，提出警告或更换。

难点4：调试控制措施。

对策4：

①组织措施：落实各供货商项目部负责质量控制人员，督促落实质量控制的责任。

②技术措施：严格事前、事中、事后的质量控制措施，设置调试记录标准格式，落实调试记录会签制度（调试记录样表在收集中）。在调试流程中专设验收环节，强化质量控制。

③经济及合同措施：严格实施过程中质量检查验收制度，对于不符合合同规定质量要求的拒签设备预验收证书。

现场调试和测试完成后，各方将在测试报告上签字认可。如在测试过程中，发现任何不符合供货合同要求的技术规格要求和性能，供货商应在两周内免费维修或更换合同设备相应不合格部分。以确保合同设备的性能达到要求。如果一台合同设备出现三次不符合合同要求的问题，供货商应该按照供货合同中“质保期”有关条款的规定更换设备。

难点5：质量信息管理。

对策5：及时收集有关调试问题资料，进行动态分析，纠正偏差，以实现调试质量总目标。建立设计通讯录（接口专业）、监理通讯录、施工通讯录、建设方通讯录，详细列明专业类别及分管范围，列明手机、固话、邮件地址，建立畅通的通信网络，确保问题能够第一时间反馈给负责人。

第七节　调试记录表格式

调试记录表格式如表2-88所示。

表2-88　调试记录

调试地点：		调试时间：	
调试内容：			
调试完成情况			
存在问题			
签　　字　　栏			
运营：		监造单位：	
监理单位：		施工单位：	
厂家：			

第三章
第三方检测组织及实施

在机电系统调试和功能验收完成后，为验证调试工作的功能性和完整性，广州地铁会聘请独立的第三方检测公司进行消防检测、智能检测和节能检测。第三方检测完成后，出具单独的第三方检测报告；地铁公司以此作为相应机电系统功能验证和运营评估的依据。

第一节　第三方检测内容

一、消防检测内容

消防检测内容包括火灾自动报警系统检测、防火门及防火卷帘检测、气体灭火系统检测、消防供水系统检测、消火栓系统检测、防排烟系统检测和消防联动系统检测。

其中火灾自动报警系统包括消防控制室，火灾报警控制器，联动控制器，系统布线的检测，火灾探测器，感温电缆，手动报警按钮，消防声光警报装置，消防供电与末端切换装置，应急照明灯，疏散指示标志，消防通信火灾事故广播消防电梯系统。防火门、防火卷帘检测包括车站防火门和防火卷帘。气体灭火系统包括气灭控制盘、气瓶间、探测器、电动防火阀。消防供水设施包括消防水池，消防水箱，气压给水装置，供水设备，水泵接合器。消火栓系统包括消火栓箱及配件，水压的检测。防排烟系统包括防排烟风机，排烟口及排烟防火阀，送风口及送风阀。消防联动检测包括自动报警系统的联动检测，室内消火栓系统联动，防排烟系统联动试验。

二、智能检测内容

智能检测内容包括对门禁控制系统、环境与设备监控系统、智能化系统集成、电源与接地系统、屏蔽门/安全门系统的检测。

其中门禁控制系统包括读卡器，门禁控制器，门禁系统功能检测，门禁系统软件检测。环境和设备监控系统包括传感器系统，空气和通风系统，冷水系统，公共照明系统，应急照明系统，给排水系统，电扶梯系统和综合布线系统。智能化系统集成包括接口检测、软件检测，系统功能及性能检测。电源与接地系统包括智能化系统接地电阻、智能化系统与建筑等电位联结。屏蔽门/安全门系统包括固定门、滑动门、应急门、端门和控制室。

三、节能检测内容

节能检测包括现场情况检测和材料送检。

1. 现场检测内容

现场抽检内容有:建筑围护结构工程,墙体材料导热系数、密度、抗压强度,墙体保温材料导热系数、密度、抗压强度,外饰面材料太阳辐射吸收系数,节能构造钻芯,外墙传热系数,玻璃遮蔽系数、可见光透射比,中空玻璃露点,外窗传热系数,屋面保温材料导热系数、密度、压缩强度;通风与空调系统,风口风量,系统总风量,风机单位风量耗功率,风管漏风量及变形量,空调冷冻水总流量,空调冷却水总流量,水力平衡度,室内温湿度,风管保温材料导热系数、密度、吸水率,水管保温材料导热系数、密度、吸水率,及冷水机组,冷却塔性能,冷冻水泵效率,冷却水泵效率,空调机组,新风机组,送、排风风机,风机盘管;配电与照明系统、照度、照明功率密度,电线、电缆截面和每芯导体电阻值,低压配电电源质量。

2. 材料送检

进场材料检验项目一般包括风管保温绝热材料导热系数、密度、吸水率,水管保温绝热材料导热系数、密度、吸水率,电线、电缆截面及每芯导体电阻值,风机盘管。地上建筑部分进场材料复验项目一般包括墙体材料导热系数、密度、抗压强度,玻璃光学性能等。

第二节　参建各方关系及职责

①建设方(项目组长):负责第三方检测的指挥、调度、协调和组织管理。

②建设方(项目负责人):负责第三方检测实施过程中的现场指挥、调度、协调和组织管理,并向项目组长汇报工作。

③设备监造商:负责协助、配合建设方进行各项工作,及时协调解决第三方检测中发现的各种问题,负责调度相应施工单位、供货商、设计院等人力、物资设备、交通车辆,以满足调试需要,向项目组汇报工作情况。

④施工单位:全程参与、协助设备监造商,确认设备设施位置和运行状态,提供施工图纸和必要的工器具,与接口专业施工单位做好协调沟通。

⑤设备供应商:负责现场设备操作和测试,对问题进行确认、澄清、整改。

⑥监理单位:配合设备监造商,确认设备设施的施工质量问题及安全隐患,与接口专业监理单位做好协调沟通,跟进施工质量问题的整改,直至问题整改完毕。

⑦设计单位:配合设备监造商,提供技术问题的咨询,确认第三方检测结果与设计要求的一致性,跟进第三方的整改直至系统软硬件达到设计要求。

⑧第三方检测单位:按照第三方检测流程进行检测工作,对问题进行记录、确认。

第三节　第三方检测的实施管理

一、消防检测

根据地铁内容和作业时间的要求,及以往线路检测经验,地铁项目均具有时间短、要求高的特点,因此要求第三方消防检测单位至少安排 2 个检测小队,每个小队安排 7 名检测员共 14 名检测员。进行检测,根据现场检测允许作业时间,站厅站台及区间可以白天进行检测,检测时间以现场检测情况为准。

检测前期准备:

①参加检测的人员熟悉检测系统的情况,熟悉相关的图纸及技术要求,明确分工,熟悉检测现场的环境。

②领取检测仪器,并确保检测仪器可以正常使用,并且在有效的检定周期内。

③准备好检测所需要的图纸、编码表及其他技术资料,领取了相关的原始记录表格。

④所有参加检测人员进行技术安全交底工作,制定应急预案。

消防检测前置条件:

①各消防系统安装完毕且完成调试。

②供电系统正常。

③管网应充水并通过试压测试。

④气体灭火系统线路放到位。

(一)消防检测流程

1. 火灾自动报警系统

(1)检测火灾报警控制器(见图 3-1)

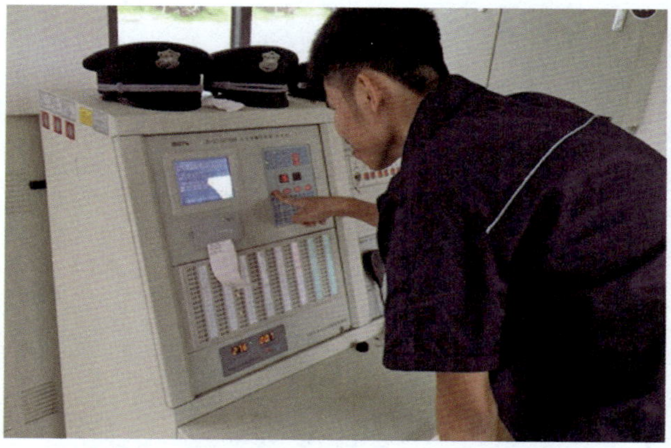

图 3-1　检测人员在检测火灾报警控制器

①外观安装质量、配线、接地保护、电源开关保护情况是否符合规范要求。

②测试火灾报警控制器自检、故障报警、显示、消音、复位、记忆、火灾优先功能是否符合规范要求。

a. 自检功能检测:触发自检键对面板上所有指示灯、显示器和音响器件进行自检。

b. 故障报警及显示功能检测:现场拆下一个火灾探测器,模拟故障信号,查看火灾报警控制器是否能准确显示故障部位。

c. 消音功能检测:按下火灾报警控制器消音键,查看该按钮是否能及时消音。

d. 火灾优先功能检测:在故障信号存在情况下,现场用专用加烟器向感烟探测器加烟令其报警,查看火灾报警控制器是否能迅速显示该部位及重新启动报警声响。

e. 复位功能检测:按下火灾报警控制器复位键,查看该按钮是否能使报警探测器复位。

③检测火灾自动报警控制器备用电源容量,主备电源切换试验是否符合规范要求。

a. 主备电源切换功能检测:切断主电源,查看备用直流电源能否自动投入使用并有状态显示。

b. 备用电源容量检测:在备用直流电源供电状态下,火灾报警控制器至少保持警戒 30 分钟以上。

(2)检测消防控制柜

①外观安装质量、配线、接地保护、电源开关等情况是否符合规范要求。

②接收感烟(感温)探测器或手动报警按钮报警信号,消防控制柜联动消火栓水泵、喷淋泵、防排烟风机等设备的启动、信号反馈是否符合规范要求。

(3)系统布线的检测

检测系统布线是否符合规范要求。

(4)火灾探测器的检测流程(见图 3-2)

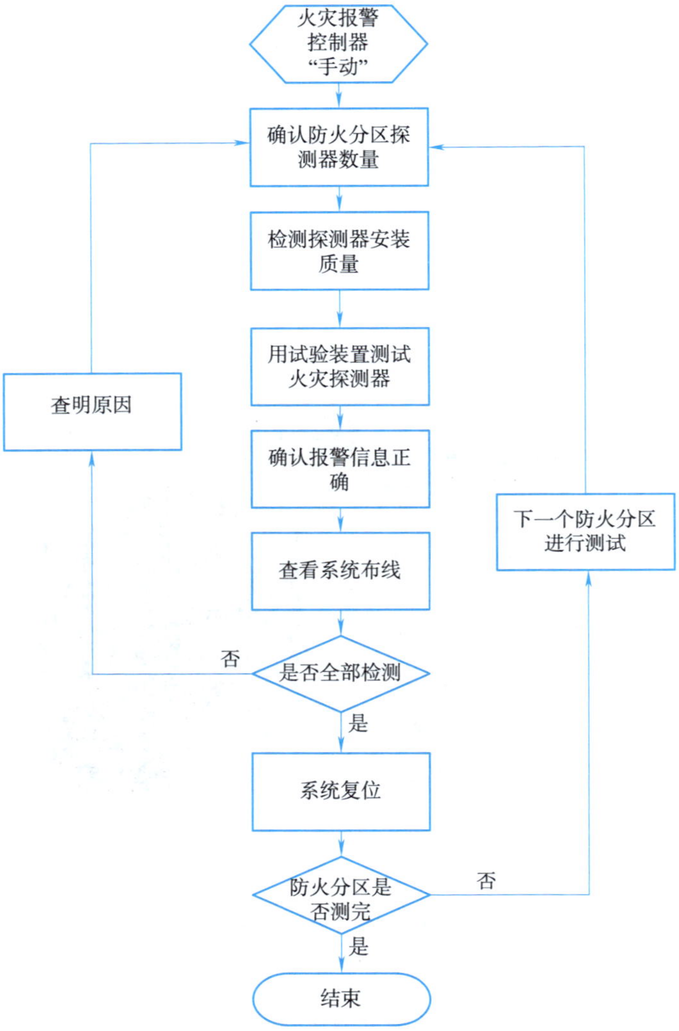

图 3-2　火灾探测器的检测流程

①检测火灾探测器的设置是否符合规范要求。

②检测火灾探测器的外观是否完整无缺,安装是否牢固。

③用专用的火灾探测器试验器模拟火警信号,检测探测器的报警功能和报警地址编码是否符合规范要求(报警地址的查看结合计算机终端 CRT 的平面显示图的位置和报警部位名称是否与现场一致,并用打印机打印当天检测的历史记录以作备查),如图 3-3 所示。

(5)测试手动报警按钮流程(见图3-4)

图3-3　测试感烟探测器

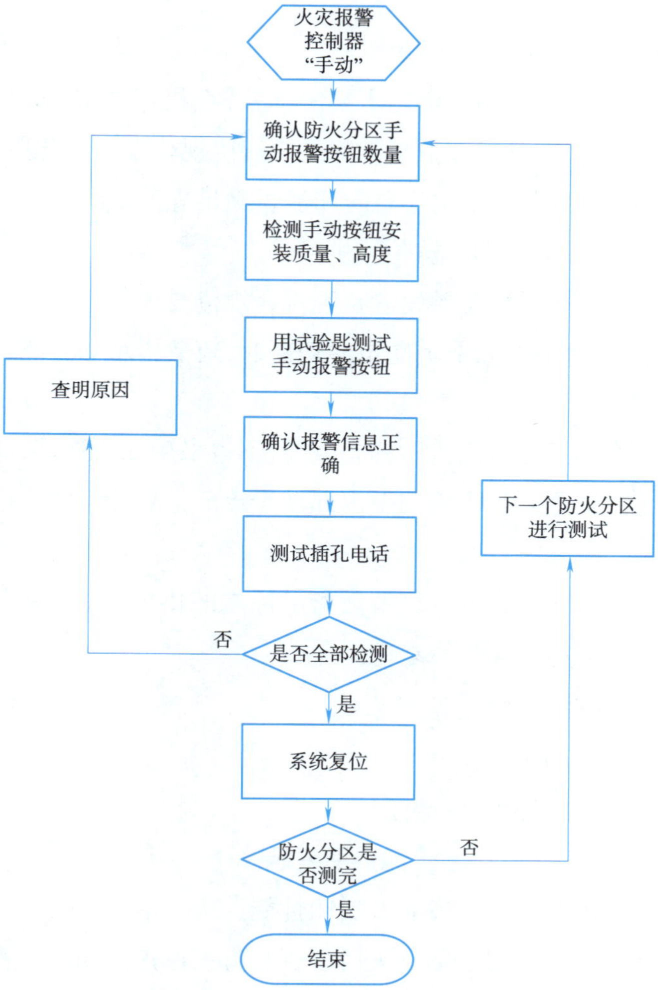

图3-4　测试手动报警按钮流程

①检测其是否按照消防规范的要求设置。

②报警功能检测:用专用钥匙插入试验孔令其动作报警,报警后拔出专用钥匙让其复位,然后主机复位,查看其是否能正常复位。

(6)消防声光警报装置和消防广播的检测

①检测警铃和消防广播的设置是否符合规范要求和设计要求。

②检测联动时,用声级计分别检测其声级数是否符合规范要求;并检测其是否安装牢固。

③消防广播的检测:在消防控制室内手动打开所有的消防广播,现场用声级计分别检测其声级数是否符合规范要求。

(7)消防电话的检测

消防电话插孔检测:用专用的消防电话插入电话插孔,检测其通话功能。

(8)电梯的检测

检测电梯消防管制功能是否符合规范要求。

(9)消防电源的检测

查看消防用电设备电源供电负荷等级是否满足规范要求,检查消防用电设备,如消防控制中心、消防电梯、消防水泵、正压送风机、排烟风机等的供电是否在最末级配电箱设置自动切换装置，是否能正常切换。

（10）应急照明灯的检测

检查消防控制室、消防水泵房、防排烟机房、自备发电机房、消防电梯机房、气体灭火系统储瓶间、各层电梯前室、各层疏散楼梯间是否按照规范设置应急照明灯，检测其当非消防电源切断时，是否能自动切换。检查其蓄电池应急时间能否满足规范要求。

（11）疏散指示标志的检测

①疏散指示标志的设置是否符合规范要求。

②火灾确认后，非消防电源切断时，疏散指示标志能否自动切换，并检测其应急工作时间能否满足规范要求。

③内部发光疏散指示标志电线，不得采用插头连接，应在预埋盒或接线盒内连接。

④持续型和集中控制型内部发光疏散指示标志的供电，主电源宜在双电源互投后最末一级配电箱取电。

⑤非持续型内部发光疏散指示标志的供电，主电源应在发生火灾时需切断的正常供电线路取电，而不能在双电源互投后取电。

2. 防火门、防火卷帘系统

（1）防火门

①检测其外观、安装质量。

②检测其合页、五金配件的安装。

③检测其闭门器安装及启闭性能。

④检测疏散通道的防火门是否具有能迅速关闭的功能（双扇门要能按顺序关闭），不应锁死并关闭严密。

⑤防火门的启闭方向应符合规范要求。

（2）防火卷帘系统

①检测防火卷帘的外观、安装质量。

②检测卷帘的升降平稳性、应急手动操作功能、布线情况。

③检测作防火分隔的防火卷帘是否一步降到底并信号反馈至消防控制室。

④检测作疏散通道防火卷帘是否是感烟探测器动作后，是否卷帘一步降中位，感温探测器动作后，卷帘下降到底，并且信号反馈消防控制室。

3. 气体灭火系统

①检测灭火剂储存容器外观是否有变形、缺陷、手动操作装置有铅封，铭牌标识，充装量和压力、安装质量。

②检测储存器液位储存量。

③检测启动瓶外观、颜色标志、安装质量、名称编号。

④检测压力表外观、安装质量和方向。

⑤集流管、单向阀的检测。

⑥检测防护区标志、报警设施、防护区门、穿楼板或防火墙管道与套管间隙处理、管网颜色、喷嘴质量。

⑦检测气体喷射前的延时时间：模拟火警使感烟探测器动作，接着感温探测器动作，形成“与门”报警信号，系统是否在 30 s 内正常动作。

⑧系统启动功能试验：系统功能正常，可靠地启动、喷射。

⑨检测气体自动喷射有关组件显示：放气指示灯显示、切断火场电源、声光报警装置动作及信号反馈至消防控制中心等是否正常。

⑩防护区通风装置联动功能测试。

4. 室内外消火栓系统

（1）消防水池的检测

检测消防水池是否设有自动供水装置，与生活用水共用消防水池时，是否设置保证消防用水措施。

（2）消防水箱的检测

检测消防水箱和水管是否有防锈处理；检测消防水箱是否设置自动供水设施、出水管口是否设置止回阀；检测与生活合用消防水箱是否有确保消防用水措施。

（3）供水设备（见图 3-5）

图 3-5　检测消防泵

①检测消防水泵的外观、标志、安装质量。

②检测水泵吸水方式、吸水管控制阀、吸水管条数和出水管及附件、阀门的安装设置情况是否符合设计及规范要求。

③检测消防水泵的启动情况：水泵手动、消防控制室远程启动，消防泵能否动作且信号反馈回消防中心。

④主备泵的切换功能检测：模拟主泵故障，备用泵是否能自动投入，水泵故障信号是否能反馈至消防控制中心。

⑤检测气压罐和稳压泵的设置、安装情况。

⑥消火栓系统管网，检测其材质、管径、外观、管支吊架。

（4）消火栓箱及配件

①消火栓的设置要保证两支充实水柱同时达到被保护的部位。

②检测其标志及结构质量，要有明显标志，结构牢固美观、箱门开启灵活，有防锈蚀措施；组件完整便于操作，无生锈、漏水和接口垫圈无缺损，水枪、水带、卷盘等的设置配备，质量完好。

③水泵接合器的设置要求在消防车容易连接的地方，标志明确，组件齐全。

(5)水压的检测

①检测消防控制中心远程启动消火栓泵,应启动顺利、运行正常、显示正确。

②检测最有利消火栓静压。在最有利点消火栓处接上消火栓试水装置,打开栓口阀,打开试水装置上的截止阀放气再关闭,观察消火栓试水装置的压力显示数值是否小于等于1.0 MPa。

③检测最不利点静压。最不利点消火栓处测试消火栓试水情况,观察消火栓试水装置的压力显示数值:建筑高度小于等于100 m的高层建筑,最不利点静压是否大于等于0.07 MPa。

④检测消火栓的动压。在最有利点和最不利点消火栓处测试消火栓试水情况,观察消火栓试水装置上的压力表显示数值是否小于等于0.5 MPa。

⑤检测最不利点充实水柱。最不利点消火栓处测试,启动消火栓泵,测量充实水柱长度。

5. 防排烟系统

(1)防排烟系统联动流程(见图3-6)

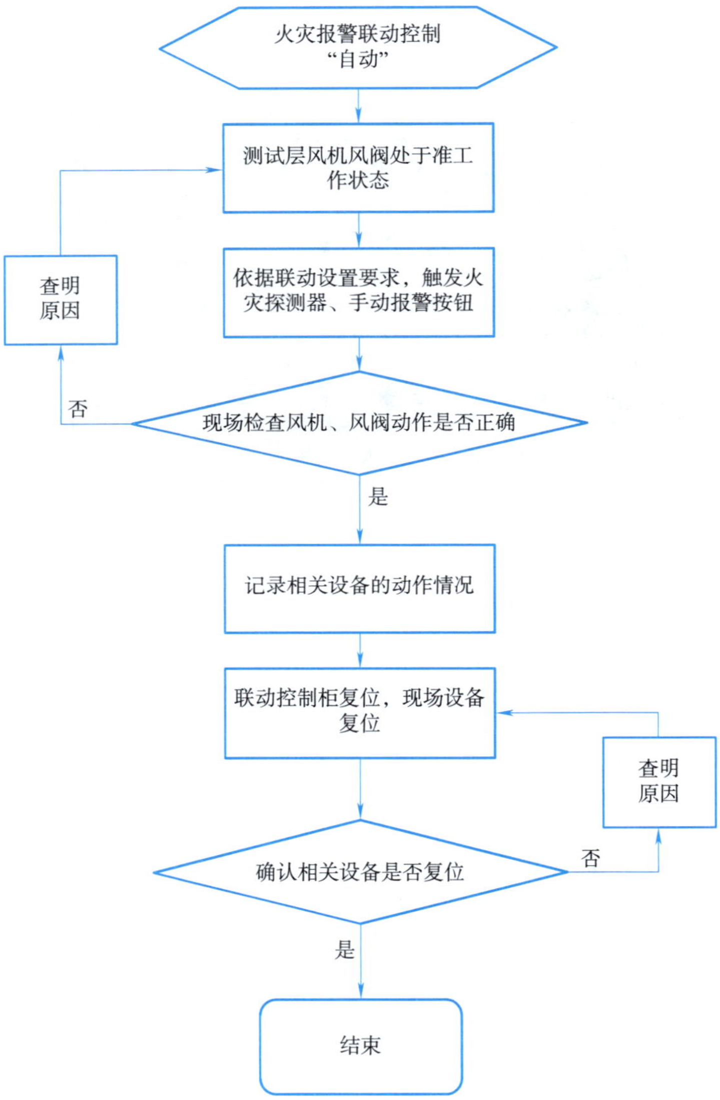

图3-6 防排烟系统联动流程

(2)加压送风机

①检测外观及安装质量,规格是否符合设计要求。

②检测加压送风机运转功能及信号反馈功能。

(3)加压送风口

①检测加压送风口功能。

②检测加压送风口风速是否小于 7 m/s。

③检测前室、防烟楼梯间余压值是否满足规范要求。

(4)排烟风机

①检测外观及安装质量,规格是否符合设计要求。

②检测排烟机运转功能及信号反馈功能。

(5)排烟口及排烟防火阀

①检测排烟口及排烟防火阀动作及信号反馈功能。

②检测排烟防火阀是否动作温度为 280 ℃。

③检测排风口风速是否小于 10 m/s,并且有明显的排烟效果。

(二)按期完成任务措施

①编制严谨、准确,各工序衔接合理,各专业有序穿插的分段工程进度计划,在计划执行过程中,根据实际情况,合理调整计划。

②加强现场管理,强化质量管理,避免因管理滞后或服务质量问题,影响工作的正常进行。

③加强现场安全管理,临边作业,交叉作业等的防护措施,确保人身安全,作业方便,提高作业效率。

④进度计划控制人员应根据过程中实际发生的具体问题,不断与进度计划比较,不断按照实际情况进行调整,只有这样才能保证进度计划得以实施,才能保证周期内顺利完成任务。

⑤为实现项目的进度控制,首先应编制项目的各种计划,包括进度和资源计划等。计划的对象由大到小,计划的内容从粗到细,形成项目的计划系统。项目涉及各个相关主体、各专业不同人员,需要建立组织体系,形成一个完整的项目实施组织系统。为了保证项目进度,自上而下都应设有专门的职能部门或人员负责项目的检查、统计、分析及调整等工作。当然,不同的人员负有不同的进度控制责任,分工协作,形成一个纵横相连的项目进度控制系统。

二、智能检测

智能检测前期准备工作:

①施工单位完成各系统的安装、单调、联调并自检完成后由监理单位确认,向检测单位发出现场检测通知。

②检测单位根据现场反馈,编制检测进度计划,每天更新进度情况和第二天检测安排。

③按照审批通过的检测方案,由施工单位及厂家配合检测单位开展现场检测工作。

三、节能检测

检测部位确定,同时具备进场检测条件后,施工单位填写节能检测进场确认单,经监理单位审核确认后,凭单通知检测单位进场检测。

检测单位根据现场反馈,编制检测进度计划,每天更新进度情况和第二天检测安排;检测项目要求和需送检材料如表 3-1 和表 3-2 所示。

表 3-1　节能检测

序号	检测项			抽检依据
1	建筑围护结构	墙体材料导热系数、密度、抗压强度		标准:DBJ 15—65—2009 4.2.1 抽检数量:当单位工程建筑在 2 000 m^2 以下时,同一厂家的同一品种的材料抽查不少于 1 组;当单位工程建筑面积在 2 000 m^2 以上、20 000 m^2 以下时,同一厂家同一品种的产抽查不少于 3 组;当单位工程建筑面积在 20 000 m^2 以上时各抽检不少于 6 次
		墙体保温材料导热系数、密度、抗压强度		
		外饰面材料太阳辐射吸收系数		
		节能构造钻芯		标准:DBJ 15—65—2009 4.2.6、D.0.3 抽检数量:每个单位工程的每种节能做法抽检不少于 1 组(3 个芯样)
		外墙传热系数		依据:穗墙建〔2014〕4 号 抽检数量:每个单位工程的每种节能做法的外墙至少抽查 1 处
		玻璃遮蔽系数、可见光透射比		标准:DBJ 15—65—2009 6.2.2、6.2.3 抽检数量:同一厂家同一种产品抽检不少于 1 组
		中空玻璃露点		标准:DBJ 15—65—2009 6.2.2、6.2.3 抽检数量:同一厂家同一种产品抽检不少于 3 组(9 件样品)
		外窗传热系数		标准:DBJ 15—65—2009 6.2.2、6.2.3 抽检数量:同一厂家同一品种同一类型的产品各抽查不少于 1 樘
		屋面保温材料导热系数、密度、压缩强度		标准:DBJ 15—65—2009 7.2.2、7.2.3 抽检数量:同一厂家同一种产品抽检不少于 3 组
2	通风与空调系统	系统节能	风口风量	标准:DBJ 15—65—2009 12.2.2 检测数量:按风管系统数量抽检 10%,且不得少于 1 个系统(检测系统下所有风口)
			系统总风量	标准:DBJ 15—65—2009 8.2.1、12.2.2 检测数量:按风管系统数量抽检 10%,且不得少于 1 个系统
			风机单位风量耗功率	标准:DBJ 15—65—2009 8.2.1 8.2.7 JGJ/T 177—2009 9.2.1 检测数量:按总数抽检 20%,且不得少于 1 台
			风管漏风量及变形量	标准:DBJ 15—65—2009 8.2.4 检测数量:按风管系统数量抽检 10%,且不得少于 1 个系统
			空调冷冻水总流量	标准:DBJ 15—65—2009 12.2.2 抽检数量:全数抽检
			空调冷却水总流量	标准:DBJ 15—65—2009 12.2.2 抽检数量:全数抽检
			水力平衡度	标准:GB 50411—2007 11.2.11、14.2.2 抽检数量:按系统数量抽查 10%,且不少于 1 个系统
			室内温湿度	标准:DBJ 15—65—2009 9.2.11、12.2.2 JGJ/T 177—2009 4.0.1、4.0.2 抽检数量:相同系统形式应按系统数量的 20%;同一个系统检测数量不应少于总房间数量的 10%
			风管保温材料导热系数、密度、吸水率	标准:DBJ 15—65—2009 8.2.2 抽检数量:同一厂家同材质的绝热材料抽检次数不少于 2 次
			水管保温材料导热系数、密度、吸水率	标准:DBJ 15—65—2009 9.2.2 抽检数量:同一厂家同材质的绝热材料抽检次数不少于 2 次
		重要设备	冷水机组	标准:DBJ 15—65—2009 9.2.1、9.2.10 JGJ/T 177—2009 8.2.1 抽检数量:对于 2 台(含)同型号机组,应至少抽取 1 台;对于 3 台及以上(含 3 台)同型号机组,应至少抽取 2 台
			冷却塔性能	标准:DBJ 15—65—2009 9.2.1、9.2.6、9.2.11 抽检数量:全数核查
			冷冻水泵效率	标准:DBJ 15—65—2009 9.2.1、9.2.6 JGJ/T 177—2009 8.5.1 抽检数量:全数核查,检测工况下启用的循环水泵均进行效率检测
			冷却水泵效率	标准:DBJ 15—65—2009 9.2.1、9.2.6 JGJ/T 177—2009 8.5.1 抽检数量:全数核查,检测工况下启用的循环水泵均进行效率检测

续上表

序号	检测项			抽检依据
2	通风与空调系统	重要设备	空调机组	标准:DBJ 15—65—2009 8.2.1 8.2.5 8.2.7 检测数量:按同类产品的数量抽检 20%,且不得少于 1 台
			新风机组	
			送、排风风机	
			风机盘管	标准:DBJ 15—65—2009 8.2.2 抽检数量:同一厂家的风机盘管按数量抽检 2%,但不得少于 2 台
3	配电与照明系统	照度		标准:DBJ 15—65—2009 10.2.4 抽检数量:各功能区抽检数量不少于 2 处
		照明功率密度		标准:DBJ 15—65—2009 10.2.4 抽检数量:各功能区抽检数量不少于 2 处
		电线、电缆截面和每芯导体电阻值		标准:DBJ 15—65—2009 10.2.2 抽检数量:同厂各种规格总数的 10%,且不少于 2 个规格
		低压配电电源质量		标准:DBJ 15—65—2009 10.2.3 抽检数量:全数检测

表 3-2 建筑节能进场材料送检要求

序号	分项工程	检测项目		每组取样要求	计算单位	抽检数量要求
1	墙体节能工程	保温材料(建筑保温砂浆)	导热系数	试样尺寸为(300±1)mm×(300±1)mm×(25~30)mm,样品数量为 3 个	3 块/组	同一厂家同一品种的产品,当单位工程建筑面积在 2 000 m^2 以下时各抽查不少于 1 次,当单位工程建筑面积在 2 000 m^2 以上、20 000 m^2 以下时各抽查不少于 3 次,当单位工程建筑面积在 20 000 m^2 以上时各抽查不少于 6 次
			密度	试样尺寸为 70.7mm×70.7mm×70.7mm,样品数量为 6 个	6 块/组	
			抗压强度			
		墙体材料	导热系数	试样尺寸为(300±1)mm×(300±1)mm×(25~30)mm,样品数量为 3 个	3 块/组	同一厂家同一品种的产品,当单位工程建筑面积在 2 000 m^2 以下时各抽查不少于 1 次,当单位工程建筑面积在 2 000 m^2 以上、20 000 m^2 以下时各抽查不少于 3 次,当单位工程建筑面积在 20 000 m^2 以上时各抽查不少于 6 次
			密度	试样尺寸为(100±1)mm×(100±1)mm×(100±1)mm,样品数量为 12 个	12 块/组	
			抗压强度			
		浅色饰面材料	太阳辐射吸收系数	不小于 45 mm×45 mm,样品数量为 6 个	6 块/组	同一厂家同一品种的产品,当单位工程建筑面积在 2 000 m^2 以下时各抽查不少于 1 次,当单位工程建筑面积在 2 000 m^2 以上、20 000 m^2 以下时各抽查不少于 3 次,当单位工程建筑面积在 20 000 m^2 以上时各抽查不少于 6 次
		外墙	传热系数	砌筑与现场实体构造相同试验墙一面	1 片/组	每个单位工程的每种不同构造的外墙各抽查 1 处
2	门窗节能工程	玻璃	玻璃遮阳系数	单片玻璃试样尺寸为 100 mm×100 mm,样品数量为 3 块。 中空玻璃试样尺寸为 100 mm×100 mm,内外层各 3 块,玻璃要求非钢化	3 块/组	同一厂家同一品种同一类型产品各抽查不少于 3 樘
			可见光透射比			
			中空玻璃露点	试样尺寸为 510 mm×360 mm,样品数量为 20 块	20 块/组	同一厂家同一品种同一类型产品各抽查不少于 3 组
		门窗	门窗气密、水密、抗风压性检测	每组送三樘,需带副框,并附门窗图纸,长、宽不大于 1 800 mm	3 樘/组	同一厂家同一品种同一类型的产品抽检不少于 1 组(3 樘)
			传热系数	试样尺寸不大于 1 800 mm×1 800 mm	1 樘/组	同一厂家同一品种同一类型的产品各抽查不少于一樘

续上表

<table>
<tr><th>序号</th><th>分项工程</th><th colspan="2">检测项目</th><th>每组取样要求</th><th>计算单位</th><th>抽检数量要求</th></tr>
<tr><td rowspan="3">3</td><td rowspan="3">屋面节能工程</td><td rowspan="3">保温材料</td><td>导热系数</td><td>试样尺寸为(300±1) mm×(300±1) mm×(25~30) mm,样品数量为3块</td><td>3块/组</td><td rowspan="3">同一厂家同一品种的产品各抽查不少于一组</td></tr>
<tr><td>密度</td><td rowspan="2">试样尺寸为(100±1) mm×(100±1) mm×原厚,样品数量为8块</td><td rowspan="2">8块/组</td></tr>
<tr><td>压缩强度</td></tr>
<tr><td rowspan="2">4</td><td rowspan="2">配电与照明节能工程</td><td rowspan="2">电线电缆</td><td>截面</td><td rowspan="2">送检时提供试样的生产厂家、出厂检验单、产品标准、合格证明。同一批号:
BVV、BV 规格:20 m
VV 规格:15~20 m
YJV 规格:15~20 m</td><td rowspan="2">规格</td><td rowspan="2">同厂家各种规格总数的10%,且不得少于2个规格</td></tr>
<tr><td>每芯导体电阻</td></tr>
<tr><td rowspan="8">5</td><td rowspan="8">通风与空调节能工程</td><td rowspan="3">管道保温绝热材料</td><td>导热系数</td><td>试样尺寸为(300±1) mm×(300±1) mm×(25~30) mm,样品数量为3块(长方体)</td><td>3块/组</td><td rowspan="3">同一厂家同材质的绝热材料复验次数不得少于2次</td></tr>
<tr><td>密度</td><td>试样尺寸为(100±1) mm×(100±1) mm×(50±1) mm,样品数量为6块(长方体)</td><td>6块/组</td></tr>
<tr><td>吸水率</td><td>试样尺寸为(150±1) mm×(150±1) mm×原厚,样品数量为3块(长方体)</td><td>3块/组</td></tr>
<tr><td rowspan="5">风机盘管机组</td><td>供冷量</td><td rowspan="5"></td><td rowspan="5">台</td><td rowspan="5">同一厂家同一型号的风机盘管机组按数量复验2%,但不得少于2台(按站)</td></tr>
<tr><td>供热量</td></tr>
<tr><td>风量</td></tr>
<tr><td>功率</td></tr>
<tr><td>噪声</td></tr>
</table>

注:如无地上建筑部分,则不用送检墙体节能工程、门窗节能工程及屋面节能工程的相关材料。

送样说明:

①送样时必须提交送检样品的产品型式检验报告(复印件)。

②工程送检,送样时必须提交所属工程的建筑节能设计审查备案表。

③送样时需携带见证送检记录(需盖章)。

第四节　第三方检测的协调管理

1. 为确保现场检测顺利进行,所有设备须上电,各系统至少有两名熟悉本工程的施工人员以及一名监理工程师现场配合检测工程师实施见证检测;因检测涉及各系统的厂家,因此检测之前要提前联系相关厂家也到场配合检测,安全防范系统还需准备一张授权卡和一张无效卡,所有门禁控制器需供电,门禁控制主机及管理软件到位。

2. 施工单位应确保所有设备能供电,所有机房、设备间、中控室、弱电井及前端设备所处房间均能随时进入,所有信息点和光纤配线架及前端面板需贴标签。如已移交运营的站点需要施工单位做好请点工作,并事先与运营方面沟通准备好相关场所(如照配室、环控室、环控机房、设备机房等)的钥匙。

3. 检测单位检测人员应根据运营要求提早完成进场培训工作。

4. 施工单位应准备一张信息点分布图(最新)以供现场随时查看,以及螺丝刀、钳子、人字梯等,便于开展检测及过程中问题的即时处理。

5. 检测组将每天检测出来的问题,下班前交施工方整改,施工单位针对问题整改并加强自检工作,自检通过后通知检测单位复检。第二天不能完成整改的另列项交甲方督促尽快整改。

第五节 第三方检测的重难点

难点:轨道交通项目线路长,站点多,设备安装位置隐蔽。

难点解决办法:为了实现检测工作的目标,项目实施计划应进行充分的优化,能够并行开展的工作尽量并行开展,同时也应该充分考虑时间安排的可行性。为方便检测单位熟悉检测现场情况,尽快开展检测工作,受检方应进行先期检查,做好准备工作,各方应履行约定检测时间,特殊场所需受检单位提供相关的图纸和技术资料。

提前做好技术交底,熟悉现场设备布置情况,委托方应派相关人员配合,避免特殊房间不能进入,或找不到需检测的设备,防止窝工。

重点:如何确保检测工作合理、有序地开展。

重点解决办法:检测前,做好技术及安全交底,受检单位应组织好各受检系统的技术人员进行系统情况介绍。检测中,受检单位有关负责人和技术人员必须在场,配合检测人员工作,与甲方交接好当日需进行的检测内容。

检测中使用的检测仪器必须经国家法定计量单位检定合格。检测人员严格按操作规程使用,保证检测数据的真实可靠。

第六节 第三方检测工作指引

因轨道交通工程项目具有时间紧、任务重,以及涉及单位庞大,检测流程繁复这一特点,为了尽快完成第三方检测工作,由检测单位编写第三方工作指引,以指引设备监造商、施工承包商、设备供货商,针对第三方检测内容提前检查、整改,更好地通过第三方检测。

一、消防检测工作指引

1. 火灾自动报警系统检测规程

(1)检测消防控制室

①接受火灾报警,发出火灾声光报警信号,向消防部门报警。

②消防水泵的启闭控制。

③显示消防系统工作、故障状态。

(2)检测火灾报警控制器

①外观安装质量、配线、接地保护、电源开关保护情况是否符合规范要求。接地电阻要求如下:

a. 电阻值:采用电阻测试仪,专用接地时应小于等于 4 Ω,共用接地时应小于等于 1 Ω。

b. 专用接地支线线芯截面积:采用游标卡尺,不应小于 4 mm^2。

c. 专用接地干线线芯截面积:采用游标卡尺,不应小于 25 mm^2。

②测试火灾报警控制器自检、故障报警、显示、消音、复位、记忆、火灾优先功能是否符合规范要求:

a. 自检功能检测:触发自检键对面板上所有指示灯、显示器和音响器件进行自检。

火灾报警控制器功能自检时间,采用秒表,控制器自检时间超过 1 min 或其不能自动停止自检功能时,不应影响报警功能。

b. 故障报警及显示功能检测：现场拆下一个火灾探测器，模拟故障信号，查看火灾报警控制器是否能准确显示故障部位。

c. 消音功能检测：按下火灾报警控制器消音键，查看该按钮是否能及时消音。

d. 火灾优先功能检测：在故障信号存在情况下，现场用专用加烟器向感烟探测器加烟令其报警，查看火灾报警控制器是否能迅速显示该部位及重新启动报警声响。

e. 复位功能检测：按下火灾报警控制器复位键，查看该按钮是否能使报警探测器复位。

③检测火灾自动报警控制器备用电源容量，主备电源切换试验是否符合规范要求：备用电源投入和主、备电源转换时间，采用秒表，备用电源应自动在 5 s 内完成转换。

a. 主备电源切换功能检测：切断主电源，查看备用直流电源能否自动投入使用并有状态显示。

b. 备用电源容量检测：在备用直流电源供电状态下，火灾报警控制器至少保持警戒 30 min 以上。

(3)联动控制器

①外观安装质量、配线、接地保护、电源开关等情况是否符合规范要求。

②接收感烟(感温)探测器或手动报警按钮报警信号，消防控制柜联动消火栓水泵、喷淋泵、防排烟风机等设备的启动、信号反馈是否符合规范要求。

(4)系统布线的检测

检测线井和明敷穿线管道系统布线是否符合规范要求。

(5)火灾探测器的检测

①检测火灾探测器的设置是否符合规范要求，探测器安装间距：

a. 周围最小间距，采用钢卷尺，0.5 m 范围内无遮挡物。

b. 探测器梁底布置要求，采用钢卷尺，梁高大于等于 600 mm 时，探测器不得布置在梁底。

c. 至墙壁或梁(>200 mm)边水平距离，采用钢卷尺，大于等于 0.5 m。

d. 至空调送风口边的水平距离，采用钢卷尺，大于等于 1.5 m，并宜接近回风口安装。

e. 至多孔送风顶棚孔口的水平距离 m，采用钢卷尺，大于等于 0.5 m。

f. 烟感安装间距，采用皮尺，小于等于 15 m。

g. 烟感距端墙距离，采用皮尺，小于等于 7.5 m。

h. 温感安装间距，采用皮尺，小于等于 10 m。

i. 温感距端墙距离，采用皮尺，小于等于 5 m。

②检测火灾探测器的外观是否完整无缺，安装是否牢固。

③用专用的火灾探测器试验器模拟火警信号，检测探测器的报警功能和报警地址编码是否符合规范要求。

(6)感温电缆的检测

感温电缆检测要求：对感温电缆使用热源 55 ~ 145 ℃加热，应报警并显示报警点位置。

(7)手动报警按钮检测

①检测其是否按照消防规范的要求设置；手动报警按钮安装尺寸。

a. 距地面高度，采用钢卷尺，宜为 1.3 ~ 1.5 m。

b. 同区内任一点至最近手报距离，采用皮尺，小于等于 30 m。

②报警功能检测：用专用钥匙插入试验孔令其动作报警，报警后拔出专用钥匙让其复位，然后主机复位，查看其是否能正常复位。

(8)消防声光警报装置的检测

①检测警铃是否符合规范要求和设计要求,声压级,采用数字声压计,为环噪加 15 dB。

②检测联动时,用声级计分别检测其声级数是否符合规范要求;并检测其是否安装牢固;

(9)消防供电与末端切换装置的检测

①消防电源应单独设置并能正常切换。

②应急照明灯持续时间。

③消防用电设备应采用专用的供电回路,当发生火灾切断生产、生活用电时,应仍能保证消防用电,其配电设备应有明显的标志。

④检测火灾确认后,能否人工或自动切断有关部位的非消防电源。

⑤消防用电设备的两个电源,应在最末一级配电箱处自动切换。自备发电设备,应设有自动启动装置。

(10)应急照明灯的检测

①消防泵房、消防控制室、变配电间、自备发电机房和消防值班室等处应设置事故照明,其照度不宜低于一般照明照度的 10%。事故照明供电支线应接于消防配电线路上。

②应急照明灯持续时间,大于等于 30 min。

(11)疏散指示标志的检测

①疏散指示标志的设置是否符合规范要求;在墙面上单独设置内部发光疏散指示标志的间距,小于等于 10 m,袋形走道的尽头距离标志不应大于标志间距的一半。地面单独设置内部发光疏散指示标志的间距,小于等于 5 m。

②火灾确认后,非消防电源切断时,疏散指示标志能否自动切换,并检测其应急工作时间其应急工作时间大于等于 30 min;疏散指示灯照度,采用数字照度计,地面照度不应低于 1.0 lx。

③内部发光疏散指示标志电线,不得采用插头连接,应在预埋盒或接线盒内连接。

④持续型和集中控制型内部发光疏散指示标志的供电,主电源宜在双电源互投后最末一级配电箱取电。

⑤非持续型内部发光疏散指示标志的供电,主电源应在发生火灾时需切断的正常供电线路取电,而不能在双电源互投后取电。

(12)消防通信火灾事故广播消防电梯系统

①检测消防广播的设置是否符合规范要求和设计要求。

②检测联动时,用声级计分别检测其声级数是否符合规范要求;并检测其是否安装牢固;广播声压级,采用声压计,扬声器声响为环噪加 15 dB。

③消防电话插孔检测:用专用的消防电话插入电话插孔,检测其通话情况;消防电话安装高度,采用钢卷尺,底边距地面宜为 1.3 ~ 1.5 m。

④测试火灾事故广播效果及自动和手动强制切换功能。

⑤扬声器播放声压级,采用声压计,扬声器声响为环噪加 15 dB。

⑥广播选层功能,采用声压计,应接通相关层或相关区域。

⑦电梯迫降功能及信号反馈。

2. 防火门、防火卷帘检测规程

(1)防火门的检测

①检测其外观、安装质量,防火门间距。

②检测其合页、五金配件的安装。

③检测其闭门器安装及启闭性能。

④检测疏散通道的防火门是否具有能迅速关闭的功能，不应锁死并关闭严密。

(2)防火卷帘的检测

①检测防火卷帘的外观、安装质量。

②检测卷帘的升降平稳性、应急手动操作功能、布线情况；防火卷帘启闭速度，采用钢卷尺，应为2～7.5 m/min。

③检测作防火分隔的防火卷帘是否一步降到底并信号反馈至消防控制中心。

④检测作疏散通道防火卷帘是否是感烟探测器动作后，是否卷帘一步降中位，感温探测器动作后，卷帘下降到底，并且信号反馈消防控制中心。

⑤防火卷帘报警后下降噪声，采用声压计，不应大于 85 dB。

⑥防火卷帘报警后下降高度。

a. 作防火分隔的防火卷帘动作，采用钢卷尺，火灾探测器动作后，卷帘应下降到底。

b. 感烟探测器动作后卷帘状态(疏散通道)，采用钢卷尺，距地 1.8 m。

c. 感温探测器动作后卷帘状态(疏散通道)，采用钢卷尺，卷帘下降到底。

3. 气体灭火系统检测规程

检测规程如下：

①检测灭火剂储存容器外观是否有变形、缺陷、手动操作装置有铅封，铭牌标识，充装量和压力、安装质量。

②检测储存器液位储存量。

③检测启动瓶外观、颜色标志、安装质量、名称编号。

④检测压力表外观、安装质量和方向。

⑤集流管、单向阀的检测。

⑥检测防护区标志、报警设施、防护区门、穿楼板或防火墙管道与套管间隙处理、管网颜色、喷嘴质量。

⑦检测气体喷射前的延时时间：模拟火警使感烟探测器动作，接着感温探测器动作，形成“与门”报警信号，系统是否在 30 s 内正常动作。

⑧系统启动功能试验：系统功能正常，可靠地启动、喷射。

⑨检测气体自动喷射有关组件显示：放气指示灯显示、切断火场电源、声光报警装置动作及信号反馈至消防控制中心等是否正常。

⑩防护区通风装置联动功能测试。

4. 消防供水设施检测规程

(1)消防水池

①消防给水的水源可由天然水源、给水管网或消防水池。消防水池是否设有自动供水装置，与生活用水共用消防水池时，是否设置保证消防用水措施；利用天然水源时，应确保极端低潮位或枯水期最低水位和冬季消防用水的可靠性，并应设置可靠的取水设施。当以海水为消防用水时，消防设备应采取相应的防腐措施。

②消防水池容量:采用皮尺,应符合设计要求总容量超过 500 m^3 时应分成两个独立的水池。

(2)消防水箱

①消防水箱容量:采用皮尺,应符合设计要求。

②消防水箱间主要通道宽度,采用钢卷尺,大于等于 1.0 m。钢板消防水箱四周检修通道,采用钢卷尺,大于等于 0.7 m。消防水箱顶部至楼板或梁底距离,采用钢卷尺,大于等于 0.6 m。

(3)气压给水装置安装尺寸

①气压罐设备安装位置(周边距离),采用钢卷尺,设备周围检修通道大于等于 0.7 m。

②气压罐设备安装位置(顶部高度),采用钢卷尺,罐顶至楼板或梁底的距离大于等于 1 m。

(4)供水设备

①检测消防水泵的外观、标志、安装质量。

②检测水泵吸水方式、吸水管控制阀、吸水管条数和出水管及附件、阀门的安装设置情况是否符合设计及规范要求。

③检测消防水泵的启动情况:水泵手动、消防控制室远程启动,消防泵能否动作且信号反馈回消防中心;水泵启动时间,采用秒表,应保证在火警后 30 s 内启动。

④主备泵的切换功能检测:模拟主泵故障,备用泵是否能自动投入,水泵故障信号是否能反馈至消防控制中心。

⑤检测气压罐和稳压泵的设置、安装情况。

⑥消火栓系统管网,检测其材质、管径、外观,每区抽检 2 ~ 3 处,若发现有存在不符合规范要求,则加抽检以反映其真实情况。

(5)水泵接合器

①设置距离,采用皮尺,与室外消火栓或水池应距离 15 ~ 40 m。

②墙壁式水泵接合器与门窗距离,采用钢卷尺,与门窗洞口的距离宜大于等于 2.0 m。

③地上式水泵接合器安装高度,采用钢卷尺,接口至地面的距离宜为 0.7 m。

④水泵接合器的设置要求在消防车容易连接的地方,标志明确。

5. 消火栓系统检测规程

(1)消火栓箱及配件

①消火栓的设置要保证两支充实水柱同时达到被保护的部位;栓口安装尺寸,采用钢卷尺,距地面高度宜为 1.1 m;最大布置间距,采用皮尺,两支枪充实水柱同时达到被保护部位。

②检测其标志及结构质量,要有明显标志,结构牢固美观、箱门开启灵活,有防锈蚀措施;组件完整便于操作,无生锈、漏水和接口垫圈无缺损,水枪、水带、卷盘等设置配备,质量完好。

(2)水压的检测

①检测消防控制中心远程启动消火栓泵,应启动顺利、运行正常、显示正确。

②检测最有利消火栓静压:在最有利点消火栓处接上消火栓试水装置,打开栓口阀,打开试水装置上的截止阀放气再关闭,观察消火栓试水装置的压力显示数值是否小于等于 1.0 MPa。

③检测最不利点静压:最不利点消火栓处测试消火栓试水情况,观察消火栓试水装置的压力显示数值。

④检测消火栓的动压:在最有利点和最不利点消火栓处测试消火栓试水情况,观察消火栓试水装置上的压力表显示数值。

⑤检测最不利点充实水柱：最不利点消火栓处测试，启动消火栓泵，测量充实水柱长度。

6. 防排烟系统检测规程

(1)防排烟风机

①检测外观及安装质量，规格是否符合设计要求；风机外观，安装牢固，方向正确，传动皮带的防护罩、新风入口的防护网应完好。

②检测排烟机运转功能及信号反馈功能。

(2)排烟口及排烟防火阀

①检测排烟口及排烟防火阀动作及信号反馈功能。

②检测排烟防火阀是否动作温度为 280 ℃。

③检测排风口风速是否小于 10 m/s，并且有明显的排烟效果。

(3)送风口及送风阀

①检测送风阀动作及信号反馈功能。

②检测排风口风速是否小于 10 m/s，并且有明显的排烟效果。

③检测前室及楼梯间余压值是否符合规范要求；防烟楼梯间余压值，采用数字微压计，防烟楼梯间余压值应为 40～50 Pa。

7. 联动检测规程

(1)自动报警系统的联动检测（每层或每个防火分区各检测一次）

模拟火警信号使感烟探测器动作或手动报警按钮动作，检测联动下列设备情况：

①报警设备：是否联动警铃动作及其选层功能，广播自动或手动切换至火灾应急广播功能；

②消防电源：是否能切断有关部位的非消防电源，消防电源自动投入，并在最末端进行切换。

③应急灯、应急疏散指示标志灯是否能自动切换。

④各种设备的动作信号是否能及时反馈至消防控制室。

(2)室内消火栓系统联动

说明：手动破玻按钮消火栓系统联动试验，压力开关动作或流量开关动作，检测是否联动启动消防水泵且信号反馈回消防控制室。

(3)防排烟系统联动试验

说明：每个消防相关模式各检测一次。

在各区测试报警设备时，防排烟风机能否正常开启。相关排烟阀、送风阀是否按程序打开。

二、智能检测工作指引

1. 检测方案

施工单位提供相关系统图纸及设备清单，配合检测单位编制详细检测方案。方案由施工单位发起，经监理、设计、检测单位、业主工程部门审核签字盖章，报质量监督站备案。检测项目及要求如表 3-3 所示。

表 3-3　智能化系统检测项目及要求

序号	检测系统	所需图纸名称
1	安全防范系统（门禁控制系统）	门禁系统（整套图纸）

续上表

序号	检测系统	所需图纸名称
2	环境与设备监控系统	环境与设备监控系统(整套图纸)应至少包含: 1. BAS 系统图; 2. 监控点表、对象表、电缆清册
3	电源与接地系统	车站低压配电与照明施工图-接地(机电部分)(整套图纸)至少包含: 全线所有车站及车辆段综合接地系统图
4	屏蔽门/安全门	屏蔽门/安全门施工图(整套图纸)

2. 现场检测需准备的文档资料

在通知检测单位进场检测前,施工单位将以下资料准备齐全,现场检测时,应能随时查阅。

①系统结构图、平面图(最新)。

②设备清单(最新)。

③BAS 监控点表(最新)。

④工程实施及质量控制记录。

⑤隐蔽工程和过程检查验收记录。

⑥隐蔽工程随工验收单。

⑦主要设备的检验报告或认证证书。

⑧系统自检记录。

⑨变更相关文件。

⑩工程概况。

三、节能检测工作指引

1. 风管漏风量及变形量检测

风管漏风量及变形量检测应在风管组件进场后安装前进行。

抽取的测量段以系统风管的总管和干管为主,且为直管段。当抽检位置确定后,应在风管上做好定点标记。委托方按照检测方要求将被检风管段放置于平地,同时测取所选风管的尺寸;封堵被检风管两端截面,并检查整个风管连接处是否密封性完整,如不完全密封,请将风管做好密封。

2. 风量检测

在风系统完成安装、调试后,将进风系统安装、调试完成阶段的检行风口风量、系统总风量、风机单位风量耗功率等检测。在进场检测前,施工单位应对风机的皮带轮松紧度进行调节,检查风机接线相序,检查风管系统阀门开度是否正常并对风管系统进行清理,确保风系统中各构件能够正常运转,并确保在调试自检完成后进行检测。

(1)风口风量进场检测条件

风系统管道安装完毕,并经风口风量平衡调试后,方可进场检测。

(2)系统总风量及风机单位风量耗功率进场检测条件

风系统管道安装完成后,送风机、排风机或空调机组能够正常运行并经过调试。

3. 水系统安装、调试完成阶段的检测

完成水系统等相关调试并试运行后,将进行冷水机组、冷却塔、水泵性能、水力平衡度、空调冷(热)

水总流量、冷冻水总流量、冷却水总流量、空调机组性能及室内温湿度等现场检测。

(1)冷水机组性能检测

冷水机组安装完成。检测前施工单位和设备厂家应对整个水系统运行进行自检和调试,冷冻水流量和冷却水流量应保证冷机正常运转需要,检测时室外气象条件应能保证冷却塔正常运转,现场末端经调试后保证检测时大部分开启并正常运转,确保冷水机组在一定的负载下运行。

(2)冷却塔性能检测

冷却塔架设完成,并经设备厂家按设计要求调试完成。测试宜在气温较高季节、无雨天进行;自然通风冷却塔不宜在雨后立即测试,测定开始时间应在雨停后 1 h 以上;机械通风冷却塔测试时,环境平均风速不得大于 4 m/s,阵风每分钟平均风速不得大于 6 m/s;自然通风冷却塔测试时,环境平均风速不得大于 3 m/s,阵风每分钟平均风速不得大于 5 m/s。

(3)水泵性能检测

冷冻、冷却水泵安装完成,并经设备厂家按设计要求调试完成,能正常运转。

(4)水力平衡度性能检测

水路管道系统安装并完成水流量调试后,各水路干管能够独立控制。

(5)空调机组、送排风机性能检测

设备安装完成,并经厂家按设计要求调试完成,能正常运转。

(6)室内温湿度检测

风系统、水系统按设计要求稳定运行,环境风速不超过 4 m/s。

4. 照明照度及功率密度进场检测条件

被检照明照度及功率密度的功能区域内所有灯具按照设计要求安装完成,并能正常使用及控制。

5. 低压配电电源质量

应在低压配电系统施工完成并通电使用,具备一定负载的情况下进行检测。

第四章

功能验证

为适应广州市轨道交通快速发展的需要，规范完善广州地铁机电系统验收标准，促进新线机电系统工程高标准开通，广州地铁集团有限公司制定了机电系统功能验证标准。

①本标准适用于广州地铁新建轨道交通线路机电系统工程功能的验收。未涉及的新技术、新工艺、新设备、新材料，其功能的验收应另行制定补充标准。

②本标准是参与广州地铁新线建设和运营各方主体必须遵守的准则，是实现城市轨道交通机电系统单体（单机）功能、单系统功能、多专业集成系统功能验收的依据。

③本标准规定了完成验收工作的程序、组织、各方职责及各机电系统验收标准。

④各机电系统验收标准的编制依据于设备采购合同文件或行业相关标准。

⑤在广州地铁新线建设过程中，还需符合相关的法律、法规的规定，当本标准与法律、法规的规定相抵触时，应按法律、法规的规定执行。本标准的实施需要依存于经国家批准或备案的有关标准。

功能验证层次划分如下：

（1）单体（单机）功能检验

单体（单机）调试完成后形成相应的检验报告（并责令相关单位限期完成调试遗留问题），作为系统验证的归档文件。

（2）单系统功能验证

单系统的功能验证，是检查和验证其功能、性能、人机界面以及设备间接口是否达到设计和合同规定的指标。单系统调试的重点在于检查其内外部的接口是否全部解决，并验证各个子系统功能的相互匹配，全部技术指标是否已达到设计要求。该阶段涉及的系统间接口调试，也可视作系统间前期联调的一部分。

单系统功能调试完成后形成相应的调试报告（并责令相关单位限期完成调试遗留问题），作为系统验证的归档文件。

根据系统功能的重要性，可将单系统功能分为主控项目和一般项目。各机电系统应结合本系统的特点，制定主控项目和一般项目，以及对应的检验标准（检验方法和检验数量）。

（3）多专业集成系统功能验证

多专业集成系统功能验证分为主控项目和一般项目。各机电系统应结合本系统的特点，制定主控项目和一般项目，以及对应的检验标准（检验方法和检验数量）。

第一节 功能验证内容

各机电专业功能验证定义如下：

1. 通风空调系统

重要设备包括：大系统空调机组、小系统空调机组（服务关键设备房）、隧道风机、车站风机（排烟风机）、变制冷剂流量分体空调机组、电动风阀（防烟防火阀）。

一般设备包括：小系统空调机组（非服务关键设备房）、车站风机（普通风机）、冷水机组、冷却塔、水泵、电动风阀（电动风量调节阀）。

2. 低压配电系统

本专业达到验证条件为：低压配电箱、低压配电柜、事故照明电源系统、智能电机柜、光伏发电系统（不含光伏组件）、集中 UPS 系统、照明及疏散指示灯完成各项单机及系统的功能调试。

3. 给排水及消防

潜污泵、消防气压给水设备、真空排污系统、密闭式污水提升装置。

生活给水系统、消防给水系统、排水系统。

所有储水池、集水井、压力井。

4. 屏蔽门系统

屏蔽门实现就地控制（LCB 单个滑动门、PSL 单侧控制）、IBP 盘控制、系统级信号控制。

5. 防淹门系统

防淹门实现单体功能、信号系统控制（防淹门系统接口已完成测试）、IBP 盘控制（防淹门系统接口已完成测试）。

6. 电扶梯系统

扶梯完成调试，整机性能检查合格。

7. 无机房电梯系统

电梯完成调试，整机性能检查合格。

8. 门禁系统

车站级门禁系统实现正常刷卡开门功能，能够正确与综合监控实现通信，中央级与各车站实现正常通信，授权信息正确下发，人机界面正常正确显示本站门禁系统信息。

9. 气体灭火系统

气体灭火系统管网部分完成功能验证。

气体灭火系统控制部分完成功能验证。

气体灭火系统（管网 + 控制部分）完成功能验证。

10. 高压细水雾灭火系统

高压细水雾灭火系统功能验证。

11. 火灾自动报警系统

火灾自动报警系统（以下简称 FAS）单系统功能实现正确报警，消防电话通信清晰，与气体灭火设备实现正确通信报警，火灾状态下能够正确联动环境与设备监控系统（以下简称 BAS）、综合监控系统、AFC 闸机。

12. 环境与设备监控系统

单体试验、接口调试和系统联调，重要设备均按照系统测试大纲进行了相关的调试。

13. 供电系统

完成所有单体设备的安装，并进行电气现场交接试验，试验结果全部合格；供电系统按设计要求完成所有设备间的逻辑闭锁关系的实现；完成变电所送电开通及接触轨/网送电；顺利进行热滑试验后；所内 SCADA 已完成调试。

14. 主变电站

完成所有单体设备的安装、调试，电气设备进行了现场交接试验，试验结果全部合格；变配电系统按设计要求完成所有设备间的逻辑闭锁关系的实现；输变电线路完成所有电气试验，具备从供电局对侧变电站往地铁新建变电站送电条件；主变电站自动化符合设计文件要求，调试完成。

15. 车辆段立体仓储

自动化立体仓储完成安装调试。

16. 车辆段厨房设备

厨房设备完成调试，性能自检合格。

17. 车辆段安防系统

安防系统安装调试完成。

18. 车辆段通信信号系统

已经完成了信号系统的安装调试工作，系统性能检查合格。

19. 车站装修

机电系统区及公共区安装装修施工完成，灯箱、导向指示牌安装完成。

20. 综合监控系统

已完成验证前的各项调试工作，功能满足合同要求。具体包括单体试验、接口调试和系统联调，重要设备均按照系统测试大纲进行了相关的调试。

第二节　参建各方关系及职责

组织结构及职责如下：

①轨道交通验交办公室主要职责：主持机电系统功能验证，负责对验证过程中问题的评判和验证的评定。

②建设单位主要职责：负责执行验交办公室的功能验证管理制度，组织完成系统功能验证及遗留问题整改工作。

③运营单位主要职责：参与系统功能验证工作，负责地铁运营设施设备的接管工作，配合遗留问题整改工作。

④设备监造商：负责协助、配合建设方进行各项工作，及时协调解决功能验收中发现的各种问题，

负责调度相应施工单位、供货商等人力、物资设备、交通车辆,以满足调试需要,向项目组汇报工作情况。

⑤施工单位:全程参与、协助设备监造商、运营单位,确认设备设施位置和运行状态,提供施工图纸和必要的工器具,与接口专业施工单位做好协调沟通。

⑥设备供应商:负责现场设备操作和测试,对问题进行确认、澄清、整改。

⑦功能验收程序:由建设单位牵头,项目管理和设备监造商组织,运营单位负责检查,设备供货商和施工单位配合验证,功能验证内容和方法依据功能管理进行。

根据工期的实际情况,功能验证时间原则不应超过一天每站。

第三节　功能验证原则

对本系统功能验证问题进行等级定义:

A 类:安全项目。影响使用运营安全。该项目功能未实现将无法使用或误导操作人员做出错误判断。

B 类:重要项目。对运营有影响,但不对安全构成影响。

C 类:一般项目。不影响功能使用或第三方设备引起的问题等。

对各系统功能验证覆盖范围、验证比例进行以下约定。

在系统验证中,被抽验的装置应该是全部合格的,则验证通过。但是,由于多方面的原因,可能出现一些差错。为了既保证工程质量,又能及时投入使用,如第一次验证不合格,应在限期修复后,进行第二次验证。第二次验证时,对有抽验比例要求的,应按规定的比例加倍抽验,且不得有差错;第二次验证不合格,不能通过验证。

验证过程中如存在 A 类问题,判定功能验证不通过;如有 B 类问题且超过 30%,应判定功能验证不通过,如低于 30%,应判定功能验证通过,但存在的问题必须在开通前完成整改;如有 C 类问题,应判定功能验证通过,C 类问题开通运营前须整改完成 90%。

1. 通风空调

①根据现场单体设备数量防火阀抽检比例为全站 10%、组合风阀抽检比例为全站 100%、风机盘管抽检比例为全站 10%、组合机组和柜机的抽检比例抽检比例为全站 100%、车站风机抽检比例为全站 10%。

②大系统(包括变制冷剂流量分体空调机组)分别在全新风、小新风、火灾模式下抽测整个系统的 10% 风口风量(但不少于 5 个风口)。抽测风量总和与设计风量偏差不大于 10%,则视为完成该模式功能验证,如出现不合格项则整改后重新抽检。

③小系统(包括变制冷剂流量分体空调机组)分别在全新风、小新风、火灾模式下抽测站内全部小系统 10% 的系统(但不小于 1 个系统)的全部风口风量。抽测风量总和与设计风量偏差不大于 10%,则视为完成该模式功能验证,如出现不合格项则整改后重新抽检。

④隧道通风系统分别在正常通风模式及火灾模式下测量站内隧道通风系统的排风道内的截面风量及左右线隧道内的截面风速,测量风量总和与设计风量偏差不大于 10%,则视为完成该模式功能验证,如出现不合格项则整改后重新抽检或提供第三方检测报告。

⑤水系统测试冷水机组与冷却塔、空调水泵联动模式;测试冷冻水总流量。冷水机组能够联动控制冷却塔、空调水泵,冷冻水总流量与设计流量偏差不大于 10%,则视为完成该模式功能验证,如出现不

合格项则整改后重新抽检。

2. 低压配电与照明功能验证

主要验证原则如下：

双电源切换箱按照100%进行检查，其余配电箱按照总数5%进行抽检，即照明总箱、三级负荷小动力箱、广告配电箱、就地控制箱和维修箱类型各抽一个进行检查。

事故照明装置每站按100%进行检查。

低压智能配电柜每站抽一个变电所进行功能检查。

低压智能电机柜每站抽一个环控电控室进行功能检查。

集中UPS系统每站按100%进行功能检查。

照明及疏散指示灯按照总站数量5%进行抽检。

每站公共区楼扶梯处平均照度检查。

光伏发电系统每站按100%进行功能检查。

接口功能等测试，可在系统测试记录完整的情况下进行抽查，按照5%进行抽检，全部合格视为通过功能验证。

如第三方检测单位检测的项目与功能验证项目重复的，优先采用第三方检测报告作为验证合格的依据，不再另行组织现场测试。

设备安装结束后，功能验证前，由建设单位牵头对设备进行逐一检查，检查过程将邀请运营总部参与。

3. 给排水及消防功能验证

主要验证原则如下：

①潜污泵为区间废水泵房100%检查。

②站内潜污泵中主废水泵房100%检查，其余潜污泵抽查2组。

③站内排污设备100%检查。

④消防水泵100%检查。

⑤抽查给水及消防关键阀门。

功能和验证前需提供有压管道试压记录，验证过程中如存在A类问题，判定功能验证不通过；如有B类问题且超过30%，应判定功能验证不通过，如低于30%，应判定功能验证通过，但存在的问题必须在开通前完成整改；如有C类问题，应判定功能验证通过，C类问题开通运营前须整改完成90%。

给排水专业功能验证通过后，如BAS、FAS等上级专业联调时，牵涉给排水专业的问题需相关单位配合完成整改。在分项工程时期，运营安排人员进行全面检查，确保设备正常运行。

如第三方检测单位检测的项目与功能验证项目重复的，优先采用第三方检测报告作为验证合格的依据，不再另行组织现场测试。

4. 屏蔽门

在已提交屏蔽门调试报告的前提下，屏蔽门所有设备实行60%抽检，其中屏蔽门单体功能重要项目的100%进行检查，合格则判定屏蔽门单体功能验证通过。

5. 防淹门

在已提交防淹门调试报告的前提下，所有设备都进行检验，每套防淹门按防淹门系统设备功能中

80% 重要项目进行抽查，其中抽查项目全部合格则判定该单体设备功能验证通过。

6. 电扶梯

运营单位门梯专业人员对每个车站每台扶梯进行 100% 检验。重要项目 100% 通过检验，则应判定扶梯通过功能验证。一般项目不影响功能验证结论。

7. 无机房电梯

运营单位门梯专业人员对每个车站每台无机房电梯进行检验，如重要项目 100% 通过检验，则应判定无机房电梯通过功能验证，非重要项目不影响功能验证结论。

8. 门禁

门禁系统功能验证指南分为中央级功能及车站级功能。功能验证分别进行，中央级功能不影响到车站级功能验证结论。

门禁系统在测试记录完整情况下，由运营人员对门禁系统功能进行测试，对于各站通道门门禁功能的重要项目全检，设备房门禁功能按重要项目的 20% 抽检。

9. 气体灭火系统

气体灭火系统由运营人员在施工阶段进行启动管道气密性试验、模拟启动试验及模拟喷气试验等功能验证时参与见证监督，在提供输送管道吹扫试压记录、启动管路气密性试验记录、控制部分的调试报告（含记录）及气体喷放试验报告后。按每一个组合分配系统抽取一个保护区进行模拟启动试验并合格，试验采用的储存容器数应为选定的防护区域或保护对象设计用量所需容器总数的 5%，且不得少于 1 个。第一次测试如不合格，整改后进行第二次功能复测，对整改问题进行测试，再抽取一个气体保护区进行测试。如复测后仍不合格，则需要对所有气体灭火设备进行测试。当设备数量较少时，必须保证每类设备至少测试一套（台）。

10. 高压细水雾

验证过程中如存在 A 类问题，判定功能验证不通过；如有 B 类问题且超过 30%，应判定功能验证不通过，如低于 30%，应判定功能验证通过，但存在的问题必须在开通前完成整改；如只有 C 类问题，应判定功能验证通过，C 类问题开通运营前须整改完成 90%。

11. 火灾自动报警

FAS 系统功能验证采取抽检方式，功能验证前提供调试报告（含调试记录）。

如第三方检测单位检测的项目与功能验证项目重复，优先采用第三方检测报告作为验证合格的依据，不再另行组织现场测试。

总体原则：按 FAS 系统测试主控项目的 10% 比例进行抽检。其中：

①火灾探测器（含可燃气体探测器）和手动火灾报警按钮按照每个回路 10% 的比例抽检。

②电话插孔按照实际安装数量的 10% 进行抽检。

③火灾报警控制器进行全部检验。

④消防立泵/稳压泵（含消防水池）按照全部检验。

⑤防火卷帘 5 樘以下的应全部检验，超过 5 樘的应按实际安装数量的 20% 的比例检验。

⑥针对图形工作站人机界面等软件工作抽取一个车站，进行全部功能检验。

12. 环境与设备监控系统

BAS 系统在调试中需保存完整调试记录（运营须全程参与调试），与运营进行验证工作时，可以按照抽测等方式验证。

功能验证测试原则：

①BAS 系统功能按照重要项目的 60% 进行抽测。

②非重要项目按照 5% 进行抽测。

③测试步骤中为了描述清楚，选取某个典型设备的某个典型点进行描述，实际测试中可以选择任意设备的任意点进行测试。

④如第三方检测单位检测的项目与功能验证项目重复，优先采用第三方检测报告作为验证合格的依据，不再另行组织现场测试。

以上抽检项目全部合格视为合格，如出现不合格项则整改后重新抽检。如第二次抽检后测试不通过，则需要对该类设备进行重新测试。

13. 供电系统

建设部门和各工点监理部完成分项、分部工程验证，并完成单位工程验前检查，确认验前检查所提出的各项整改按要求完成，并确认具备工程验证条件（不存在对运营安全构成威胁的工程缺陷，且具备基本功能要求），可进行工程验证。

供电专业在调试完成后需有完整的调试报告，与运营进行验证工作时，可以按设备验证表进行设备部分功能验证方式验证。

14. 主变电所

建设部门和各工点监理部完成分项、分部工程验证，并完成单位工程验前检查，确认验前检查所提出的各项整改按要求完成，并确认具备工程验证条件（不存在对运营安全构成威胁的工程缺陷，且具备基本功能要求），可进行工程验证。

15. 立体仓储功能验证

验证过程中如有 A 类问题，判定功能验证不通过。如有 B 类问题且超过 30%，应判定功能验证不通过；如低于 30%，应判定功能验证通过，但存在的问题必须在开通运营前完成整改。如有 C 类问题，应判定功能验证通过，尽可能在开通运营前完成整改，如不能完成，须在开通运营后请点完成整改。

16. 厨房设备

验证过程中如有 A 类问题，判定功能验证不通过。如有 B 类问题且超过 30%，应判定功能验证不通过；如低于 30%，应判定功能验证通过，但存在的问题必须在开通运营前完成整改。如有 C 类问题，应判定功能验证通过，尽可能在开通运营前完成整改，如不能完成，须在开通运营后请点完成整改。

17. 安防系统

验证过程中如有 A 类问题，判定功能验证不通过。如有 B 类问题且超过 30%，应判定功能验证不通过；如低于 30%，应判定功能验证通过，但存在的问题必须在开通运营前完成整改。如有 C 类问题，应判定功能验证通过，尽可能在开通运营前完成整改，如不能完成，须在开通运营后请点完成整改。

18. 信号系统

验证过程中信号系统功能（除接口功能）如存在 A 类问题，判定功能验证不通过；如有 B 类问题且超过 30%，应判定功能验证不通过，如低于 30%，应判定功能验证通过，但存在的问题必须按期完成整改；如有 C 类问题，应判定功能验证通过。接口功能验证中若责任方在信号方，按照上述原则执行，若责任方在接口对方，应判定信号方接口功能验证通过。

19. 车站装修

对每个车站随机抽取广告灯箱按 30% 比例抽检，运营安排资源中心和运营中心联合检查；导向由运营中心检查，抽检数量 80% 合格视为全部合格。

20. 综合监控

主要验证原则：综合监控专业在调试中需保存完整调试记录，按照检查调试记录、现场抽测等方式验证。

综合监控与各专业的功能验证测试采用不同的方式进行，以每个接口专业为单位组织验证。

如第三方检测单位检测的项目与功能验证项目重复的，优先采用第三方检测报告作为验证合格的依据，不再另行组织现场测试。

(1)与 PSCADA 功能验证

①对每站点程控卡片进行完整的验证，如有 A 类问题，判定功能验证不通过。如有 B 类问题且超过抽检总数 40%，判定功能验证不通过，如低于抽检总数 40%，应判定功能验证通过，B 类问题中的影响控制功能的问题须在开通运营前完成整改，非控制类问题尽可能在开通运营前完成整改，如不能完成，须在开通运营后请点完成整改。如有 C 类问题，应判定功能验证通过，尽可能在开通运营前完成整改，如不能完成，须在开通运营后请点完成整改。

②对每站点一般项目抽取 20% 进行验证，如有 A 类问题且超过抽检总数 20%，判定功能验证不通过，如低于抽检总数 20%，应判定功能验证通过，但存在的问题必须在开通运营前完成整改。如有 B 类问题且超过抽检总数 50%，应判定功能验证不通过，如低于抽检总数 50%，应判定功能验证通过，B 类问题中的影响控制功能的问题须在开通运营前完成整改，非控制类问题尽可能在开通运营前完成整改，如不能完成，须在开通运营后请点完成整改。如有 C 类问题，应判定功能验证通过，尽可能在开通运营前完成整改，如不能完成，须在开通运营后请点完成整改。

(2)与 BAS 功能验证

①对每站点重要项目抽取 20% 比例验证，如有 A 类问题，判定功能验证不通过；如有 B 类问题且超过抽检总数 40%，判定功能验证不通过，如低于抽检总数 40%，应判定功能验证通过，B 类问题中的影响控制功能的问题须在开通运营前完成整改，非控制类问题尽可能在开通运营前完成整改，如不能完成，须在开通运营后请点完成整改。如有 C 类问题，应判定功能验证通过，尽可能在开通运营前完成整改，如不能完成，须在开通运营后请点完成整改。

②对每站点一般项目抽取 5% 进行验证，如有 A 类问题且超过抽检总数 20%，判定功能验证不通过，如低于抽检总数 20%，应判定功能验证通过，但存在的问题必须在开通运营前完成整改。如有 B 类问题且超过抽检总数 50%，应判定功能验证不通过，如低于抽检总数 50%，应判定功能验证通过，B 类问题中的影响控制功能的问题须在开通运营前完成整改，非控制类问题尽可能在开通运营前完成整改，如不能完成，须在开通运营后请点完成整改。如有 C 类问题，应判定功能验证通过，尽可能在开通运营前完成整改，如不能完成，须在开通运营后请点完成整改。

(3)与 FAS 系统功能验证

①对每站重要项目抽测 50 个点进行验证，应包含每类设备，如有 A 类问题，判定功能验证不通过；如有 B 类问题且超过抽检总数 40%，判定功能验证不通过，如低于抽检总数 40%，应判定功能验证通过，B 类问题中的影响控制功能的问题须在开通运营前完成整改，非控制类问题尽可能在开通运营前完成

整改,如不能完成,须在开通运营后请点完成整改。如有 C 类问题,应判定功能验证通过,尽可能在开通运营前完成整改,如不能完成,须在开通运营后请点完成整改。

②对每站点一般项目位置显示功能抽取 50 个点进行验证,如有 A 类问题且超过抽检总数 20%,判定功能验证不通过,如低于抽检总数 20%,应判定功能验证通过,但存在的问题必须在开通运营前完成整改。如有 B 类问题且超过抽检总数 50%,应判定功能验证不通过,如低于抽检总数 50%,应判定功能验证通过,B 类问题中的影响控制功能的问题须在开通运营前完成整改,非控制类问题尽可能在开通运营前完成整改,如不能完成,须在开通运营后请点完成整改。如有 C 类问题,应判定功能验证通过,尽可能在开通运营前完成整改,如不能完成,须在开通运营后请点完成整改。

(4)与 PSD 系统功能验证

抽测一个典型车站进行验证。如有 A 类问题且超过抽检总数 20%,判定功能验证不通过,如低于抽检总数 20%,应判定功能验证通过,但存在的问题必须在开通运营前完成整改。如有 B 类问题且超过抽检总数 50%,应判定功能验证不通过,如低于抽检总数 50%,应判定功能验证通过,B 类问题中的影响控制功能的问题须在开通运营前完成整改,非控制类问题尽可能在开通运营前完成整改,如不能完成,须在开通运营后请点完成整改。如有 C 类问题,应判定功能验证通过,尽可能在开通运营前完成整改,如不能完成,须在开通运营后请点完成整改。

(5)与 AF 系统功能验证

采用现场操作或查看试验记录的方式进行验证。如有 A 类问题影响验证表中所列 2 个以上(含 2 个)的功能使用,判定功能验证不通过,反之,应判定功能验证通过,但存在的问题必须在开通运营前完成整改。如有 B 类问题影响验证表 3 个以上(含 3 个)功能使用,应判定功能验证不通过,反之,应判定功能验证通过,B 类问题中的影响控制功能的问题须在开通运营前完成整改,非控制类问题尽可能在开通运营前完成整改,如不能完成,须在开通运营后请点完成整改。如有 C 类问题,应判定功能验证通过,尽可能在开通运营前完成整改,如不能完成,须在开通运营后请点完成整改。

(6)与 ACS 系统功能验证

每站抽测 5 个门进行验证。如有 A 类问题且超过抽检总数 20%,判定功能验证不通过,如低于抽检总数 20%,应判定功能验证通过,但存在的问题必须在开通运营前完成整改。如有 B 类问题且超过抽检总数 50%,应判定功能验证不通过,如低于抽检总数 50%,应判定功能验证通过,B 类问题中的影响控制功能的问题须在开通运营前完成整改,非控制类问题尽可能在开通运营前完成整改,如不能完成,须在开通运营后请点完成整改。如有 C 类问题,应判定功能验证通过,尽可能在开通运营前完成整改,如不能完成,须在开通运营后请点完成整改。

(7)与 SIG 系统功能验证

采用查看调试记录的方式进行确认。如有 A 类问题影响验证表中所列 3 个以上(含 3 个)的功能使用,判定功能验证不通过,反之,应判定功能验证通过,但存在的问题必须在开通运营前完成整改。如有 B 类问题影响验证表 4 个以上(含 4 个)功能使用,应判定功能验证不通过,反之,应判定功能验证通过,B 类问题中的影响控制功能的问题须在开通运营前完成整改,非控制类问题尽可能在开通运营前完成整改,如不能完成,须在开通运营后请点完成整改。如有 C 类问题,应判定功能验证通过,尽可能在开通运营前完成整改,如不能完成,须在开通运营后请点完成整改。

(8)与 AFC 系统功能验证

采用现场操作或查看试验记录的方式进行验证。如有 A 类问题影响验证表中所列 2 个以上(含 2 个)的功能使用,判定功能验证不通过,反之,应判定功能验证通过,但存在的问题必须在开通运营前完成整改。如有 B 类问题影响验证表所列 3 个以上(含 3 个)功能使用,应判定功能验证不通过,反之,应判定功能验证通过,B 类问题中的影响控制功能的问题须在开通运营前完成整改,非控制类问题尽可能在开通运营前完成整改,如不能完成,须在开通运营后请点完成整改。如有 C 类问题,应判定功能验证通过,尽可能在开通运营前完成整改,如不能完成,须在开通运营后请点完成整改。

(9)与 CCTV 系统功能验证

采用抽测一个典型站进行验证。如有 A 类问题影响验证表中所列 2 个以上(含 2 个)的功能使用,判定功能验证不通过,反之,应判定功能验证通过,但存在的问题必须在开通运营前完成整改。如有 B 类问题影响验证表 3 个以上(含 3 个)功能使用,应判定功能验证不通过,反之,应判定功能验证通过,B 类问题中的影响控制功能的问题须在开通运营前完成整改,非控制类问题尽可能在开通运营前完成整改,如不能完成,须在开通运营后请点完成整改。如有 C 类问题,应判定功能验证通过,尽可能在开通运营前完成整改,如不能完成,须在开通运营后请点完成整改。

(10)与 PA 系统功能验证

抽测一个典型站进行验证。如有 A 类问题影响验证表中所列 2 个以上(含 2 个)的功能使用,判定功能验证不通过,反之,应判定功能验证通过,但存在的问题必须在开通运营前完成整改。如有 B 类问题影响验证表3 个以上(含 3 个)功能使用,应判定功能验证不通过,反之,应判定功能验证通过,B 类问题中的影响控制功能的问题须在开通运营前完成整改,非控制类问题尽可能在开通运营前完成整改,如不能完成,须在开通运营后请点完成整改。如有 C 类问题,应判定功能验证通过,尽可能在开通运营前完成整改,如不能完成,须在开通运营后请点完成整改。

(11)与 PIDS 系统功能验证

采用现场查看的方式进行验证。如有 A 类问题影响验证表中所列 2 个以上(含 2 个)的功能使用,判定功能验证不通过,反之,应判定功能验证通过,但存在的问题必须在开通运营前完成整改。如有 B 类问题影响验证表中所列 3 个以上(含 3 个)功能使用,应判定功能验证不通过,反之,应判定功能验证通过,B 类问题中的影响控制功能的问题须在开通运营前完成整改,非控制类问题尽可能在开通运营前完成整改,如不能完成,须在开通运营后请点完成整改。如有 C 类问题,应判定功能验证通过,尽可能在开通运营前完成整改,如不能完成,须在开通运营后请点完成整改。

(12)与车辆及车地无线传输通道系统功能验证

采用查看调试记录的方式进行确认。如不存在 A、B 类问题,应通过验证。

(13)与通信集中告警系统功能验证

查看试验记录的方式进行确认。如不存在 A、B 类问题,应判断验证通过。

(14)与 CLK 系统功能验证

现场查看的方式进行验证。如不存在 A、B 类问题,应判断验证通过。

(15)与集中 UPS 系统功能验证

对每站点一般项目抽取 10% 进行验证,如有 A 类问题且超过抽检总数 20%,判定功能验证不通过,如低于抽检总数 20%,应判定功能验证通过,但存在的问题必须在开通运营前完成整改。如有 B 类问题且超过抽检总数 50%,应判定功能验证不通过,如低于抽检总数 50%,应判定功能验证通过。如有 C 类问题,应判定功能验证通过,尽可能在开通运营前完成整改,如不能完成,须在开通运营后请点完成整改。

(16)与供电安全运行管理 WF 系统功能验证

①单控校验、程控校验功能按照 ISCS—PSCADA 功能验证标准进行。

②监视站级五防通信状态信息功能、五防系统投入/退出功能采用现场操作或查看试验记录的方式进行验证。如有 A、B 类问题影响验证表中任何 1 个功能使用,判定功能验证不通过,反之,应判定功能验证通过。如有 C 类问题,应判定功能验证通过,尽可能在开通运营前完成整改,如不能完成,须在开通运营后请点完成整改。

(17)与 400 V(电能)系统功能验证

①对每站点重要项目抽取 10% 比例验证,如有 A 类问题,判定功能验证不通过;如有 B 类问题且超过抽检总数 50%,判定功能验证不通过,如低于抽检总数 50%,应判定功能验证通过,B 类问题中的影响控制功能的问题须在开通运营前完成整改,非控制类问题尽可能在开通运营前完成整改,如不能完成,须在开通运营后请点完成整改。如有 C 类问题,应判定功能验证通过,尽可能在开通运营前完成整改,如不能完成,须在开通运营后请点完成整改。

②对每站点一般项目抽取 5% 进行验证,如有 A 类问题且超过抽检总数 20%,判定功能验证不通过,如低于抽检总数 20%,应判定功能验证通过,但存在的问题必须在开通运营前完成整改。如有 B 类问题且超过抽检总数 50%,应判定功能验证不通过,如低于抽检总数 50%,应判定功能验证通过,B 类问题中的影响控制功能的问题须在开通运营前完成整改,非控制类问题尽可能在开通运营前完成整改,如不能完成,须在开通运营后请点完成整改。如有 C 类问题,应判定功能验证通过,尽可能在开通运营前完成整改,如不能完成,须在开通运营后请点完成整改。

(18)视频分析系统功能验证

抽测两个车站进行验证。

依据综合监控系统设计联络会文件中验证表格进行验证,如符合设计联络会文件需求,判断验证通过,反之,不通过。

以上抽检项目全部合格视为验证通过,如出现不合格项则整改后重新抽检。

(19)与 FG 系统功能验证

抽测一个典型车站进行验证。如有 A 类问题且超过抽检总数 20%,判定功能验证不通过,如低于抽检总数 20%,应判定功能验证通过,但存在的问题必须在开通运营前完成整改。如有 B 类问题且超过抽检总数 50%,应判定功能验证不通过,如低于抽检总数 50%,应判定功能验证通过,B 类问题中的影响控制功能的问题须在开通运营前完成整改,非控制类问题尽可能在开通运营前完成整改,如不能完成,须在开通运营后请点完成整改。如有 C 类问题,应判定功能验证通过,尽可能在开通运营前完成整改,如不能完成,须在开通运营后请点完成整改。

(20)综合监控辅助功能验证

依据综合监控系统设计联络会文件起草验证表格进行验证,如符合设计联络会文件需求,判断验证通过,反之,不通过。

以上抽检项目全部合格视为验证通过,如出现不合格项则整改后重新抽检。

第四节　功能验证协调管理

1. 验证实施及协调管理方案的编制

在功能验证组织实施过程中，设备监造商应依据功能验证标准编制功能验证策划实施及协调管理方案，用于规范机电设备系统的功能验证，并在验证时发现问题后迅速定位问题性质、责任方，并由相应责任方认领问题后在规定的时间内进行整改。

设备监造商编制的功能验证策划实施及协调管理方案，应对验证工作的流程，包括问题处理和协调机制、信息传送机制、问题的跟踪机制等提出具有普遍意义的规定和解释。

上述文件将提交建设单位检查、审批，审批后，作为具有权威性、有约束力的指导性文件。

2. 验证实施中的协调和控制

协调是对参与功能验证的运营方、设计方、施工单位、设备供货商之间的关系而言；控制是对集成管理服务商与设备供货商之间，设备供货商与设备供货商之间的关系而言。其中集成管理服务商作为协调和控制的中心环节，肩负有序推进验证工作的重大责任。

(1)人员和机构

设备监造商专门配备协调管理人员从事协调和控制工作，与此相对应，各设备供货商要求有相应的机构或人员，便于及时响应验证工作的联络和协调。

(2)验证工作控制

为了便于动态管理，协调验证工作，参与验证的各方应按照设备监造商的要求，应对认领的问题进行整改销项，并及时向运营方和设备监造商进行报备。对于责任不清晰的问题，由建设方明确整改责任人，设备监造商对验证各方的整改工作进行考评。

功能验证期间的协调、管理通过现场分析、会议、文件传递的形式来进行。会议形式有以下几种。

①专题协调会。对存在较大争议的问题，集成管理服务商将组织参建各方召开专门的专题协调会，对问题事宜进行协调、处理。

②定期验证汇报例会。在建设方与集成管理服务商的周调试例会后，集成管理服务商将向建设方汇报功能验证工作进展，就出现的问题进行澄清并提出解决方案。

③临时协调会。应建设方要求或当有参建方对接口的配合、分工、技术方案提出异议时，由集成管理服务商提出并组织相关参建单位以会议形式进行协调。

每次活动均形成纪要，并提请各方签字确认。

(3)进度控制

原则上，每周由集成管理服务商向建设方提交一份功能验证情况总结表，功能验证情况总结表是对已完成的接口工作做出总结和评估。如进度滞后，集成管理服务商在提请建设方同意后，还可组织集中验证的方式，对部分进度滞后的站点进行集中式的验证，当然这种方式应考虑运营方的人力情况，并应做好充分的保障措施。

(4)功能验证标准的确认

功能验证以标准的会签确认作为此阶段工作完成及合格的标志，但在实际执行过程中，因其中某一项遗留问题未整改完成进而影响整个专业的功能验收标准无法确认的情况时有发生。为了不影响后续阶段工作及三权移交、验收评审等阶段的开展，设备监造商除了督促相关责任方尽快完善、整改遗留问题外，还应根据功能验证标准中约定的比例原则、ABC 遗留问题分级原则，尽可能组织相关各方确认标准。

（5）遗留问题处理原则

对于验证过程中发现的问题，进行分类、分级处理，原则上由建设方三个月内负责完成整改。

对于在移交前，不具备测试条件的功能项目，可作为遗留问题或者尾工项目处理。

第五节　功能验证标准格式

注意：表格中测试功能标注"★"为重要项目，其余为一般项目。各设备功能验证重要项目的抽样检验应全数合格；一般项目的质量抽样检验，合格率不应小于 70%，且不得有严重缺陷。

1. 通风空调专业功能验证

（1）专业功能验证（见表 4-1 ~ 表 4-7）

表 4-1　空调机组设备功能验证表

编号：						
序号	项　　目	规　　范	检验方法	检验记录	判　　定	备　注
1	点动、纠正风机正反转，有无异响	风机运转方向正常	根据图纸现场目测		□通过 □不通过	
2	电机绝缘及电机性能	启动电流、电压正常，运行电流、电压正常、绝缘检查	负载试验，测量其起动，运行电流、电压		□通过 □不通过	
3	★全负荷下组合空调器的风量测	全负荷下组合空调器的风量满足设计要求	完成单机调试报告，提供单机调试报告		□通过 □不通过	
4	★全负荷下机组断面风速均匀度测试	全负荷下组合空调器机组断面风速均匀	完成单机调试报告，提供单机调试报告		□通过 □不通过	
5	★冷凝排水口检查	排水畅通、无溢出和渗漏	现场检查		□通过 □不通过	
6	其他	铭牌正确，接线正确	依据图纸目测		□通过 □不通过	

表 4-2　风机设备功能交接验证检查表

编号：						
序号	项　　目	规　　范	检验方法	检验记录	判　　定	备　注
1	点动、纠正风机正反转，有无异响	风机运转方向正常	根据图纸现场目测		□通过 □不通过	
2	★风机正反转切换	可逆转风机运行情况及正反转切换时间正常	现场检查		□通过 □不通过	
3	电机绝缘及电机性能	启动电流、电压正常，运行电流、电压正常、绝缘检查	负载试验，测量其起动，运行电流、电压		□通过 □不通过	
4	★全负荷下风机的风量测	全负荷下风机的风量和噪声满足设计要求	完成单机调试报告，提供单机调试报告，噪声结果提供出厂试验报告		□通过 □不通过	
5	其他	铭牌正确，接线正确	依据图纸目测		□通过 □不通过	

表 4-3 变制冷剂流量分体空调机组设备功能交接验证检查表

编号：						
序号	项目	规范	检验方法	检验记录	判定	备注
1	★检测室内机风量、风速	内机风量、风速符合设计要求	完成单机调试报告，提供单机调试报告		□通过 □不通过	
2	★开机检查遥控、线控是否灵敏	遥控、线控实现机组启停	现场检查		□通过 □不通过	
3	冷凝水排水是否顺畅	冷凝水排水正常	现场检查		□通过 □不通过	
4	电机绝缘及电机性能	启动电流、电压正常，运行电流、电压正常、绝缘检查	负载试验，测量其起动，运行电流、电压		□通过 □不通过	
5	★膨胀阀开度；电磁阀状态	膨胀阀开度；电磁阀状态正常	完成单机调试报告，提供单机调试报告		□通过 □不通过	
6	检测关键设备房温度	房间温度符合设计要求	现场检查		□通过 □不通过	
7	其他	铭牌正确，接线正确	依据图纸目测		□通过 □不通过	

表 4-4 电动风阀设备功能交接验证检查表

编号：						
序号	项目	规范	检验方法	检验记录	判定	备注
1	风阀标识，安装方向是否正确	风阀标识清楚，安装方向无误	现场检查		□通过 □不通过	
2	★检查风阀启闭、定位装置	电动风阀开启关闭时间符合设计要求	完成单机调试报告，提供单机调试报告		□通过 □不通过	
3	检查接线正确，接地	接线正确，接地可靠	完成单机调试报告，提供单机调试报告		□通过 □不通过	
4	★检查监视风阀的动作情况	阀门手动、电动操作应灵活、可靠，信号输出正确，开启、关闭状态到位	现场检查		□通过 □不通过	
5	★正常开关 5 次	调试完成后，阀门手动、电动操作应灵活、可靠，信号输出正确，开启、关闭状态到位，电动风阀开启关闭时间符合设计要求	完成单机调试报告，提供单机调试报告		□通过 □不通过	

表 4-5 冷水机组设备功能交接验证检查表

编号：						
序号	项目	规范	检验方法	检验记录	判定	备注
1	★检测机组设计工况制冷量	机组制冷量符合设计要求	提供出厂试验报告		□通过 □不通过	
2	★检测机组进、出水温	机组进出水温度符合设计要求	完成单机调试报告，提供单机调试报告		□通过 □不通过	
3	检测水压降、水阻力	水压降、水阻力符合设计要求	提供出厂试验报告		□通过 □不通过	
4	检测机组噪声测试和振动	机组噪声和振动符合设计要求	提供出厂试验报告		□通过 □不通过	
5	检测工作电流、工作电压、绝缘	工作电流、工作电压正常、绝缘检查	完成单机调试报告，提供单机调试报告		□通过 □不通过	

续上表

编号:						
序号	项目	规范	检验方法	检验记录	判定	备注
6	★冷水机组与水泵、冷却塔连锁功能	冷水机组能够控制水泵、冷却塔的启停	现场检查		□通过 □不通过	
7	其他	铭牌正确,接线正确	依据图纸目测		□通过 □不通过	

表 4-6 冷却塔设备功能交接验证检查表

编号:						
序号	项目	规范	检验方法	检验记录	判定	备注
1	点动、纠正风机正反转,有无异响	风机运转方向正常	根据图纸现场目测		□通过 □不通过	
2	★冷却塔的风量测试	冷却塔的风量符合设计要求	完成单机调试报告,提供单机调试报告		□通过 □不通过	
3	风机电机的绝缘检查、风机启动电流电压检测、运行电流电压检测	启动电流、电压正常,运行电流、电压正常、绝缘检查	完成单机调试报告,提供单机调试报告		□通过 □不通过	
4	浮球阀开关是否正常	浮球阀开关正常	现场检查		□通过 □不通过	
5	噪声测试	机组在噪声符合合同要求	完成单机调试报告,提供单机调试报告,现场测试噪声值		□通过 □不通过	
6	其他	铭牌正确,接线正确	依据图纸目测		□通过 □不通过	

表 4-7 水泵设备功能交接验证检查表

编号:						
序号	项目	规范	检验方法	检验记录	判定	备注
1	★点动检查水泵转向是否正确,有无异响	水流运转方向正常	检测水泵的出、入水口压力		□通过 □不通过	
2	连续运行,检测电机启动电流、运行电流、轴承温升	启动电流、电压正常,运行电流、电压正常、绝缘检查	完成单机调试报告,提供单机调试报告		□通过 □不通过	
3	其他	铭牌正确,接线正确	依据图纸目测		□通过 □不通过	

(2)系统功能验证(见表 4-8 ~ 表 4-10)

表 4-8 大、小系统功能验证

测试功能编号: 测试地点:
测试功能名称:大、小系统 测试时间:

序号	操作步骤	预期结果	与预期结果		备注
			一致	不一致	
1	系统总风量、风压的测定		[ ]	[ ]	
2	送风量、回风量、新风量、排风量和各分支管风量的测定		[ ]	[ ]	
3	风口风量的测定		[ ]	[ ]	

续上表

序号	操作步骤	预期结果	与预期结果		备　注
			一致	不一致	
4	系统风量的调整与风口风量的平衡		[ ]	[ ]	
测试结果：□通过　　□不通过					
说明：					

见证各方：

集成商：　　　　建设总部：

设计：　　　　监理：

运营总部：　　　　接口系统厂家：

表 4-9　隧道风系统功能验证

测试功能编号：　　　　测试地点：

测试功能名称：隧道风系统　　　　测试时间：

序号	操作步骤	预期结果	与预期结果		备　注
			一致	不一致	
1	风道总风量、风压的测定		[ ]	[ ]	
2	轨顶轨底风口风量及风速的测定		[ ]	[ ]	
3	隧道截面风速的测定		[ ]	[ ]	
测试结果：□通过　　□不通过					
说明：					

见证各方：

集成商：　　　　建设总部：

设计：　　　　监理：

运营总部：　　　　接口系统厂家：

表 4-10　水系统功能验证

测试功能编号：　　　　测试地点：

测试功能名称：水系统　　　　测试时间：

序号	操作步骤	预期结果	与预期结果		备　注
			一致	不一致	
1	冷水机组能够控制水泵、冷却塔的启停		[ ]	[ ]	
2	空调冷冻水总流量的测定		[ ]	[ ]	
测试结果：□通过　　□不通过					
说明：					

见证各方：

集成商：　　　　建设总部：

设计：　　　　监理：

运营总部：　　　　接口系统厂家：

2. 低压配电与照明功能验证标准

单体设备功能验证如表 4-11 ~ 表 4-17 所示。

表 4-11 低压配电箱功能交接验证检查表

编号：					
序号	项目	标准	检验方法	检验记录及判定	备注
1	★双电源转换测试	双回路进线电源切换（手动）	将双电源打到手动状态利用键盘操作，转换至主电状态、备电状态； 将双电源打到自动状态分别切断主电、备电断路器，观察工作状态	□通过 □不通过	
		双回路进线电源切换（自动）			
		双回路进线电源均停电时			
2	★机械操作试验	操作应灵活，无卡滞现象及操作力过大现象	手动分合开关5次	□通过 □不通过	
3	★电气一般检测	每个回路通电，元件能可靠动作	现场测试	□通过 □不通过	
		漏电保护开关可靠动作（如有）			

表 4-12 EPS 功能交接验证检查表

编号：					
序号	项目	标准	检验方法	检验记录及判定	备注
1	★双电源转换测试	双回路进线电源切换（手动）	将双电源打到手动状态利用键盘操作，转换至主电状态、备电状态； 将双电源打到自动状态分别切断主电、备电断路器，观察工作状态； 同时切断主电及备电观察 EPS 是否转入应急状态，1 min 后送主电应自动转入市电工作状态	□通过 □不通过	
		双回路进线电源切换（自动）			
		双回路进线电源均停电时			
2	市电转逆切换时间	≤100 ms	计时器	□通过 □不通过	
3	主/备电源指示、运行	正常	目测	□通过 □不通过	
4	区间照明控制	节能应急照明总配电开关正常	现场测试	□通过 □不通过	
		常明应急照明总配电开关正常	现场测试	□通过 □不通过	
5	报警功能	主电源故障报警（包括失压、欠压、过压）、电池组故障报警（包括电池组放电、电压放电、电池接地）、充电器故障报警（输入电压过高、过低、缺相）整流器故障报警、逆变故障报警、检修、旁路静态开关投入报警	模拟	□通过 □不通过	
6	检测单体电池的端电压	12 V	万用表	□通过 □不通过	
7	内阻检测装置	正常	检查是否具备运营部门见证的电池内阻检测记录表	□通过 □不通过	

表 4-13 智能配电柜功能交接验证检查表

编号：					
序号	项目	标准	检验方法	检验记录及判定	备注
1	★切换操作	双母线分断形式的，测试两进线一母联及三级负荷的切换	目测、手动	□通过 □不通过	
		单母线不分断形式的，测试双路电源切换			
2	★机械操作及机械特性测量试验	手动分合开关5次，无卡滞现象	目测、手动	□通过 □不通过	

续上表

编号:					
序号	项　目	标　准	检验方法	检验记录及判定	备　注
3	★通信正常，显示正确	工控机显示开关状态和回路相关数值正确	目测、手动	□通过　□不通过	
4	★电气一般检测	每个回路通电，元件能可靠动作	现场测试	□通过　□不通过	

表 4-14　智能电机控制柜功能交接验证检查表

编号:					
序号	项　目	标　准	检验方法	检验记录及判定	备　注
1	★切换操作	双母线分断形式的，测试两进线一母联及三级负荷的切换	目测、手动	□通过　□不通过	
		单母线不分断形式的，测试双路电源切换			
2	★机械操作及机械特性测量试验	手动分合开关5次，并且插拔抽屉5次，应灵活、无卡滞现象，抽屉的一次、二次触头涂有导电膏	目测、手动	□通过　□不通过	
		合上抽屉的开关，手动拉抽屉，此时抽屉不能被拉出			
3	功能单元互换性	用各种规格的功能单元，在其相应规格的其他单元隔室中各抽插2次无异常、无卡滞现象	手动	□通过　□不通过	
4	★通信正常，显示正确	工控机显示开关状态和回路相关数值正确	目测、手动	□通过　□不通过	
5	★电气一般检测	每个回路通电，元件能可靠动作	现场测试	□通过　□不通过	

表 4-15　集中 UPS 系统功能交接验证检查表

编号:					
序号	项　目	标　准	检验方法	检验记录及判定	备　注
1	★双电源转换测试	双回路进线电源切换(手动)	将双电源打到手动状态利用键盘操作，转换至主电状态、备电状态； 将双电源打到自动状态分别切断主电、备电断路器，观察工作状态	□通过　□不通过	
		双回路进线电源切换(自动)			
		双回路进线电源均停电时			
2	★故障模拟	输入电源自动切换开关： 1. 主路A或B工作正常； 2. 整流器正常/退出； 3. 静态旁路正常/退出，逆变工作/旁路工作； 4. 手动旁路时，UPS工作/旁路工作。指示显示手动旁路关/开	目测、手动	□通过　□不通过	
3	★功能测试	两台UPS均故障时，UPS系统将蓄电池电源逆变，给各系统供电	现场测试	□通过　□不通过	
4	内阻检测装置	正常	现场测试	□通过　□不通过	

表 4-16　出入口及疏散指示牌功能交接验证检查表

编号:					
序号	项　目	标　准	检验方法	检验记录及判定	备　注
1	断电测试	按出入口及疏散指示牌上测试按钮，设备照常工作	手动、目测	□通过　□不通过	

表 4-17　光伏发电系统(不含光伏组件)功能交接验证检查表

编号:					
序号	项　目	标　准	检验方法	检验记录及判定	备　注
1	★失电故障测试	0.4 kV Ⅰ段交流失电,并网于Ⅰ段母排的光伏子系统应立即停止运行。0.4 kV Ⅰ段交流恢复送电,相应光伏子系统应恢复正常的工作状态	通过分合 0.4 kV 进线断路器,观察光伏系统工作状态	□通过　□不通过	
		0.4 kV Ⅱ段交流失电,并网于Ⅱ段母排的光伏子系统应立即停止运行。0.4 kV Ⅰ段交流恢复送电,相应光伏子系统应恢复正常的工作状态			
2	★机械操作试验	系统开关设备操作应灵活,无卡滞现象及操作力过大现象	手动分合并网柜、交流汇流箱、逆变器断路器、接触器 5 次	□通过　□不通过	
3	★电能质量测试	每相电压偏差、频率偏差、电流谐波含量与畸变率、三相电压不平衡度、直流分量、功率因数是否达标	工控机目测	□通过　□不通过	

3. 给排水及消防功能验证

(1)单体设备功能验证(见表 4-18 ~ 表 4-22)

表 4-18　潜污泵功能验证表

序号	项　目	指　南	检验方法	检验记录	判　定	备　注
1	★电气控制柜检测(动作及保护功能检测)	A 类:按照要求连接浮球开关和水泵、控制柜动作程序正确(符合规范设计要求、接口协议及供货合同技术要求)、控制柜保护功能满足要求	手动模拟		□通过　□不通过	
2	★水泵性能试验	A 类:电机运转方向、电流、绝缘及三相平衡; B 类:水泵叶轮转动正常无杂音	带负荷实测		□通过　□不通过	
3	★与 BAS 的接口	A 类:输入输出端子信号正确	实测/手动模拟		□通过　□不通过	

表 4-19　消防气压给水设备功能验证表

序号	项　目	指　南	检验方法	检验记录	判　定	备　注
1	★水泵性能检测	A 类:电机运转方向、电流、绝缘及三相平衡; B 类:水泵叶轮转动正常无杂音	带负荷实测		□通过　□不通过	
2	★水泵的自动运行功能检测	A 类:控制柜动作程序正确(符合规范设计要求、接口协议及招标文件技术要求)、控制柜保护功能满足要求、水泵的自动运行功能正常	实测/手动模拟		□通过　□不通过	
3	★稳压系统自动运行功能检测	A 类:压力传感器设定压力 Pxf1、Pxf2、Pxf3,当压力传感器压力达到 Pxf1 时,稳压泵自动停止工作,当压力传感器达到 Pxf2 时,稳压泵开始工作,当压力传感器达到 Pxf3 时,消防水泵开始工作	现场模拟压力设定值试验		□通过　□不通过	
4	★消防系统安全阀功能检测	A 类:泄压阀达到设定压力(由设计给定)后可以自动泄压	带负荷实测		□通过　□不通过	
5	★与 FAS 的接口	A 类:输入输出端子信号正确	实测		□通过　□不通过	

表 4-20　密闭式排污水提升装置功能验证表

序号	项　目	指　南	检验方法	检验记录	判　定	备　注
1	★电气控制柜检测(动作及保护功能检测)	A 类:按照招标要求提升器信号传递、控制柜动作程序正确(符合规范设计要求、接口协议要求)、控制柜保护功能满足要求	手动模拟		□通过　□不通过	
2	★排污泵性能试验	A 类:电机运转方向、电流、绝缘及三相平衡; B 类:叶轮转动正常无杂音	带负荷实测		□通过　□不通过	
3	★密闭式污水提升装置自动运行功能检测	A 类:控制柜动作程序正确(符合规范设计要求、接口协议及招标文件技术要求)控制柜保护功能满足要求、设备自动运行正常	实测/手动模拟		□通过　□不通过	
4	★密闭式污水提升装置与 BAS 接口	A 类:输入输出端子信号正确	实测/手动模拟		□通过　□不通过	

表 4-21　真空排污设备功能验证表

序号	项　目	指　南	检验方法	检验记录	判　定	备　注
1	★电气控制柜检测(动作及保护功能检测)	A 类:按照招标要求提升器信号传递、控制柜动作程序正确(符合规范设计要求、接口协议要求)、控制柜保护功能满足要求	手动模拟		□通过　□不通过	
2	★水泵性能试验	A 类:电机运转方向、电流、绝缘及三相平衡; B 类:叶轮转动正常无杂音	带负荷实测		□通过　□不通过	
3	★真空排污设备自动运行功能检测	A 类:控制柜动作程序正确(符合规范设计要求、接口协议及招标文件技术要求)控制柜保护功能满足要求、设备自动运行正常	实测/手动模拟		□通过　□不通过	
4	★真空排污设备与 BAS 接口	A 类:输入输出端子信号正确	实测/手动模拟		□通过　□不通过	

表 4-22　给水加压设备功能验证表

序号	项　目	指　南	检验方法	检验记录	判　定	备　注
1	★水泵性能检测	A 类:电机运转方向、电流、绝缘及三相平衡; B 类:水泵叶轮转动正常无杂音	带负荷实测		□通过　□不通过	
2	★水泵的自动运行功能检测	A 类:控制柜动作程序正确(符合规范设计要求、招标文件技术要求)、控制柜保护功能满足要求、水泵的自动运行功能正常	实测/手动模拟		□通过　□不通过	

注:表格中测试功能标注"★"为重要项目,其余为一般项目。

(2)系统功能验证(见表 4-23 和表 4-24)

表 4-23　给水系统功能验证

测试功能编号:　　　　　　　　　　测试地点:
测试功能名称:给水系统　　　　　　测试时间:

序号	操作步骤	预期结果	与预期结果		备　注
			一致	不一致	
1	★市政给水接驳检查(须为正式水表)	完全接驳	[ ]	[ ]	
2	★生活、生产给水系统压力测定		[ ]	[ ]	

续上表

序号	操作步骤	预期结果	与预期结果		备　注
			一致	不一致	
3	★消火栓系统压力测定		[ ]	[ ]	
测试结果：□通过　　□不通过					
说明：					

见证各方：

集成商：　　　　　　　　建设总部：

设计：　　　　　　　　　监理：

运营总部：　　　　　　　接口系统厂家：

表 4-24　排水系统功能验证

测试功能编号：　　　　　　　　测试地点：

测试功能名称：排水系统　　　　测试时间：

序号	操作步骤	预期结果	与预期结果		备　注
			一致	不一致	
1	★市政排水接驳检查（起泵并通水/通球实测）	完全接驳不堵塞	[ ]	[ ]	
测试结果：□通过　　□不通过					
说明：					

见证各方：

集成商：　　　　　　　　建设总部：

设计：　　　　　　　　　监理：

运营总部：　　　　　　　接口系统厂家：

4. 屏蔽门专业功能验证（见表 4-25）

表 4-25　屏蔽门专业功能验证

序号	项　目	标　准	检验方法	检验记录	判　定	等级定义
一	单体功能					
1	滑动门					
(1)	滑动门手动解锁把手的解锁功能	手动解锁力≤67 N	通过推拉力计的测试卡卡在滑动门手动解锁把手上，测量把手开锁所需的力。由第三方检测单位的报告作为合格依据		□通过 □不通过	A
(2)	滑动门专用钥匙解锁功能	钥匙解锁力≤67 N	通过推拉力计的测试卡卡在滑动门钥匙上，测量钥匙开锁所需的力。由第三方检测单位的报告作为合格依据		□通过 □不通过	A
(3)	滑动门手动开门功能	钥匙解锁后，手动开门力≤133 N	在滑动门开门行程 1/3 处至门完全开启，用推拉力计测量打开滑动门的推力。由第三方检测单位的报告作为合格依据		□通过 □不通过	A
(4)	滑动门自动关门弹开功能	关门遇阻力≤150 N	在滑动门关门行程 1/3 处，用推拉力计测量滑动门的关门力。由第三方检测单位的报告作为合格依据		□通过 □不通过	A

续上表

序号	项　目	标　准	检验方法	检验记录	判　定	等级定义
(5)	障碍物探测		①打开滑动门，在距踏步板高度为 400 mm 处，滑动门门扇间放置 5 mm×40 mm×200 mm 的钢板；滑动门在关门过程中遇到障碍物，门弹开至距离立柱 1/3 处，滑动门停止，门停顿 3 s（停顿时间在 0～10 s 范围内可调）后再重关门，重复关门三次（1～5 次可调）门仍不能关闭，则保持全开并发出报警（门头指示灯闪烁、蜂鸣器响），等待处理； ②将钢板移开，给开门命令后，再给一个关门命令，滑动门应关闭且锁紧，门状态指示灯熄灭。由第三方检测单位的报告作为合格依据		□通过 □不通过	A
(6)	滑动门开关门功能		开门时间：2.5～3.5 s，关门时间：3.0～4.0 s 由第三方检测单位的报告作为合格依据		□通过 □不通过	A
(7)	滑动门门头指示灯功能		LCB 自动模式、LCB 手动模式、LCB 隔离模式提示灯按技术规格书要求工作		□通过 □不通过	B
(8)	滑动门警示灯带		在非消防模式下，滑动门打开警示灯带亮，滑动门关闭警示灯带熄灭，在消防模式下，滑动门打开及滑动门关闭状态下警示灯带熄灭		□通过 □不通过	C
2	LCB 功能					
(1)	LCB 的隔离位功能		将就地控制盒（LCB）上的钥匙开关置于“隔离”位，在就地控制盘（PSL）上按“开门”“关门”按钮，滑动门应不动作。由第三方检测单位的报告作为合格依据		□通过 □不通过	A
(2)	LCB 的手动位功能		将就地控制盒（LCB）上的钥匙开关置于“手动”位，在就地控制盘（PSL）上按“开门”“关门”按钮，滑动门应不动作，门头或侧盒内操作按钮控制滑动门开关。由第三方检测单位的报告作为合格依据			A
(3)	LCB 的自动位功能		将就地控制盒（LCB）上的钥匙开关置于“自动”位，门头或侧盒内 DCU 可控滑动门开关。能响应就地控制盘（PSL），IBP，信号系统的开关门指令。由第三方检测单位的报告作为合格依据			A
3	应急门					
(1)	应急门推杆解锁	≤67 N	通过推拉力计的测试卡卡在应急门开锁推杆上，测量推杆开锁所需的力由第三方检测单位的报告作为合格依据		□通过 □不通过	A
(2)	应急门钥匙解锁	≤67 N	通过推拉力计的钩形测试头钩住钥匙手柄进行开锁，测量开锁所需的力。由第三方检测单位的报告作为合格依据		□通过 □不通过	A
(3)	应急门指示灯		应急门隔离模式下及应急门手动打开指示灯常亮，应急门关闭时间指示灯熄灭		□通过 □不通过	A
(4)	应急门 90°定位		应急门向站台侧旋转 90°平开，门打开后能限定并保持在 90°。由第三方检测单位的报告作为合格依据		□通过 □不通过	B
4	端头门					
(1)	端头门的推杆解锁	≤67 N	通过推拉力计的测试卡卡在端头门开锁推杆上，测量推杆开锁所需的力		□通过 □不通过	A
(2)	端头门的钥匙解锁	≤67 N	通过推拉力计的钩形测试头钩住钥匙手柄进行开锁，测量开锁所需的力		□通过 □不通过	A
(3)	端门指示灯		解锁后指示灯亮，活动门关闭时指示灯熄灭		□通过 □不通过	B
(4)	端门报警功能		当端门开启时间超过 2 min（可调）时报警，此时端门顶箱上的指示灯闪烁		□通过 □不通过	B

续上表

序号	项　目	标　准	检验方法	检验记录	判　定	等级定义
(5)	端门状态信息		端门状态信息送到 PSC,再由 PSC 上传至车控室,由综合监控系统的终端设备显示。端门电气回路不纳入屏蔽门系统的安全回路中		□通过 □不通过	C
(6)	端门自动回复功能		端门活动门打开(未到 90°)后能自动复位至关闭,需设限位装置,保证端门活动门不能向设备区侧运动而受损坏		□通过 □不通过	C
(7)	端门 90° 定位功能		端门向站台侧旋转 90°全开,设置定位器,打开到 90°后会自锁保持全开状态		□通过 □不通过	C
5	UPS 功能					
(1)	UPS 系统自动切入供电		当电源故障时,UPS 系统自动切入供电;市电恢复后,驱动 UPS 自动切换到由市电供电,蓄电池自动充电。控制 UPS 亦同		□通过 □不通过	A
(2)	UPS 电源容量测试		驱动电源的后备电源容量应符合至少能提供车站站台所有屏蔽门开关五次、静态维持 60 min;控制电源 UPS 的蓄电池容量能保证单元控制器、PSL 和 DCU 及其他控制用设备等持续工作 1 h		□通过 □不通过	A
(3)	监控模块监视功能		监控模块能对 UPS 模块、电池监控模块等下级智能监控模块实施数据采集并加以显示;亦能根据系统的各种设置数据进行报警处理、历史数据管理等动作;同时,能对这些处理的结果加以判断,根据不同的情况实行电池管理、输出控制和故障呼叫等功能;能监测各整流装置的输出电压、电流,输出母线电压、电流,浮充电压,充电电流,蓄电池输出电流等		□通过 □不通过	B
(4)	绝缘监测模块功能		各车站每侧站台均设置绝缘监测模块,用于实现母线正负极对地绝缘状况的检测,能直接监视正负极对地电压,当电压过高、过低或绝缘电阻过低时发出报警信号,并显示故障位于何侧站台,且报警值可整定。控制 UPS 亦同		□通过 □不通过	B
(5)	整流模块 $N+1$ 冗余备份		所有驱动及控制整流模块均采用 $N+1$ 冗余配置模式		□通过 □不通过	C
(6)	UPS 电池异常报警		修改监控设置选项的过欠压值进行检验证		□通过 □不通过	C
(7)	UPS 蓄电池电压及电流,进线电压及电流监视功能		查看监控显示屏		□通过 □不通过	C
(8)	UPS 柜手动旁路(适用于交流供电方案,直流供电方案不适用)		操作旁路开关		□通过 □不通过	B
(9)	UPS 模块热插拔		直接拔出 UPS 模块		□通过 □不通过	C
(10)	充电整流模块热插拔		直接插拔整流模块		□通过 □不通过	C
6	照明配电箱功能		每站屏蔽门设备房内每侧站台各设置一个照明配电箱,提供整个车站所有站台屏蔽门顶箱上导向照明灯备用电源,每侧照明配电箱能控制每侧照明灯带开关。照明负载的配电不需经过 UPS		□通过 □不通过	C

续上表

序号	项目	标准	检验方法	检验记录	判定	等级定义
7	门体自身等电位连接功能		整个屏蔽门门体保持等电位连接:通过等电位铜排(铜排位于驳接处两侧)以及等电位导线将屏蔽门的各金属部件相连,满足等电位的要求		□通过 □不通过	A
8	门体与钢轨等电位连接功能(适用于直流牵引系统)		在车站站台有限长度范围内,采用均布(单点)的等电位铜排与钢轨的回流排相连,保证门体与车体电位相等,确保人身安全		□通过 □不通过	A
	门体接地(适用于交流牵引系统)		在车站站台有限长度范围内,采用均布(单点)的等电位铜排与车站接地点连接		□通过 □不通过	A
9	PSC 柜面板指示功能		中央接口盘面板设置有合同要求的指示灯并能正常指示		□通过 □不通过	C
二	屏蔽门单系统功能验证					
1	整侧屏蔽门关闭且锁定		①在所有的 PSD/EED 全部关闭且锁定的情况下,PSC、PSL、信号模拟系统上“PSD/EED 关闭且锁紧”状态指示灯亮; ②手动打开任意一档滑动门或应急门,PSC、PSL、信号模拟系统上“PSD/EED 关闭且锁紧”状态指示灯熄灭,当把门关上时,指示灯恢复		□通过 □不通过	A
2	PSL 功能					
(1)	PSL 开门功能		按“开门”按钮,PSL 发出开门指令,开门过程中开门指示灯闪亮,“PSD/EED 全锁闭”指示灯熄灭,开门到位后开门指示灯常亮;现场某个门单元处于非关闭状态,开门指示灯也常亮		□通过 □不通过	A
(2)	PSL 关门功能		按“关门”按钮,SL 发出关门指令,关门过程中关闭锁紧指示灯闪亮,开门指示灯保持常亮,滑动门关闭且锁紧,PSL 上“PSD/EED 全锁闭”状态指示灯亮,开门指示灯熄灭,中央接口盘(PSC)上“PSD/EED 开门”状态指示灯熄灭,“PSD/EED 关闭且锁紧”状态指示灯亮		□通过 □不通过	A
(3)	PSL“互锁解除”功能		就地控制盘(PSL)上的操作允许钥匙开关置于“禁止”位,手动打开滑动门人为设置 PSD 未“关闭且锁紧”故障,操作“互锁解除”钥匙开关,PSC 和信号模拟系统上“PSD/EED 互锁解除”报警指示灯亮;恢复“互锁解除”自复位钥匙开关状态,PSC 和信号模拟系统上“PSD/EED 互锁解除”报警指示灯熄灭		□通过 □不通过	A
3	IBP 盘功能					
(1)	IBP 开/关门功能		IBP 上“应急控制”开关转到“IBP 操作允许”位置后,按下“开门”按钮后,全部 PSD 将打开。当乘客全部撤离后,按“关门”按钮关闭 PSD。将 IBP 盘打回“禁止”位,屏蔽门保持关闭状态		□通过 □不通过	A
(2)	IBP 优先级		当执行 IBP 的火灾应急功能时,信号系统及 PSL 对屏蔽门的控制权被取消		□通过 □不通过	A
4	屏蔽门系统绝缘(适用于直流牵引系统)		门体结构对地绝缘值≥0.5 MΩ(用 500 V 兆欧表测试)		□通过 □不通过	A
5	MMS 功能					
(1)	MMS 监视功能		MMS 中屏蔽门门体状态,UPS 柜状态,电源柜状态与现场实体一致。各种事件记录及报警记录实时对应		□通过 □不通过	C

续上表

序号	项　目	标　准	检验方法	检验记录	判　定	等级定义
(2)	MMS 记录查询功能		可以对屏蔽门系统的运行记录及故障记录进行查询		□通过 □不通过	B
三	信号系统与屏蔽门功能验证					
1	信号系统控制		按照信号系统控制命令开、关屏蔽门		□通过 □不通过	A
2	信号系统监视		监视“整侧门关闭且锁紧”信号和“互锁解除”信号		□通过 □不通过	A

5. 防淹门功能验证(见表 4-26 和表 4-27)

表 4-26　平面滑动式防淹门功能调试表

序号	项　目	指　南	检验方法	检验记录	验收判定	备　注
一	就地控制功能(单体调试)					
1	启闭机功能					
(1)	起闭机运行		双联卷筒运行时中间轴机械同步,两边钢丝绳受力平衡		□通过 □不通过	A
(2)	起闭机自锁		起闭机构在失电状态下能自锁,闸门不能下滑		□通过 □不通过	A
2	锁定装置同步		锁定梁电机动作时,锁定梁两边动作平衡		□通过 □不通过	A
3	闸门功能					
(1)	闸门全开位锁定		闸门在全开位(比锁定位高约 50 mm),电动锁定装置处于锁定位置		□通过 □不通过	A
(2)	闸门全开位功能		闸门上升至全开位可自动断电停止		□通过 □不通过	A
(3)	下滑复位		当闸门在非正常情况下由全开位下滑至锁定位,触动电动锁定装置上行程开关,使启闭机通电提升闸门至全开位置后断电停止		□通过 □不通过	A
(4)	闸门全关功能		闸门在全关位时,闸门锁定		□通过 □不通过	A
4	密闭性		闸门全部处于工作部位后,应用灯光或其他方法检查橡胶水封的压缩程度,不应有透亮或间隙		□通过 □不通过	A
5	检修操作功能		开启检修操作按钮,闸门进入检修模式,保持锁定梁的锁闭状态,门体可在锁定装置以上的区域进行上下运动,以检查门体、电机、控制系统的完好状态		□通过 □不通过	A
二	控制柜功能验证(单体调试)					
1	控制柜面板开关功能		控制柜的面板上具有切换开关、按钮、各种状态指示灯及灯检按钮。指示灯能够明确显示闸门、锁定的状态以及故障报警。水位显示和就地程序控制和单项控制均能够操作屏上完成		□通过 □不通过	A
2	人机界面(HMI)功能		要求具有防淹门系统状态信号管理功能,能监视、统计、记录、储存、处理、显示;能形成日常报表并且导出		□通过 □不通过	B
3	故障报警功能		可以显示报警信息		□通过 □不通过	A
4	通信功能		可以向综合监控发送数据包		□通过 □不通过	A

续上表

序号	项　　目	指　　南	检验方法	检验记录	验收判定	备　　注
5	控制电源冗余		设置 DC 24 V 电源变换装置,两路 DC 24 V 供电,该电源故障时,能自动切换,不影响该回路供电		□通过 □不通过	B
三	UPS 功能验证(单体调试)					
1	UPS 旁路功能		UPS 电源具有旁路功能,在 UPS 故障时可以自动切换到市电供电		□通过 □不通过	A
2	监控模块监视功能		可以显示 UPS 的工作状态		□通过 □不通过	A
四	ISCS 与防淹门功能验证(系统调试)					
1	与综合监控 IBP 盘功能		IBP 功能在防淹门干节点上模拟操作,可开关门		□通过 □不通过	A
五	信号系统与防淹门功能验证(系统调试)					
1	锁闭信号		在防淹门控制柜干节点模拟操作,防淹门开关到位锁定后,向信号系统发出锁闭信号		□通过 □不通过	A
2	关门请求信号		在防淹门控制柜干节点模拟操作,向信号系统发出关门请求信号		□通过 □不通过	A
3	关门允许信号		在防淹门控制柜干节点模拟关门允许信号输入后,防淹门在远程控制及就地控制可以关门		□通过 □不通过	A

注:表格中测试功能项目需要根据每条线路防淹门设计功能进行调整。

表 4-27　平开式防淹门功能调试表

序号	项　　目	指　　南	检验方法	检验记录	判　　定	备　　注
一	就地控制功能(单体调试)					
1	启闭机功能					
(1)	自锁功能		液压启闭机自锁功能,测试在门体有一定开度时,人为推动门体无法推动		□通过 □不通过	A
2	闸门功能					
(1)	闸门全开位锁定		闸门在全开位时,闸门锁定		□通过 □不通过	A
(2)	闸门全关位锁定		闸门在全关位时,闸门锁定		□通过 □不通过	A
(3)	闸门全开位功能		闸门运动至全开位可自动断电停止		□通过 □不通过	A
(4)	断电关门		在系统断电情况下,电源自动接入后备电源,然后再进行带电操作进行关门。或者操作人员可利用液压装置的手动泵机构使锁定油缸退回至解锁位置,并手动使液压启闭机的油缸加压,关闭闸门全关位		□通过 □不通过	A
3	检修操作功能		平开式防淹门的检修应在非运营时间进行,检修时释放电动锁定装置,接通液压启闭机,对门体、液压回路、启闭机及控制系统的完好状态进行检查		□通过 □不通过	A
4	密闭性		闸门全部处于工作部位后,应用灯光或其他方法检查橡胶水封的压缩程度,不应有透亮或间隙		□通过 □不通过	A
二	控制柜功能验证(单体调试)					
1	控制柜面板开关功能		控制柜的面板上具有切换开关、按钮、各种状态指示灯及灯检按钮。指示灯能够明确显示闸门、锁定的状态以及故障报警。水位显示和就地程序控制和单项控制均能够操作屏上完成		□通过 □不通过	B

续上表

序号	项 目	指 南	检验方法	检验记录	判 定	备 注
2	人机界面(HMI)功能		要求具有防淹门系统状态信号管理功能,能监视、统计、记录、储存、处理、显示;能形成日常报表并且导出		□通过 □不通过	B
3	故障报警功能		可以显示报警信息		□通过 □不通过	A
4	通信功能		可以向综合监控发送数据包		□通过 □不通过	A
三	UPS 功能验证(单体调试)					
1	UPS 容量功能		使用 UPS 情况下平开式防淹门开关门 1 次		□通过 □不通过	A
2	UPS 旁路功能		UPS 电源具有旁路功能,在 UPS 故障时可以自动切换到市电供电		□通过 □不通过	A
3	监控模块监视功能		可以显示 UPS 的工作状态		□通过 □不通过	A
四	ISCS 与防淹门功能验证(系统调试)					
1	与综合监控 IBP 盘功能		IBP 功能在防淹门干节点上模拟操作,可开关门		□通过 □不通过	A
五	信号系统与防淹门功能验证(系统调试)					
1	锁闭信号		在防淹门控制柜干节点模拟操作,防淹门开关到位锁定后,向信号系统发出锁闭信号		□通过 □不通过	A
2	关门请求信号		在防淹门控制柜干节点模拟操作,向信号系统发出关门请求信号		□通过 □不通过	A
3	关门允许信号		在防淹门控制柜干节点模拟关门允许信号输入后,防淹门在远程控制及就地控制可以关门		□通过 □不通过	A

注:表格中测试功能项目需要根据每条线路防淹门设计功能进行调整。

6. 扶梯专业功能验证

(1)各种性能的检查(见表 4-28 ~ 表 4-35)

表 4-28 绝缘电阻测定表

技术要求	测量值		判 定	备 注
按照 GB 16899—2011 要求,对照 GB/T 5226.1—2019 要求:动力导线间(绕组、相间)绝缘电阻≥0.5 MΩ(提供第三方检测报告)	L1-L2			□通过 □不通过
	L1-L3			□通过 □不通过
	L2-L3			□通过 □不通过
动力导线(绕组、相线)对地(PE)绝缘电阻≥1 MΩ(提供第三方检测报告)	L1-PE			□通过 □不通过
	L2-PE			□通过 □不通过
	L3-PE			□通过 □不通过
控制回路对地(PE)绝缘电阻≥0.25 MΩ(提供第三方检测报告)	第 1 次			□通过 □不通过
	第 2 次			□通过 □不通过
	第 3 次			□通过 □不通过
	第 4 次			□通过 □不通过
	第 5 次			□通过 □不通过
	第 6 次			□通过 □不通过

表 4-29　BAS 系统接点的确认(硬线现场模拟通断)(扶梯功能)表

序号	自动扶梯的状态	接点的种类						判　定
		停止	上行	下行	故障	左侧扶手带的故障	右侧扶手带的故障	
1	上行状态							□通过　□不通过
2	下行状态							□通过　□不通过
3	左扶手带故障(不做报警处理)							□通过　□不通过
4	右扶手带故障(不做报警处理)							□通过　□不通过
5	故障停梯(报警点)							□通过　□不通过
6	远程允许							□通过　□不通过
★7	上行控制							□通过　□不通过
★8	下行控制							□通过　□不通过
★9	正常停梯							□通过　□不通过
★10	急停							□通过　□不通过

表 4-30　检修运转速度和检修控制箱的性能(扶梯功能)表

检修运转速度					
运转方向	规 定 值		测 定 值	判　定	备　注
上行	(7. 41 ~ 8. 19 m/min)			□通过　□不通过	
下行				□通过　□不通过	
检修箱的性能					
序号	判定内容			判　定	备　注
1	操作蜂鸣器、上行或下行钥匙开关时,自动扶梯正常运转			□通过　□不通过	
2	连接检修箱的状态下,钥匙操作开关不能启动扶梯			□通过　□不通过	
3	检修箱急停按钮动作时,检修箱不能启动扶梯			□通过　□不通过	

表 4-31　安全装置的操作检查(扶梯功能)表

序号	名　称	判定标准	故障代码	判　定	备　注
★1	工作制动器安全保护开关(提供第三方检测报告)	扶梯停止(手动触发或目测)		□通过　□不通过	
★2	超速检出装置(+115% 时动作)(提供第三方检测报告)	扶梯停止(工作+辅助制动器)(手动触发或目测)		□通过　□不通过	
★3	超速检出装置(+130% 时动作)(提供第三方检测报告)	扶梯停止(工作+辅助制动器)(手动触发或目测)		□通过　□不通过	
★4	辅助制动器安全保护开关(提供第三方检测报告)	扶梯停止(工作+辅助制动器)(手动触发或目测)		□通过　□不通过	
★5	防逆转装置(20% 时动作)(提供第三方检测报告)	扶梯停止(手动触发或目测)		□通过　□不通过	
★6	上部踏板安全保护开关	开关未压下,扶梯不能起动(手动触发或目测)		□通过　□不通过	
★7	驱动链安全保护开关(提供第三方检测报告)	扶梯停止(手动触发或目测)		□通过　□不通过	
★8	驱动链安全保护开关(提供第三方检测报告)	扶梯停止(工作+辅助制动器)(手动触发或目测)		□通过　□不通过	
★9	上部左光电检测装置	扶梯自动进入正常运行(手动触发或目测)		□通过　□不通过	

续上表

序号	名　　称	判定标准	故障代码	判　　定	备　　注
★10	上部右光电检测装置	扶梯自动进入正常运行(手动触发或目测)		□通过　□不通过	
★11	上部左扶手带入口安全保护开关(提供第三方检测报告)	扶梯停止(手动触发或目测)		□通过　□不通过	
★12	上部右扶手带入口安全保护开关(提供第三方检测报告)	扶梯停止(手动触发或目测)		□通过　□不通过	
★13	上部左梳齿板安全保护开关(提供第三方检测报告)	扶梯停止(手动触发或目测)		□通过　□不通过	垂直方向
★14	上部右梳齿板安全保护开关(提供第三方检测报告)	扶梯停止(手动触发或目测)		□通过　□不通过	
★15	上部左梳齿板安全保护开关(提供第三方检测报告)	扶梯停止(手动触发或目测)		□通过　□不通过	水平方向
★16	上部右梳齿板安全保护开关(提供第三方检测报告)	扶梯停止(手动触发或目测)		□通过　□不通过	
★17	上部左梯级运行安全保护开关(提供第三方检测报告)	扶梯停止(手动触发或目测)		□通过　□不通过	
★18	上部右梯级运行安全保护开关(提供第三方检测报告)	扶梯停止(手动触发或目测)		□通过　□不通过	
★19	上部左裙板安全保护开关(提供第三方检测报告)	扶梯停止(手动触发或目测)		□通过　□不通过	
★20	上部右裙板安全保护开关(提供第三方检测报告)	扶梯停止(手动触发或目测)		□通过　□不通过	
★21	左梯级塌陷安全保护开关(提供第三方检测报告)	扶梯停止(手动触发或目测)		□通过　□不通过	后轮
★22	右梯级塌陷安全保护开关(提供第三方检测报告)	扶梯停止(手动触发或目测)		□通过　□不通过	
★23	中间部左、右裙板安全保护开关(提供第三方检测报告)	扶梯停止(手动触发或目测)		□通过　□不通过	$H>5.13$ m以上
★24	中间部左、右裙板安全保护开关(提供第三方检测报告)	扶梯停止(手动触发或目测)		□通过　□不通过	
★25	中间急停开关(提供第三方检测报告)	扶梯停止(手动触发或目测)		□通过　□不通过	$H>12$ m
★26	左扶手带速度监控装置	扶梯停止(手动触发或目测)		□通过　□不通过	
★27	右扶手带速度监控装置	扶梯停止(手动触发或目测)		□通过　□不通过	
★28	左扶手带安全保护装置(提供第三方检测报告)	扶梯停止(手动触发或目测)		□通过　□不通过	
★29	右扶手带安全保护装置(提供第三方检测报告)	扶梯停止(手动触发或目测)		□通过　□不通过	
★30	下部左梯级运行安全保护开关(提供第三方检测报告)	扶梯停止(手动触发或目测)		□通过　□不通过	
★31	下部右梯级运行安全保护开关(提供第三方检测报告)	扶梯停止(手动触发或目测)		□通过　□不通过	
★32	下部左裙板安全保护开关(提供第三方检测报告)	扶梯停止(手动触发或目测)		□通过　□不通过	
★33	下部右裙板安全保护开关(提供第三方检测报告)	扶梯停止(手动触发或目测)		□通过　□不通过	

续上表

序号	名　称	判定标准	故障代码	判　定	备　注
★34	右梯级塌陷安全保护开关(提供第三方检测报告)	扶梯停止(手动触发或目测)		□通过　□不通过	前轮
★35	左梯级塌陷安全保护开关(提供第三方检测报告)	扶梯停止(手动触发或目测)		□通过　□不通过	
★36	下部左梳齿板安全保护开关(提供第三方检测报告)	扶梯停止(手动触发或目测)		□通过　□不通过	垂直方向
★37	下部右梳齿板安全保护开关(提供第三方检测报告)	扶梯停止(手动触发或目测)		□通过　□不通过	
★38	下部左梳齿板安全保护开关(提供第三方检测报告)	扶梯停止(手动触发或目测)		□通过　□不通过	水平方向
★39	下部右梳齿板安全保护开关(提供第三方检测报告)	扶梯停止(手动触发或目测)		□通过　□不通过	
★40	梯级链安全保护装置(提供第三方检测报告)	扶梯停止(手动触发或目测)		□通过　□不通过	
★41	梯级链安全保护装置(提供第三方检测报告)	扶梯停止(手动触发或目测)		□通过　□不通过	
★42	下部左光电检测装置	扶梯自动进入正常运行(手动触发或目测)		□通过　□不通过	
★43	下部右光电检测装置	扶梯自动进入正常运行(手动触发或目测)		□通过　□不通过	
★44	下部左扶手带入口安全保护开关(提供第三方检测报告)	扶梯停止(手动触发或目测)		□通过　□不通过	
★45	下部右扶手带入口安全保护开关(提供第三方检测报告)	扶梯停止(手动触发或目测)		□通过　□不通过	
★46	下部踏板安全保护开关(提供第三方检测报告)	开关未压下,扶梯不能起动(手动触发或目测)		□通过　□不通过	
★47	梯级缺失检测(提供第三方检测报告)	扶梯非检修模式运行检测到空梯级时,扶梯报故障		□通过　□不通过	
★48	闸瓦磨损开关检测	闸瓦磨损开关动作时,扶梯报故障		□通过　□不通过	
49	地脚灯	正常走梯是地脚灯会亮,停梯时地脚灯会灭		□通过　□不通过	无故障代码
50	语音提醒、语音播报	扶梯语音播报内容符合要求		□通过　□不通过	
★51	盘车检测装置(提供第三方检测报告)	将盘车装置上的摆杆手动调节至垂直状态,安全回路断开,报故障		□通过　□不通过	
52	远程启停功能	远程启停扶梯		□通过　□不通过	
★53	底坑液位报警	将水位开关的浮球用手托高,水位开关闭合,控柜报警		□通过　□不通过	
54	机房风扇	扶梯运行时,机房风扇工作		□通过　□不通过	无故障代码
55	运营方向指示灯	扶梯运行和停止时,相应指示灯亮和灭		□通过　□不通过	无故障代码
★56	急停按钮(提供第三方检测报告)	急停开关动作,扶梯停止		□通过　□不通过	
★57	缺相、错相	电源出现缺相、错相时,扶梯报故障		□通过　□不通过	
58	油路测试	设置加油装置,油嘴出油正常		□通过　□不通过	

表 4-32 梯级运转速度(扶梯功能)表

运转方向	规定值	测定值	判定	备注
上行	(37.05 ~ 40.95 m/min)		□通过 □不通过	
下行			□通过 □不通过	

表 4-33 扶手带运转速度(扶梯功能)表

运转方向	规定值	测定值		判定	备注
上行	相对于梯级速度 0 ~ +2%	左		□通过 □不通过	
		右			
下行		左		□通过 □不通过	
		右			

表 4-34 运转噪声表

位置	规定值	测定值				判定	备注
		上部		下部			
		上行	下行	上行	下行		
在梯级上方 1 m	≤70 dB(A)					□通过 □不通过	
在梳齿板上方 1 m						□通过 □不通过	

表 4-35 梯级运行振动表

运转方向	规定值		测定值	判定	备注
上行	$\leqslant 0.5\ m/s^2$	水平		□通过 □不通过	
		垂直		□通过 □不通过	
下行		水平		□通过 □不通过	
		垂直		□通过 □不通过	

(2)制动器的性能(扶梯功能,见表 4-36 ~ 表 4-38)

表 4-36 制动距离(工作制动器单独工作)表

运转方向	规定值	测定值	判定	备注
空载下行	0.3 ~ 1.3 m		□通过 □不通过	
负荷下行	0.3 ~ 1.3 m		□通过 □不通过	

表 4-37 制动距离(辅助制动器单独工作)表

状态		规定值	测试结果	判定	备注
0.65 m/s(v)	空载下行	扶梯有效制停		□通过 □不通过	
0.65 m/s(v)	负载下行	扶梯有效制停		□通过 □不通过	

表 4-38 制动距离(工作制动器 + 辅助制动器)表

状态		规定值	测定值(m)	判定	备注
0.65 m/s(v)	空载下行	0.3 ~ 1.3 m	S		□通过 □不通过
0.65 m/s(v)	负载下行	0.3 ~ 1.3 m	S		□通过 □不通过
1.3 × 0.65 m/s(v_1)	空载下行	0.3 ~ 1.3 m	S1		□通过 □不通过
1.3 × 0.65 m/s(v_1)	负载下行	0.3 ~ 1.3 m	S1		□通过 □不通过

负载:120 kg/梯级

(3)自动润滑系统功能检测(见表4-39)

表4-39 自动润滑系统功能检测表

	项目	判定
1	油泵故障测试: ①在上部接线盒内的"OIL1"信号线(油泵供电回路)内串入一个开关; ②正常启动后,断开开关,模拟油泵故障,一段时间后扶梯报警"F3",但扶梯可正常运行; ③扶梯停止后不能再启动	□通过 □不通过
2	油位过低故障测试: ①在上部接线盒内的"OILF"信号线(油位过低信号)内串入一个开关; ②正常启动后,断开开关,模拟油位过低故障,一段时间后扶梯报警"F9",但扶梯正常运行; ③扶梯停止后不能再启动	□通过 □不通过

注:表格中测试功能标注"★"为重要项目,其余为一般项目。

7. 电梯专业功能验证(见表4-40)

表4-40 电梯专业功能验证表

序号	项目	指南	检验方法	检验记录	判定	备注
1	额定速度运行	0.92~1.05 m/s	在控制柜读取控制柜数据		□通过 □不通过	
2	短层距运行	正常运行	在额定负载下测量平台上运行速度		□通过 □不通过	
3	★电梯到站开关门	正常	电梯到达指定楼层能自动开门		□通过 □不通过	
4	运行舒适感	正常	轿厢内人体感觉舒适		□通过 □不通过	
5	★负载运行	正常	轿厢内负载45%运行平稳舒适		□通过 □不通过	
6	★运行方向	正常	轿厢运行方向与轿内指示和层站召唤方向一致		□通过 □不通过	
7	语音报站	语音清晰	轿厢内语音报站清晰,音量超过65 dB		□通过 □不通过	
8	★锁梯功能	正常	锁梯开关转到ON状态时,能锁闭电梯		□通过 □不通过	
9	★消防功能	正常	按压消防按钮时,电梯能消除召唤,并返回基站		□通过 □不通过	
10	井道照明	正常	井道照明能正常点亮,并满足规范要求		□通过 □不通过	
11	轿顶照明	正常	轿顶照明能正常点亮,并满足规范要求		□通过 □不通过	
12	底坑照明	正常	底坑照明能正常点亮,并满足规范要求		□通过 □不通过	
13	轿内楼层显示	正常	显示的楼层为实际楼层		□通过 □不通过	
14	轿内运行方向	正常	轿厢运行方向与轿内指示方向一致		□通过 □不通过	
15	轿内指令按钮	正常	按动轿厢内部召唤电梯能到达指定楼层		□通过 □不通过	
16	轿内照明开关	正常	轿厢内照明开关能控制轿厢照明状态		□通过 □不通过	
17	轿内风扇开关	正常	轿厢内风扇开关能控制轿厢风扇状态		□通过 □不通过	
18	★开关门按钮	正常	开关门按钮能控制轿厢门状态		□通过 □不通过	
19	★超载蜂鸣器	正常	轿厢超载时超载蜂鸣器能正常报警		□通过 □不通过	
20	★超载灯	正常	轿厢超载时超载灯能正常点亮		□通过 □不通过	
21	★警铃按钮	正常	按压轿厢内警铃按钮,轿厢能报警并接通对讲电话		□通过 □不通过	
22	★应急灯	正常	断开控制柜AC 220 V电源,应急灯能点亮		□通过 □不通过	
23	★对讲装置	正常	对讲装置能与控制室正常通话		□通过 □不通过	
24	★门光幕功能	正常	阻挡门光幕时,电梯轿门能由关门转开门		□通过 □不通过	
25	★满载开关功能	正常	100%负载时,满载功能启动		□通过 □不通过	
26	★平衡系数测定	40%~50%	使用国家检验规范的电流法进行确认		□通过 □不通过	
27	★底坑安全开关	正常	停止开关动作,电梯不能启动		□通过 □不通过	

续上表

序号	项目	指南	检验方法	检验记录	判定	备注
28	★轿顶安全开关	正常	停止开关动作，电梯不能启动		□通过 □不通过	
29	★手动、电动松闸	正常	按压松闸开关或扳手，轿厢能缓慢移动		□通过 □不通过	
30	钢丝绳	正常	外观		□通过 □不通过	
31	层门三角钥匙	正常	能使用三角钥匙开门		□通过 □不通过	
32	★开门故障	正常	本层门锁故障去其他层开门		□通过 □不通过	
33	极限开关	正常	开关动作，电梯不能启动		□通过 □不通过	
34	断错相功能	正常	断开一相，电梯不能启动		□通过 □不通过	
35	摄像头功能	正常	已安装就位		□通过 □不通过	
36	自动平层功能	正常	能自动平层到位		□通过 □不通过	
37	节能功能	正常	没有召唤下超过预定时间自动关闭轿厢内照明及风扇		□通过 □不通过	

注：表格中测试功能标注“★”为重要项目，其余为一般项目。

8. 门禁系统功能验证

(1)单体设备功能验证(见表 4-41)

表 4-41　单体设备功能验证

序号	项目		指南	检验方法	检验记录	判定	备注
1	门禁工作站正常工作(车站级)	★报警事件信息显示	具备报警确认及报警处理窗口；具备独立的事件显示窗口、可确认及处理报警事件	完成智能检测，提供智能检测报告		□通过 □不通过	
		★硬件设备状态显示	显示设备地图；显示离线，在线状态			□通过 □不通过	
		★事件历史查询	可以按照设备，时间等查询出入状态信息			□通过 □不通过	
		★设备控制	设备地图界面显示、报警颜色区分右键开关门控制			□通过 □不通过	
		★电子地图	动态图标显示；右键开关门控制			□通过 □不通过	
		台式读卡器	刷卡开门			□通过 □不通过	
2	主控制器	★电源中断不影响主控制器下一次正常启动	重新上电后正常启动	中断电源，再上电		□通过 □不通过	
		★远程开门	对应门打开	完成智能检测，提供智能检测报告		□通过 □不通过	
		★主控制器离线独立工作	主控制器网络离线时，可独立控制管理就地级设备，并存储中断期间的门禁信息。通信恢复时，主控制器自动将中断期间的门禁信息上传	模拟主控制器与网络中断，测试主控制器能否自动转入独立工作状态		□通过 □不通过	
		★主控制器通信恢复功能	网络通信中断恢复后，自动连接上通信网络，同时程序和内存具有断电自保持功能	模拟主控器网络中断，再恢复		□通过 □不通过	
		指示灯	带有通信、运行和测试指示灯	完成智能检测，提供智能检测报告		□通过 □不通过	

续上表

序号	项目		指南	检验方法	检验记录	判定	备注
3	就地控制器	★门超时、强行打开报警	门开超时报警，门被强行打开报警	完成智能检测，提供智能检测报告		□通过 □不通过	
		进出双向读卡	支持	测试该功能		□通过 □不通过	
		门常开	可设定实现门常开状态	测试该功能		□通过 □不通过	
		进出门模式	可以分别设置只需卡进门模式，卡+密码进门模式，具有防反传功能	测试各种进出门模式		□通过 □不通过	
		时间区域设定	可设置各种时区	设定时间区域		□通过 □不通过	
		电源开关	就地控制器有电源开关	检查电源开关		□通过 □不通过	
		防拆开关	有防拆开关，打开箱体就会产生本地报警	测试防拆开关		□通过 □不通过	
		指示灯	带有通信、运行和测试指示灯	检查指示灯		□通过 □不通过	
		★通信冗余	就地控制器可通过不同接口实现冗余通信的功能。当主要通信路由出现故障时，系统可自动判断切换至另一条正常运行的通信路由	测试通信冗余功能		□通过 □不通过	
		★就地控制器独立工作	在门禁主控制器和就地控制器通信中断期间，就地控制器可根据本地存储的门禁参数和授权信息独立工作，并存储中断期间的门禁信息。通信恢复时，门禁就地控制器自动将中断期间的门禁信息上传到主控制器	模拟与主控制器联系中断时，就地控制器能否自动转入独立工作状态		□通过 □不通过	
		开门响应时间	从读卡识别到系统执行开门操作的延迟时间不大于0.5 s	测试响应时间		□通过 □不通过	
4	读卡器	★正常读卡	使用读卡器对已授权的门禁卡进行读卡	完成智能检测，提供智能检测报告		□通过 □不通过	
		读卡器具有三色显示灯，橙、绿、红	待机状态：橙色指示灯每秒闪烁一次，刷卡权限正确：绿色指示灯常亮5 s，刷卡权限错误：红色指示灯闪烁，门常开常亮绿灯，常闭常亮红灯			□通过 □不通过	
5	出门按钮	开门	每按一次出门按钮，开门一次	完成智能检测，提供智能检测报告		□通过 □不通过	
6	紧急开门按钮	★门锁开启	可操作紧急开门按钮切断电源来控制门锁的开启	完成智能检测，提供智能检测报告		□通过 □不通过	
7	★磁力锁		吸合、分离正常。吸合后磁力锁指示灯状态转变	完成智能检测，提供智能检测报告		□通过 □不通过	
8	IBP盘门禁紧急按钮		可操作IBP盘紧急按钮打开全站门禁	按下紧急按钮		□通过 □不通过	

见证各方：

机电系统监造商：　　　　建设总部：

设计：　　　　监理：

运营总部：　　　　接口系统厂家：

（2）中央级设备功能验证（见表4-42）

表4-42　中央级设备功能验证

序号	项　目	指　南	检验方法	检验记录	判　定	备　注
1	★中央级授权功能	正常读卡	通过中央级授权服务器进行人员授权、使用门禁卡进行刷卡验证		□通过　□不通过	
2	中央级查询功能	报警信息上传、事件信息上传、人员信息查询、报表查询	报警信息上传查询、事件信息上传查询、人员信息查询、报表查询		□通过　□不通过	
3	★中央级与车站级通信	中央级与各车站能够正常通信	中央级与各车站能够正常通信		□通过　□不通过	

见证各方：

集成商：　　　　　　建设总部：

设计：　　　　　　监理：

运营总部：　　　　　　接口系统厂家：

9. 气体灭火系统功能验证（见表4-43）

表4-43　气体灭火系统功能验证

序号	项　目	指　南	检验方法	检验记录	判　定	备　注
1	★集中报警控制盘	在控制盘上操作，查询火警、监管、故障等报警信息及历史信息应正确；正确显示现场设备或监控设备的位置说明信息（包括区域、地点、设备类型及编号）。控制盘备电保护功能正常。控制盘显示、操作功能正常。打印功能正常。按键功能检测	完成消防检测，提供消防检测报告（或检测合格比例不低于本标准2.2主要验证原则的要求）		□通过　□不通过	
2	★现场灭火控制盘	在控制盘上操作，查询火警、监管、故障等报警信息及历史信息应正确；正确显示现场设备或监控设备的位置说明信息（包括区域、地点、设备类型及编号）。控制盘备电保护功能正常。控制盘应能将报警信息、区间控制盘主要故障信息传送至相邻车站控制盘。按键功能检测	完成消防检测，提供消防检测报告（或检测合格比例不低于本标准2.2主要验证原则的要求）		□通过　□不通过	
3	★火灾报警探测器	对火灾报警探测器进行模拟报警，控制盘能显示，现场探测器报警显示灯正确	完成消防检测，提供消防检测报告（或检测合格比例不低于本标准2.2主要验证原则的要求）		□通过　□不通过	
4	★紧急释放装置	正常释放、现场有操作说明及操作指示灯显示	完成消防检测，提供消防检测报告（或检测合格比例不低于本标准2.2主要验证原则的要求）		□通过　□不通过	
5	★紧急停止按钮	正常停止、现场有操作说明及操作指示灯显示	完成消防检测，提供消防检测报告（或检测合格比例不低于本标准2.2主要验证原则的要求）		□通过　□不通过	
6	★对防烟防火阀的控制	防火阀关闭，对应保护区的防火阀均有控制关闭功能，防火阀关闭状态应能在FAS系统上正确显示。防火阀现场复位装置正常	完成消防检测，提供消防检测报告（或检测合格比例不低于本标准2.2主要验证原则的要求）		□通过　□不通过	

续上表

序号	项　目	指　南	检验方法	检验记录	判　定	备　注
7	★启动管道气密性试验	瓶头阀、选择阀、启动装置正常，无卡阻现象，无堵塞，无泄漏点。启动管路无漏气、排列整齐，无变形、堵塞等	现场测试		□通过　□不通过	
8	检查灭火剂储存容器内的充装压力	灭火剂储存容器内的充装压力符合要求（指针在绿色区域内）	提供检测报告		□通过　□不通过	
9	检查驱动气体储存容器内的充装压力	驱动气体储存容器内的充装压力符合要求（指针在绿色区域内）	提供检测报告		□通过　□不通过	
10	★检查瓶头阀、选择阀、启动装置是否正常	瓶头阀、选择阀、启动装置正常，无卡阻现象，无堵塞，无泄漏点。启动管路无漏气、排列整齐，无变形、堵塞等	完成消防检测，提供消防检测报告（或检测合格比例不低于本标准2.2主要验证原则的要求）		□通过　□不通过	
11	★模拟启动试验	①延迟时间与设定时间相符，相应时间满足要求； ②有关声、光报警信号正确； ③有关控制阀门工作正常； ④信号反馈装置动作后，气体防护区外的气体释放指示灯影工作正常	完成消防检测，提供消防检测报告（或检测合格比例不低于本标准2.2主要验证原则的要求）		□通过　□不通过	
12	★声光报警器、警铃功能检测	声光报警器、警铃联动与消音功能测试	完成消防检测，提供消防检测报告（或检测合格比例不低于本标准2.2主要验证原则的要求）		□通过　□不通过	
13	★就地控制盘故障测试	①电磁阀线路检测； ②警铃线路检测； ③就地控制盘主备电切换；主备电任意一路故障均报警； ④24 V辅助电源主备电切换；主备电任意一路故障均报警	完成消防检测，提供消防检测报告（或检测合格比例不低于本标准2.2主要验证原则的要求）		□通过　□不通过	
14	★与低压配电系统的接口	①车控室为集中报警控制盘提供AC 220 V/50 Hz的电源（一级负荷）； ②气瓶室为每个现场灭火控制盘提供一路AC 220 V/50 Hz的电源（一级负荷）	现场试验		□通过　□不通过	

注：表格中测试功能标注“★”为重要项目，其余为一般项目。

见证各方：

集成商：　　　　　　　　　　　　建设总部：

设计：　　　　　　　　　　　　　监理：

运营总部：　　　　　　　　　　　接口系统厂家：

10. 高压细水雾灭火系统功能验证（见表4-44）

表4-44　高压细水雾灭火系统功能验证表

序号	项　目	验证标准	检验方法	检验记录	判　定	备　注
1	★高压细水雾报警主机	A类：在控制盘上操作，查询火警、监管、故障等报警信息及历史信息应正确；正确显示现场设备或监控设备的位置说明信息（包括区域、地点、设备类型及编号）。传递给FAS主机。控制盘显示、操作功能正常。打印功能正常。按键功能检测	在控制盘上操作，查询控制盘、现场灭火控制盘、火灾报警探测器、的故障、状态、历史信息；在现场模拟火灾报警，控制盘可正常显示报警；各按键功能与设计相符		□通过　□不通过	

续上表

序号	项目	验证标准	检验方法	检验记录	判定	备注
2	★自动灭火控制盘	A类:在控制盘上操作,查询火警、监管、故障等报警信息及历史信息应正确;正确显示现场设备或监控设备的位置说明信息(包括区域、地点、设备类型及编号)。控制盘应能将报警信息、灭火控制盘主要故障信息传送至报警主机。按键功能检测	在控制盘上操作,查询控制盘、现场灭火控制盘、火灾报警探测器、的故障、状态、历史信息;在现场模拟火灾报警,控制盘可正常显示报警;各按键功能与设计相符		□通过 □不通过	
3	★火灾报警探测器(烟感、温感)	A类:对火灾报警探测器进行模拟报警,控制盘能显示,现场探测器报警显示灯正确	断开电磁阀与控制系统接线,对火灾报警探测器进行模拟报警,控制盘能显示		□通过 □不通过	
4	★紧急释放装置	A类:正常释放、现场有操作说明及操作指示灯显示	断开电动阀与控制系统接线,按下紧急释放装置,核查接线是否收到反馈信号		□通过 □不通过	
5	★对防烟防火阀的控制	B类:防火阀关闭,对应保护区的防火阀均有控制关闭功能,防火阀关闭状态应能在FAS系统上正确显示; C类:防火阀现场复位装置正常	断开电磁阀与控制系统接线,对火灾报警探测器进行模拟报警,核查放烟防火阀是否关闭		□通过 □不通过	
6	检查高压细水雾正常待机状态系统压力	C类:开式(预作用)阀箱前段压力表; C类:湿式阀箱压力表; C类:泵房压力表	目测		□通过 □不通过	
7	★检查阀箱电动阀启动装置是否正常	A类:阀箱电动阀、启动装置正常,无卡阻现象,无堵塞,无泄漏点; B类:启动管路无漏水、排列整齐,无变形、堵塞等	手动		□通过 □不通过	
8	★模拟启动试验	B类:延迟时间与设定时间相符,相应时间满足要求; B类:有关声、光报警信号正确; A类:有关控制阀门工作正常; B类:信号反馈装置动作后,防护区外的释放指示灯工作正常	现场试验		□通过 □不通过	
9	★声光报警器、警铃功能检测	B类:声光报警器、警铃联动与消音功能测试	现场试验		□通过 □不通过	
10	★备电保护	A类:消防值班室和DCC室为集中报警控制盘提供AC 220 V/50 Hz的电源(一级负荷); C类:预用阀箱AC 220 V/50 Hz的电源(一级负荷)是否正常	现场试验		□通过 □不通过	

注:表格中测试功能标注"★"为重要项目,其余为一般项目。

11. 火灾自动报警系统功能验证

(1)单系统设备功能验证(见表4-45)

表4-45 单系统设备功能验证

序号	项目	指南	检验方法	检验记录	判定	备注
1	★控制盘	正常显示报警、故障、状态、历史信息,能够确认火灾情况并发出报警声音。各按键功能与设计相符	完成消防检测,提供消防检测报告(或检测合格比例不低于本标准2.2主要验证原则的要求)		□通过 □不通过	

续上表

序号	项　目	指　南	检验方法	检验记录	判　定	备　注
2	★图形工作站	正常显示报警、故障、状态、历史信息，收到控制盘发出的火灾确认信息后弹出火灾报警信息	在图形工作站上操作，查询控制盘、火灾报警探测器、手动报警按钮、模块、手动报警按钮等设备的报警、故障、状态、历史信息；在现场模拟火灾报警，图形工作站可正常显示报警		□通过　□不通过	
3	★火灾报警探测器	正常报警	完成消防检测，提供消防检测报告（或检测合格比例不低于本标准 2.2 主要验证原则的要求）		□通过　□不通过	
4	★手动报警按钮	正常报警	完成消防检测，提供消防检测报告（或检测合格比例不低于本标准 2.2 主要验证原则的要求）		□通过　□不通过	
5	★火灾报警自动确认	火灾报警自动确认	对同一区域两个烟感探测器进行模拟，能自动确认火灾，完成消防检测，提供消防检测报告（或检测合格比例不低于本标准 2.2 主要验证原则的要求）		□通过　□不通过	
			一个烟感探测器、一个手动报警按钮自动确认，完成消防检测，提供消防检测报告（或检测合格比例不低于本标准 2.2 主要验证原则的要求）		□通过　□不通过	
6	★ 消 防电话	通话声音清晰	完成消防检测，提供消防检测报告（或检测合格比例不低于本标准 2.2 主要验证原则的要求）		□通过　□不通过	
7	消防广播（车辆段、停车场、主变电站）	广播声音清晰	完成消防检测，提供消防检测报告（或检测合格比例不低于本标准 2.2 主要验证原则的要求）		□通过　□不通过	
8	★区间手动报警按钮	正常报警	完成消防检测，提供消防检测报告（或检测合格比例不低于本标准 2.2 主要验证原则的要求）		□通过　□不通过	
9	★区间风机房/区间变电所火灾报警	正常报警	完成消防检测，提供消防检测报告（或检测合格比例不低于本标准 2.2 主要验证原则的要求）		□通过　□不通过	
10	图形工作站软件功能	火灾报警具有最高级优先级、具备多级密码设置功能、当有故障发生时，能够自动弹出故障信息、实时的事件打印工作	在图形工作站上操作，查询火警、监管、故障等报警信息及历史信息应正确；正确显示现场设备或监控设备的位置、报警图形及位置说明信息。火灾报警，图形工作站应正确弹出对应位置图形，且清晰直观。软件具有用户权限设置功能		□通过　□不通过	

注：表格中测试功能标注“★”为重要项目，其余为一般项目。

(2)相关系统接口功能验证(见表 4-46)

表 4-46 相关系统接口功能验证

序号	项目	指南	检验方法	检验记录	判定	备注
1	★火灾模式下非消防电源切除(车辆段、停车场、主变电站)	非消防电源切除	完成消防检测,提供消防检测报告(或检测合格比例不低于本标准 2.2 主要验证原则的要求)		□通过 □不通过	
2	★火灾模式下启动消防水泵(如有)	消防水泵启动与信息反馈(包括 FAS 主机和图文工控机)	完成消防检测,提供消防检测报告(或检测合格比例不低于本标准 2.2 主要验证原则的要求)		□通过 □不通过	
3	★火灾模式下降落防火卷帘(如有)	防火卷帘降落	完成消防检测,提供消防检测报告(或检测合格比例不低于本标准 2.2 主要验证原则的要求)		□通过 □不通过	
4	★与气体灭火通信	预警、报警确认、系统故障、手动/自动状态、气体释放信号正确显示	完成消防检测,提供消防检测报告(或检测合格比例不低于本标准 2.2 主要验证原则的要求)		□通过 □不通过	
5	★自动灭火系统工作状态监视	控制盘、图形工作站显示自动灭火系统状态、报警信息	自动灭火系统模拟输出状态、报警信息,控制盘、图形工作站显示自动灭火系统状态、报警信息		□通过 □不通过	
6	防火阀工作状态监视	控制盘、图形工作站显示防火阀关闭信息	完成消防检测,提供消防检测报告(或检测合格比例不低于本标准 2.2 主要验证原则的要求)		□通过 □不通过	
7	★电梯迫降功能(车辆段、停车场)	电梯迫降功能	完成消防检测,提供消防检测报告(或检测合格比例不低于本标准 2.2 主要验证原则的要求)		□通过 □不通过	
8	警铃联动	警铃正常联动	完成消防检测,提供消防检测报告(或检测合格比例不低于本标准 2.2 主要验证原则的要求)		□通过 □不通过	
9	★风机监控(车辆段、停车场、主变电站)	风机监视控制功能	完成消防检测,提供消防检测报告(或检测合格比例不低于本标准 2.2 主要验证原则的要求)		□通过 □不通过	
10	★与综合监控系统接口功能	FAS 系统的监视功能	完成消防检测,提供消防检测报告(或检测合格比例不低于本标准 2.2 主要验证原则的要求)		□通过 □不通过	
11	IBP 盘消防功能	AFC 闸机紧急释放监控功能 手报启动与 IBP 盘启动;水泵运行与故障信息反馈	完成消防检测,提供消防检测报告(或检测合格比例不低于本标准 2.2 主要验证原则的要求)		□通过 □不通过	
12	★与 BAS 系统接口功能	BAS 系统接口功能	完成消防检测,提供消防检测报告(或检测合格比例不低于本标准 2.2 主要验证原则的要求)		□通过 □不通过	

注:表格中测试功能标注"★"为重要项目,其余为一般项目。

12. 环境与设备监控系统功能验证(见表 4-47)

表 4-47　环境与设备监控系统功能验证

序号	项　目	指　南	检验方法	检验记录	判　定	备　注
1	★冗余 PLC 控制器	PLC 控制器配置齐全、设置正确。控制器无故障报警。主、从 PLC 冗余切换正常	关闭主 PLC 电源,查询维修工作站,核查 BAS 系统、各专业设备的报警、故障、状态、信息、控制功能(BAS、综合监控系统的控制功能)		□通过　□不通过	
2	★维修工作站	正确显示 BAS 系统、各专业设备的报警、故障、状态信息(包括设备名称、位置、编号、说明等)正确、历史信息齐全及正确。软件具有用户权限设置功能	在维修工作站上操作,查询 BAS 系统、各专业设备的报警、故障、状态、历史信息		□通过　□不通过	
3	模块	正常工作、指示灯显示正常	在维修工作站上操作,查询 BAS 系统模块的报警、故障、状态信息		□通过　□不通过	
4	UPS	正常工作	输出为 220 V 单相三线制交流电源,电源故障时 UPS 转为电池供电的切换时间小于 4 ms,电源恢复时 UPS 在 0.2 ms 内恢复到外部电源供电,旁路逆变切换时间小于 4 ms,瞬变响应恢复时间小于等于 2 ms,能够通过维修工作站查询 UPS 的报警、故障、状态、历史信息		□通过　□不通过	
5	变送器	在维修工作站上正常显示变送器的状态信息	完成智能检测,提供智能检测报告(或检测合格比例不低于本标准 2.3 功能验证测试原则中的要求)		□通过　□不通过	
6	对自动扶梯的监视和控制	在维修工作站上正常显示扶梯的报警、故障、状态、历史信息,能够控制扶梯急停	完成智能检测,提供智能检测报告(或检测合格比例不低于本标准 2.3 功能验证测试原则中的要求)		□通过　□不通过	
7	对垂直电梯的监视和控制	在维修工作站上正常显示垂直电梯的报警、故障、状态、历史信息,能够控制垂直电梯停留在安全层	完成智能检测,提供智能检测报告(或检测合格比例不低于本标准 2.3 功能验证测试原则中的要求)		□通过　□不通过	
8	对照明系统的监视和控制	在维修工作站上正常显示照明系统的报警、状态、历史信息,能够控制照明系统按照模式表运行	完成智能检测,提供智能检测报告(或检测合格比例不低于本标准 2.3 功能验证测试原则中的要求)		□通过　□不通过	
9	对 EPS 系统的监视和控制	在维修工作站上正常显示 EPS 系统的报警、故障、状态、历史信息,能够实现强投	完成智能检测,提供智能检测报告(或检测合格比例不低于本标准 2.3 功能验证测试原则中的要求)		□通过　□不通过	
10	对车站水泵的监视和控制	在维修工作站上正常显示水泵的报警、故障、状态、历史信息	完成智能检测,提供智能检测报告(或检测合格比例不低于本标准 2.3 功能验证测试原则中的要求)		□通过　□不通过	

续上表

序号	项 目	指 南	检验方法	检验记录	判 定	备 注
11	对区间水泵的监视和控制	在维修工作站上正常显示水泵的报警、故障、状态、历史信息,能够对区间水泵进行控制	完成智能检测,提供智能检测报告(或检测合格比例不低于本标准2.3功能验证测试原则中的要求)		□通过 □不通过	100%测试
12	对通风空调设备的监视和控制	在维修工作站上正常显示通风空调设备的报警、故障、状态、历史信息,能够对通风空调设备进行控制	完成智能检测,提供智能检测报告(或检测合格比例不低于本标准2.3功能验证测试原则中的要求)		□通过 □不通过	
13	与冷水机组接口	接口连接完成、接口协议正确	提供调试记录查验、完成智能检测,提供智能检测报告(或检测合格比例不低于本标准2.3功能验证测试原则中的要求)		□通过 □不通过	
14	接收FAS系统发送的火灾模式	在维修工作站上正常显示FAS系统发送的火灾模式	完成消防检测,提供消防检测报告(或检测合格比例不低于本标准2.3功能验证测试原则中的要求)		□通过 □不通过	
15	★火灾模式	火灾模式功能正确	完成消防检测,提供消防检测报告(或检测合格比例不低于本标准2.3功能验证测试原则中的要求)		□通过 □不通过	
16	与综合监控系统的接口功能	BAS系统能正确收发信息	完成智能检测,提供智能检测报告(或检测合格比例不低于本标准2.3功能验证测试原则中的要求)		□通过 □不通过	

注:表格中测试功能标注"★"为重要项目,其余为一般项目。

13. 供电专业功能验证

(1)单体设备功能验证(见表4-48～表4-59)

表4-48 36 kV GIS功能验证表

序号	项 目	检验标准	检验方法	检验记录及判定	备 注
1	设计检查和外观检查	设备的规格、型号应符合设计图纸规定	观察检查	□通过 □不通过	
		柜内安装的36 kV断路器、三位置隔离/接地开关、电压(流)互感器、避雷器、微机测控保护装置、差动保护装置、电缆插头等设备的型号、规格应符合设计图纸规定	观察检查	□通过 □不通过	
2	机械操作及机械特性测量试验	断路器、三位置隔离/接地开关的辅助开关及闭锁装置在电动及手动情况下动作灵活,准确可靠,触头接触紧密,所有传动部位无卡阻现象,合闸时相间的同期性应符合产品的技术规定。位置指示器与开关的实际位置相符	观察、操作检查	□通过 □不通过	
3	充气隔室的压力试验和气体状态测量	查看(表盘读数)是否合格	查看	□通过 □不通过	

续上表

序号	项　目	检验标准	检验方法	检验记录及判定	备　注
4	微机综合测控保护装置	各项保护功能、保护整定值满足设计要求	使用继保仪等校验仪器对保护装置逐项进行测试。 手动操作保护装置检验功能	□通过　□不通过	
		控制功能		□通过　□不通过	
		备用电源自动投入功能		□通过　□不通过	
		当地和远方的通信功能		□通过　□不通过	
		分/合闸回路监视功能		□通过　□不通过	
		事件记录与故障录波功能		□通过　□不通过	
		人机接口功能		□通过　□不通过	
		测量功能		□通过　□不通过	

表 4-49　1 500 V 直流开关柜(含负极柜)功能验证表

序号	项　目	指南内容	检验方法	检验记录及判定	备　注
1	设计检查和外观检查	设备的规格、型号应符合设计规定	观察检查	□通过　□不通过	
		柜内安装的 1 500 V 直流断路器、分流/分压器、变送器、避雷器、微机测控保护装置、隔离开关(负极柜)等设备的型号、规格应符合设计图纸规定	观察检查	□通过　□不通过	
2	机械操作及机械特性测量试验	直流断路器、手动隔离开关的辅助开关及闭锁装置动作灵活,准确可靠	观察、操作检查	□通过　□不通过	
3	微机综合测控保护装置	保护功能	查阅供货商/现场试验记录或见证试验检查	□通过　□不通过	
		控制功能		□通过　□不通过	
		自动装置功能;(带故障性法判断的自动重合闸功能,仅馈线柜有)		□通过　□不通过	
		测量功能		□通过　□不通过	
		显示功能		□通过　□不通过	
		当地和远方的通信功能		□通过　□不通过	
		保护动作复归(当地/远方)。(仅馈线柜有此功能)		□通过　□不通过	

表 4-50　轨电位功能验证表

序号	项　目	指南内容	检验方法	检验记录及判定	备　注
1	设计检查和外观检查	设备、元器件(晶闸管、接触器)的规格、型号应符合设计规定	观察检查	□通过　□不通过	
2	机械操作	隔离开关及闭锁装置动作灵活,准确可靠	观察、操作检查	□通过　□不通过	
3	辅助功能检验	电压电流报警指示正确,开关能正常闭锁、复归	观察、操作检查	□通过　□不通过	

表 4-51　变压器功能验证表

序号	项　目	指南内容	检验方法	检验记录及判定	备　注
1	设计检查和外观检查	设备的规格、型号应符合设计规定	观察检查	□通过　□不通过	
2	相序检查	组别接线正确	观察	□通过　□不通过	
3	温控箱的保护功能检查	温控箱超温报警功能齐备,指示灯正常,声响清晰	观察	□通过　□不通过	

表 4-52 整流器柜功能验证表

序号	项 目	标 准	检验方法	检验记录及判定	备 注
1	设计检查和外观检查	设备的规格、型号应符合设计规定	观察检查	□通过 □不通过	
2	辅助功能检验	压敏电阻报警功能齐备,指示灯正常,声响清晰	观察、操作检查	□通过 □不通过	
3	温控箱的保护功能检查	温控箱超温报警功能齐备,指示灯正常,声响清晰	观察	□通过 □不通过	

表 4-53 交直流电源装置功能验证表

序号	项 目	标 准	检验方法	检验记录及判定	备 注
1	设计检查和产品检查	交、直流盘中的设备、元器件规格型号、参数、安装尺寸均应符合设计规定	观察检查	□通过 □不通过	
		直流盘中的充电装置和蓄电池盘柜应符合设计和产品规定	观察检查	□通过 □不通过	
2	充电装置的自动控制功能	①装置能根据产品的技术要求,蓄电池在正常充电情况下,装置应由恒流限压状态自动向恒压充电、浮充电正常运行状态转换,且转换过程和持续时间符合技术规定; ②自动控制功能应自动定期对蓄电池组进行均衡充电,确保电池组随时具备额定容量 ③满足综合自动化系统运行要求,具备由远方对电压、电流进行遥信、遥测的功能 ④在故障状态下,装置应自动或经手动切换到“当地”运行方式	观察、操作检查	□通过 □不通过	
3	蓄电池组	蓄电池的规格、容量和电池数量应符合设计规定并提供产品合格证及试验报告	观察、操作检查	□通过 □不通过	
		蓄电池组在屏内台架上安装应稳固、排列整齐,端子连接紧密正确可靠,无锈蚀,每只(组)蓄电池间应保持一定间距	观察	□通过 □不通过	
4	交流盘各项报警功能	当装置出现各种故障时,装置的报警应准确、可靠,并能发出相应声光信号	操作检查	□通过 □不通过	
5	交流盘保护功能	可采取模拟方式触发各种保护动作(交流输入过/欠压保护、充电模块输出过/欠压保护)	操作检查	□通过 □不通过	
6	交流盘自投切换功能	两路交流进线电源控制方式一路为主,二路为辅,也可手动选择切换至任一路电源供电	操作检查	□通过 □不通过	

表 4-54 接触网隔离开关功能验证表

序号	项 目	标 准	检验方法	检验记录及判定	备 注
1	设计检查和外观检查	操动机构传动操作轻便灵活,隔离开关分合顺利可靠,分、合位置正确,触头接触良好	观察检查及操作	□通过 □不通过	
		外形尺寸及各部件型号、规格应符合设计图纸规定	观察检查	□通过 □不通过	
2	功能性检查	隔离开关绝缘性能应符合设计要求。电动隔离开关的电源和控制回路接线正确,在允许电压波动范围内能正确、可靠动作。隔离开关机械联锁应正确可靠。机构的分、合闸指示与开关的实际状态一致	电动控制操作	□通过 □不通过	

表 4-55 制动能量消耗装置功能验证表

序号	项　目	指　南	检验方法	检验记录及判定	备　注
1	一般性检验	产品需同要求及设备的设计图纸执行	观察核对检查	□通过　□不通过	
2	逻辑闭锁功能	满足设计要求	手动操作	□通过　□不通过	

表 4-56 再生能量逆变回馈装置功能验证表

序号	项　目	指　南	检验方法	检验记录及判定	备　注
1	一般性检验	产品合同要求及设备的设计图纸执行	观察核对检查	□通过　□不通过	
2	逻辑、闭锁功能	与 36 kV GIS 和 1 500 V 直流柜之间信号、逻辑正常、正确	检查、操作	□通过　□不通过	

表 4-57 供电运行安全生产管理系统功能验证表

序号	项　目	指　南	检验方法	检验记录及判定	备　注
1	一般性检验	按产品合同要求及设备的设计图纸执行	观察核对检查	□通过　□不通过	
2	接地桩、验电桩	安装位置、数量与施工蓝图一致	检查核对	□通过　□不通过	
3	防误功能验证	在中央级或站级对间隔层设备操作，验证闭锁逻辑正确	操作、观察	□通过　□不通过	

表 4-58 可视化接地装置功能验证表

序号	项　目	检验标准	检验方法	检验记录及判定	备　注
1	设计检查和外观检查	设备的规格、型号应符合设计图纸规定	观察检查	□通过　□不通过	
		柜内安装的接地开关、智能接地控制器、电压传感器、摄像头、光纤收发器、指示灯、电源开关等设备的型号、规格应符合设计图纸规定	观察检查	□通过　□不通过	
2	机械操作试验	接地开关在电动及手动情况下动作灵活，准确可靠，触头接触紧密，所有传动部位无卡阻现象，合闸时相间的同期性应符合产品的技术规定。位置指示器与开关的实际位置相符	观察、操作检查	□通过　□不通过	
3	通电及功能检查	通电检查后检查开关电源、操控装置、控制器、光收发器等设备工作正常	查看	□通过　□不通过	
		摄像机功能检查：图像在分闸、合闸时，均能完整监视动、静触头，且图像清晰，不斜扭	查看	□通过　□不通过	
		后台监控：摄像机、控制器、远程光纤通信正常，后台微机能清晰显示触头的分合闸状态，远方/就地、合闸/分闸、传感器故障、机构故障、控制回路状态、一次带电状态、机构箱门打开等信号正常，盘控面板验电、分合闸遥控操作正确，后台微机验电、分合闸遥控操作正确	查看	□通过　□不通过	
		风机、加热回路工作正常	查看	□通过　□不通过	

表 4-59 排流柜功能验证表

序号	项　目	指　南	检验方法	检验记录及判定	备　注
排流柜					
1	一般性检验	元器件应符合技术条件的规定。 外观：整洁，无裂痕、划伤、变形。 排流柜的电器元件的安装，在正常条件下应不致危害人身安全	一般性检验柜体检验采用尺子进行量测，其他采用目测的方法	□通过　□不通过	

(2)单系统功能验证(见表 4-60 ~ 表 4-64)

表 4-60 变电所送电测试表

序号	项目	标准	检验方法	检验记录及判定	备注
1	变电所整组传动	①变电所内所有屏柜辅助电源投入; ②交流 33 kV GIS 设备传动; ③直流 1 500 V 设备传动	实际操作 使用万用表、继电保护测试仪进行检查、测试	□通过 □不通过	
2	变电所所内逻辑关系调试	①33 kV 开关柜逻辑关系调试; ②整流机组与直流开关柜逻辑调试; ③能量消耗装置与直流馈线开关柜逻辑调试; ④所内框架保护逻辑调试; ⑤所内操作逻辑关系	实际操作 使用万用表、继电保护测试仪进行检查、测试	□通过 □不通过	
3	变电所所间联调	33 kV 开关柜差动保护装置调试; 33 kV 开关柜电流选跳保护调试; 相邻牵引所间及越区时直流联跳保护及闭锁关系调试	实际操作 使用万用表、继电保护测试仪进行检查、测试	□通过 □不通过	
4	SCADA 所内调试	①变电所控制信号盘内通信相关设备电源投入; ②对 33 kV GIS、直流 1 500 V、隔离开关状态变动监视功能; ③通过 HMI 人机界面对交流 33 kV GIS 设备传动; ④通过 HMI 人机界面对直流 1 500 V 设备传动; ⑤通过 HMI 人机界面对隔离开关电气传动; ⑥通过控制盘盘控按钮对隔离开关电气传动; ⑦实现系统对时功能	实际操作 携带万用表、调试维护用计算机及附件	□通过 □不通过	

表 4-61 接触轨送电及热滑试验表

序号	项目	标准	检验方法	检验记录及判定	备注
1	接触轨系统联调	上网隔离开关闭锁关系试验	按设计图纸逻辑操作	□通过 □不通过	
2	接触轨绝缘测试	接触轨系统送电前绝缘符合技术要求	使用 2 500 V 兆欧表	□通过 □不通过	
3	接触轨验电	接触轨电压符合设计标准	使用高压验电器在供电臂两端进行验电操作	□通过 □不通过	
4	接触轨热滑	试验车以规定运行速度往返运行,接触轨及附属设备应运行正常	接触轨送电后,电客车按照规定速度在区间行使,利用视频监测装置对弓网关系进行观察	□通过 □不通过	

表 4-62 接触网送电及热滑试验表

序号	项目	标准	检验方法	检验记录及判定	备注
1	接触网系统联调	上网隔离开关闭锁关系试验	按设计图纸逻辑操作	□通过 □不通过	
2	接触网绝缘测试	接触网系统送电前绝缘测试符合技术要求	使用 2 500 V 兆欧表	□通过 □不通过	
3	接触网验电	接触网电压符合设计标准	使用高压验电器在供电臂两端进行验电操作	□通过 □不通过	
4	接触网热滑	热滑试验车以规定运行速度往返运行,接触网锚段关节、线岔、分段绝缘器、膨胀接头等设备应运行正常、无跳弓、打火现象	接触网送电后,电客车按照规定速度在区间行使,利用视频监测装置对弓网关系进行观察	□通过 □不通过	

表 4-63　直流短路试验表

序号	项　目	标　准	检验方法	检验记录及判定	备　注
1	短路试验	直流保护的配合：大电流脱扣、ΔI、di/dt 等符合设计功能要求，保护动作速断灵敏安全可靠	①供电臂近端对钢轨短路； ②供电臂远端对钢轨短路； ③供电臂对地线考虑	□通过　□不通过	

表 4-64　杂散电流系统试验表

序号	项　目	指　南	检验方法	检验记录及判定	备　注
1	一般性检验	符合设计要求	查阅试验记录	□通过　□不通过	
2	传感器精度测试	满足出厂试验标准	查阅试验记录	□通过　□不通过	
3	通讯误码率测试	满足出厂试验标准	查阅试验记录	□通过　□不通过	

14. 主变电站供电系统专业功能验证

(1)单体设备功能验证(见表 4-65 ~ 表 4-73)

表 4-65　110 kV GIS 功能验证表

序号	项　目	标　准	检验方法	检验记录	判　定	备　注
1	设计检查和外观检查	①设备的规格、型号应符合设计规定； ②产品的背面接线图与设计原理接线图经核对互相一致； ③设备上安装的元、器件应完好无损、固定牢靠，二次回路接线正确，连接可靠； ④各种接线端子的排列顺序及绝缘间隔与端子排接线图一致； ⑤安装的断路器、三位置隔离/接地开关、快速接地开关、电压(流)互感器、避雷器、测控柜等设备的型号、规格应符合设计图纸规定	观察检查		□通过　□不通过	
2	机械操作及机械特性测量试验	断路器、三位置隔离/接地开关的辅助开关及闭锁装置在电动及手动情况下动作灵活，准确可靠，触头接触紧密，所有传动部位无卡阻现象，合闸时相间的同期性应符合产品的技术规定。位置指示器与开关的实际位置相符	查阅供货商/现场试验记录或见证试验检查	观察、操作检查	□通过　□不通过	
3	充气隔室的压力检查	查看(表盘读数)是否合格	查看		□通过　□不通过	
4	测控柜功能检查	控制功能，测量功能，当地和远方的通信功能，备用电源自动投入功能，跳闸回路监视功能，当地和远方的通信功能	手动和模拟量操作	观察、操作检查	□通过　□不通过	

表 4-66　110/33 kV 变压器功能验证表

序号	项　目	标　准	检验方法	检验记录	判　定	备　注
1	设计检查和外观检查	①设备的型号、规格应符合设计要求； ②器身漆层完整无锈蚀，配件装置与设计图纸一致； ③铭牌齐全，各部螺栓紧固	观察检查		□通过　□不通过	
2	有载分接开关试验	检查操作控制功能	操作检查		□通过　□不通过	
3	散热风扇控制	检查操作控制功能	操作检查		□通过　□不通过	

表 4-67 中性点接地电阻柜功能验证表

序号	项目	标准	检验方法	检验记录	判定	备注
1	设计检查和外观检查	①设备的型号、规格应符合设计要求； ②器身漆层完整无锈蚀，配件数量齐全与设计相符； ③铭牌齐全，各部螺栓紧固	观察检查		□通过 □不通过	
2	与变压器的接线检查	相关接线准确	观察检查		□通过 □不通过	

表 4-68 主变电站继电保护装置功能验证表

序号	项目	标准	检验方法	检验记录	判定	备注
1	设计检查和外观检查	设备的规格、型号应符合设计图纸规定	观察检查		□通过 □不通过	
		柜内安装的各种器件的型号、规格应符合设计图纸规定	观察检查		□通过 □不通过	
2	各继电保护屏	各项保护功能、保护整定值满足设计要求	使用继保仪等校验仪器对保护装置逐项进行测试。 手动操作保护装置检验功能		□通过 □不通过	
		控制功能			□通过 □不通过	
		测量采集功能			□通过 □不通过	
		备用电源自动投入功能			□通过 □不通过	
		当地和远方的通信功能			□通过 □不通过	
		跳闸回路监视功能			□通过 □不通过	
		事件记录与故障录波功能			□通过 □不通过	
		人机接口功能			□通过 □不通过	

表 4-69 36 kV GIS 功能验证表

序号	项目	标准	检验方法	检验记录	判定	备注
1	设计检查和外观检查	设备的规格、型号应符合设计图纸规定	观察检查		□通过 □不通过	
		柜内安装的 36 kV 断路器、三位置隔离/接地开关、电压(流)互感器、避雷器、微机测控保护装置、差动保护装置、电缆插头等设备的型号、规格应符合设计图纸规定	观察检查		□通过 □不通过	
2	机械操作及机械特性测量试验	断路器、三位置隔离/接地开关的辅助开关及闭锁装置在电动及手动情况下动作灵活，准确可靠，触头接触紧密，所有传动部位无卡阻现象，合闸时相间的同期性应符合产品的技术规定。位置指示器与开关的实际位置相符	观察、操作检查		□通过 □不通过	
3	充气隔室的压力试验和气体状态测量	查看(表盘读数)是否合格	查看		□通过 □不通过	
4	微机综合测控保护装置	各项保护功能、保护整定值满足设计要求	使用继保仪等校验仪器对保护装置逐项进行测试。 手动操作保护装置检验功能		□通过 □不通过	
		控制功能				
		备用电源自动投入功能				
		当地和远方的通信功能				
		跳闸回路监视功能				
		事件记录与故障录波功能				
		人机接口功能				

表 4-70　交直流电源装置功能验证表

序号	项　目	标　准	检验方法	检验记录	判　定	备　注
1	设计检查和产品检查	①交、直流盘中的设备、元器件规格型号、参数、安装尺寸均应符合设计规定； ②直流盘中的充电装置和蓄电池盘柜应符合设计和产品规定	观察检查		□通过　□不通过	
2	充电装置的自动控制功能	①装置能根据产品的技术要求，蓄电池在正常充电情况下，装置应由恒流限压状态自动向恒压充电、浮充电正常运行状态转换，且转换过程和持续时间符合技术规定； ②自动控制功能应自动定期对蓄电池组进行均衡充电，确保电池组随时具备额定容量； ③满足综合自动化系统运行要求，具备由远方对电压、电流进行遥信、遥测的功能； ④在故障状态下，装置应自动或经手动切换到“当地”运行方式	观察、操作检查		□通过　□不通过	
3	蓄电池组	①蓄电池的规格、容量和电池数量应符合设计规定并提供产品合格证及试验报告； ②蓄电池组在屏内台架上安装应稳固、排列整齐，端子连接紧密正确可靠，无锈蚀，每只(组)蓄电池间应保持一定间距	观察、操作检查		□通过　□不通过	
4	交流盘各项报警功能	当装置出现各种故障时，装置的报警应准确、可靠，并能发出相应声光信号	操作检查		□通过　□不通过	
5	交流盘保护功能	可采取模拟方式触发各种保护动作(交流输入过/欠压保护、充电模块输出过/欠压保护)	操作检查		□通过　□不通过	
6	交流盘自投切换功能	两路交流进线电源控制方式一路为主，二路为辅，也可手动选择切换至任一路电源供电	操作检查		□通过　□不通过	

表 4-71　干式变压器功能验证表

序号	项　目	标　准	检验方法	检验记录	判　定	备　注
1	设计检查和外观检查	设备的规格、型号应符合设计规定	观察检查		□通过　□不通过	
2	相序检查	组别接线正确	观察		□通过　□不通过	

表 4-72　SVG 装置功能验证表

序号	项　目	指　南	检验方法	检验记录	判　定	备　注
1	设计检查和外观检查	①设备的型号、规格应符合设计要求； ②器身漆层完整无锈蚀，配件数量齐全与设计相符； ③铭牌齐全，各部螺栓紧固	观察检查		□通过　□不通过	
2	功能试验	测量装置投入前电网的无功功率，测量装置投入后电网的无功功率，将两个数值进行比较	观察、操作检查		□通过　□不通过	
3	补偿容量测量	在装置投入运行状态下，调整装置参数，使其主动输出满负荷容性、感性无功电流，分别测量 SVG 的补偿容量	观察、操作检查		□通过　□不通过	
4	功率因数测量	将功率因数表的电流、电压信号正确接入，当 SVG 设备正常工作时，读功率因数表数值	观察、操作检查		□通过　□不通过	

表 4-73 供电安全管理系统

序号	项目	指南	检验方法	检验记录及判定	备注
1	一般性检验	按产品合同要求及设备的设计图纸执行	观察核对检查	□通过 □不通过	
2	接地桩、验电桩	安装位置、数量与施工蓝图一致	检查核对	□通过 □不通过	
3	防误功能验证	在中央级或站级对间隔层设备操作，验证闭锁逻辑正确	操作、观察	□通过 □不通过	

（2）单系统功能验证（见表 4-74）

表 4-74 主变电站送电验证表

序号	项目	标准	检验方法	检验记录	判定	备注
1	主变电站整组传动	①变电所内所有屏柜辅助电源投入； ②交流 110 kV GIS 设备传动； ③交流 33 kV GIS 设备传动	实际操作 使用万用表、继电保护测试仪进行检查、测试		□通过 □不通过	
2	主变电站站内逻辑关系调试	①110 kV 开关柜逻辑关系调试； ②33 kV 开关柜逻辑关系调试； ③所内操作逻辑关系	实际操作 使用万用表、继电保护测试仪进行检查、测试		□通过 □不通过	

（3）自动化立体仓储设备（见表 4-75）

表 4-75 堆垛机功能验证表

序号	项目	验证标准	检验方法	检验记录	判定	备注
1	管理调度系统的检测	B 类：由管理层下命令到执行层后设备动作连贯，达到使用方的要求	由管理机上下达命令，如堆垛机召回、堆垛机回零点位置等操作		□通过 □不通过	
2	◆堆垛机手动操作	B 类：手动操作能进行单机入库出库，单机控制堆垛机运行及手动输入货格地址后堆垛机能单机运行	在堆垛机主控制柜触摸屏上进行单机操作		□通过 □不通过	
3	◆堆垛机多机联动操作	B 类：各个巷道堆垛机在接到管理机下达的命令后能联动运行，包括各堆垛机执行召回、存取托盘等操作	由上位机直接对多台堆垛机下达命令存取托盘		□通过 □不通过	
4	◆模拟故障，自诊断测试	A 类：人为遮挡光电开关，堆垛机能立即报警，并停止运行，手动解除报警能恢复正常运行	在堆垛机运行过程中，人为遮挡光电开关，测试堆垛机是否报警		□通过 □不通过	
5	◆检查系统是否安全接地	B 类：堆垛机应满足防雷接地要求	使用万用表测量		□通过 □不通过	

注：表格中测试功能标注“◆”为主控项目，其余为一般项目。

15. 厨房设备功能验证（见表 4-76 ~ 表 4-79）

表 4-76 炊事用具功能验证表

序号	项目	验证标准	检验方法	检验记录	判定	备注
1	设计检查和外观检查	C 类：设备安装、摆放位置符合设计图纸； B 类：设备的铭牌清晰，规格、型号应符合设计规定； C 类：设备表层完整，无锈蚀及损伤等缺陷； B 类：设备强度能满足使用功能要求	观察检查		□通过 □不通过	

表 4-77 炊事机械、消毒柜、冰柜功能验证表

序号	项目	验证标准	检验方法	检验记录	判定	备注
1	设计检查和外观检查	C 类:设备安装、摆放位置符合设计图纸; B 类:设备的铭牌清晰,规格、型号应符合设计规定; C 类:设备表层完整,无锈蚀及损伤等缺陷	观察检查		□通过 □不通过	
2	机械操作特性检验	B 类:设备开关动作灵活,准确可靠,指示位置与功能实际位置相符; B 类:设备启停、运转正常,无异常杂响、温升	观察、操作检查		□通过 □不通过	
3	电气连接	C 类:符合低压电器施工及验证规范	观察、试验检查		□通过 □不通过	

表 4-78 售饭系统及 LED 显示屏功能验证表

序号	项目	验证标准	检验方法	检验记录	判定	备注
1	系统组成	B 类:系统硬件、软件应符合设计规定	观察检查		□通过 □不通过	
2	系统功能	B 类:功能参数应符合设计规定	观察检查		□通过 □不通过	

表 4-79 炉具功能验证表

序号	项目	标准	检验方法	检验记录	判定	备注
1	◆炉具通过燃气入网检测	B 类:取得合格的炉具检测结果通知单	送检所在燃气管网认可的燃具检测单位		□通过 □不通过	

注:表格中测试功能标注"◆"为主控项目,其余为一般项目。

16. 安防系统功能验证(见表 4-80 和表 4-81)

表 4-80 单体设备功能验证表

序号	项目	验证标准	检验方法	检验记录	判定	备注
1	UPS	B 类:放电时长大于等于 1 h	查阅试验记录		□通过 □不通过	

表 4-81 系统功能验证表

序号	项目	验证标准	检验方法	检验记录	判定	备注
1	★图像质量	B 类:图像显示清晰、无延迟	观察监视器所显示的图像		□通过 □不通过	
2	★录像保存	B 类:按规定时间内保存每幅枪机、球机图像; B 类:录像保存的质量必须清晰	在监控系统终端调看所保存的录像观看		□通过 □不通过	
3	★视频图像轮巡功能	B 类:指定的监视器能在所设置时间内自动切换单幅或者四分屏图像	在监控系统终端的"场景轮巡"或者"视频轮巡"功能菜单中设置		□通过 □不通过	
4	★视频分析	B 类:图像能自动对于入侵行为进行追踪	实际操作 人为对有视频分析围网进行攀爬		□通过 □不通过	
5	★震动电缆及联动功能的实现	A 类:围网出现较大震动时,监控终端能出现警报; A 类:球机能根据震动电缆的报警自动调节转动指向报警的电缆	实际操作 人为对围网进行晃动或者攀爬,确认是否报警并球机实现自动转向		□通过 □不通过	

续上表

序号	项　　目	验证标准	检验方法	检验记录	判　　定	备　　注
6	◆广播功能	B 类:能对车辆段的各广播区进行话筒或语音广播	实际操作 逐个广播区进行广播播放		□通过　□不通过	

注:表格中测试功能标注"◆"为主控项目,其余为一般项目。

17. 信号专业功能验证

单体设备功能验证如表 4-82 ~ 表 4-84 所示。

表 4-82　电源系统功能验证检查表

序号	项　　目	标　　准	检验方法	检验记录	判　　定	备　　注
1	电源屏、UPS 空载/带载输出电压值、电流值	A 类:各路输出电源满足负载用电要求,波动范围不超过预设范围	仪表实测		□通过　□不通过	
2	市电中断自动切换到电池供电	A 类:能自动切换	模拟市电中断		□通过　□不通过	
3	静态旁路自动切换是否正常	A 类:输出由逆变器转到静态旁路、输出由静态旁路转到逆变器	仪表实测、软件监控		□通过　□不通过	
4	手动旁路	C 类:输出由逆变器转到维修旁路	仪表实测、软件监控		□通过　□不通过	
5	电池充、放电	C 类:充、放电电压、电流在电池设置范围内满足要求	电池充、放电		□通过　□不通过	
6	电源屏、UPS 发生故障时,设备发出告警	C 类:输入/输出电压/电流、过欠压/过流、断相/错相、电源模块故障报警	现场模拟、软件监控		□通过　□不通过	

表 4-83　联锁设备功能验证检查表

序号	项　　目	标　　准	检验方法	检验记录	判　　定	备　　注
1	室内外设备(联锁机、信号机、道岔、计轴)的状态一致性试验	A 类:调试规程	检查调试报告		□通过　□不通过	
2	进路控制功能(联锁表)	A 类:按照联锁表进行进路建立的条件及敌对进路检查,正常解锁和延时解锁功能测试,引导进路的办理,接近区段的触发,和保护区段的建立等功能测试(抽查)	现场操作		□通过　□不通过	
3	自动闭塞控制功能	A 类:所有通过信号机,在条件满足后将自动开放	现场操作		□通过　□不通过	
4	进路的自动功能	B 类:实现自动通过进路、自动折返进路、ATS 自动进路	现场操作		□通过　□不通过	
5	轨道区段检测功能	A 类:占用、出清计轴区段、预复位功能、计轴区段故障解锁功能	现场操作		□通过　□不通过	
6	信号机控制功能	A 类:信号机开放的条件检查、红灯灯丝检查、断丝检查	现场操作		□通过　□不通过	
7	道岔控制功能	A 类:道岔人工单独操纵,进路选动和带动。引导总锁操作	现场操作		□通过　□不通过	
8	本地监控功能	B 类:为车站操作员提供完整的本地联锁监控功能	现场操作		□通过　□不通过	

表 4-84　ATS 设备功能验证检查表

序号	项　目	标　准	检验方法	检验记录	判　定	备　注
1	显示	B 类:监督信号设备当前状态及列车运营。(线路布置;站控/遥控状态;信号机、道岔和轨道区段状态;自动通过进路状态;自动折返状态;临时限速表示;紧急关闭状态;扣车表示;跳停表示;列车位置、列车识别号和列车状态;挤岔表示	现场操作		□通过　□不通过	
2	进路操作	B 类:人工进路、自动进路、自动折返进路办理	现场操作		□通过　□不通过	
3	列车监控	B 类:车组号管理、列车扣车、跳停控制操作、列车识别号跟踪	现场操作		□通过　□不通过	
4	时刻表/运行图编辑和管理功能	离线时刻表编辑器功能正常、时刻表上传和下载功能正常	现场操作		□通过　□不通过	
5	临时限速设置	A 类:中心调度员可以 CBTC 虚拟区段为单位设置、取消 CBTC 区域内的临时限速	现场操作		□通过　□不通过	
6	维护和报警	C 类:系统自动地将有关信息在中心工作站上报警框中给出报警提示、保存可供打印及文本输出	现场操作		□通过　□不通过	
7	运营记录和统计报表	C 类:对系统事件自动记录在数据库服务器中,可以保存 360 天,且所有的事件记录不可修改;事件记录可实时显示打印;对列车、车站、车次号以及各种运行指标生成运行统计报表	现场操作		□通过　□不通过	
8	系统管理	C 类:用户正常管理以及可配置 ATS 系统的各种系统参数	现场操作		□通过　□不通过	
9	回放功能	C 类:采集记录回放数据并能回放	现场操作		□通过　□不通过	

18. 车站装修专业功能验证(见表 4-85)

表 4-85　车站装修专业功能验证

序号	项　目	指　南	检验方法	检验记录	判　定	备　注
1	★广告灯箱	照度足够、显示效果均匀	用照度计检测公共区灯箱平均照度(白底)达到 2 000 lx ~ 3 000 lx,轨行区灯箱平均照度(白底)达到 3 000 lx ~ 4 000 lx,最亮点与最暗点照度差不超过 15%;在灯箱上取 21 点测量照度		□通过　□不通过	
2	★车站导向牌	定位准确,版面信息准确,与屏蔽门面板开启无干涉	现场目视检查		□通过　□不通过	
3	★防火卷帘	按规范要求安装就位,手动开启功能正常,符合规范及合同技术要求	电动、手动开启或关闭		□通过　□不通过	

注:表格中测试功能标注“★”为重要项目,其余为一般项目。

19. 综合监控专业功能验证

(1) ISCS-PSCADA 功能验证(见表 4-86)

表 4-86　ISCS-PSCADA 功能验证

测试时间:			测试地点:		
序号	项　目	标　准	检验方法	判　定	备　注
1	★单控功能	在工作站人机界面进行遥控操作,按约定好的数据格式,成功下发命令至 PSCADA 系统,遥控结果在人机界面上显示	查看调试记录	□通过　□不通过	三权移交前完成
2	★程控	在工作站人机界面进行遥控操作,按约定好的数据格式,成功下发命令至 PSCADA 系统,遥控结果在人机界面上显示	现场操作	□通过　□不通过	三权移交前完成
3	遥测功能	在工作站人机界面正确显示 PSCADA 系统上传的遥测信息	查看调试记录	□通过　□不通过	三权移交前完成
4	遥信功能	在工作站人机界面正确显示 PSCADA 系统上传的遥信信息	查看调试记录	□通过　□不通过	三权移交前完成
5	越限报警	模拟 PSCADA 设备遥测值达到越限报警值,对应开关遥测量显示的颜色与图标库定义颜色一致,并且报警栏产生越限报警	现场操作	□通过　□不通过	三权移交前完成
6	挂牌操作	在工作站人机界面对 PSCADA 设备进行挂牌操作,并且操作成功	现场操作	□通过　□不通过	三权移交前完成
7	★权限移交	在工作站人机界面进行 PSCADA 权限移交和回收操作,并且操作成功	现场操作	□通过　□不通过	三权移交前完成,仅中心具有该功能
8	OPS 界面图显示	在 OPS 上成功显示 PSCADA 大屏幕界面图	现场查看	□通过　□不通过	三权移交前完成,仅中心具有该功能

注:表格中测试功能标注"★"为重要项目,其余为一般项目。

见证各方:

建设单位:　　　　综合监控承包商:

运营单位:　　　　接口专业承包商:

设计单位:　　　　监理单位:

系统集成商:　　　　施工单位:

(2) ISCS-BAS 功能验证(见表 4-87)

表 4-87　ISCS-BAS 功能验证

测试时间:			测试地点:		
序号	项　目	标　准	检验方法	判　定	备　注
1	显示 BAS 设备状态	正确显示 BAS 设备报警、故障、状态信息	现场操作或查看调试记录	□通过　□不通过	三权移交前完成
2	BAS 设备描述	设备名称、位置、编号、说明	查看调试记录	□通过　□不通过	三权移交前完成
3	★单控功能	在工作站人机界面选择 BAS 设备进行单控操作,成功下发命令至 BAS 系统,遥控结果在人机界面上显示	现场操作和查看调试记录	□通过　□不通过	三权移交前完成
4	★火灾模式控制	在工作站人机界面对指定的 BAS 模式进行控制,成功下发命令至 BAS 系统,遥控结果在人机界面上显示	现场操作	□通过　□不通过	三权移交前完成
5	非火灾模式控制	在工作站人机界面对指定的 BAS 模式进行控制,成功下发命令至 BAS 系统,遥控结果在人机界面上显示	现场操作	□通过　□不通过	三权移交前完成
6	BAS 时间表编辑、下载	在工作站人机界面对 BAS 时间表进行编辑、下载操作,对应的时间表信息发送给 BAS	查看调试记录	□通过　□不通过	三权移交前完成,仅中心具有该功能

续上表

测试时间:				测试地点:	
序号	项　目	标　准	检验方法	判　定	备　注
7	★权限移交	在工作站人机界面进行 BAS 权限移交和回收操作,并且操作成功	现场操作	□通过　□不通过	三权移交前完成,仅中心具有该功能
8	OPS 界面图显示	在 OPS 上成功显示 BAS 大屏幕界面图	现场查看	□通过　□不通过	三权移交前完成,仅中心具有该功能
9	★综合后备盘(IBP)	提供 IBP 盘的 BAS 模式、扶梯操作按钮和指示灯	现场操作	□通过　□不通过	三权移交前完成,仅车站具有该功能

注:表格中测试功能标注"★"为重要项目,其余为一般项目。

见证各方:

建设单位:　　　　综合监控承包商:

运营单位:　　　　接口专业承包商:

设计单位:　　　　监理单位:

系统集成商:　　　　施工单位:

(3)ISCS-FAS 功能验证(见表 4-88)

表 4-88　ISCS-FAS 功能验证

测试时间:				测试地点:	
序号	项　目	标　准	检验方法	判　定	备　注
1	★FAS 设备状态显示	正确显示 FAS 设备报警、故障状态	现场操作	□通过　□不通过	三权移交前完成
2	FAS 设备描述	正确显示设备名称、位置、编号、说明等	现场操作	□通过　□不通过	三权移交前完成
3	推图功能	模拟 FAS 设备火灾报警状态,在工作站人机界面上推出对应该设备所属的界面图	现场操作	□通过　□不通过	三权移交前完成
4	★综合后备盘(IBP)	提供 IBP 盘按钮和指示灯	现场操作	□通过　□不通过	三权移交前完成,仅车站具有该功能

注:表格中测试功能标注"★"为重要项目,其余为一般项目。

见证各方:

建设单位:　　　　综合监控承包商:

运营单位:　　　　接口专业承包商:

设计单位:　　　　监理单位:

系统集成商:　　　　施工单位:

(4)ISCS-PSD 功能验证(见表 4-89)

表 4-89　ISCS-PSD 功能验证

测试时间:				测试地点:	
序号	项　目	标　准	检验方法	判　定	备　注
1	显示 PSD 设备状态	正确显示 PSD 设备报警、故障、状态信息	现场操作	□通过　□不通过	三权移交前完成
2	PSD 设备描述	设备名称、位置、编号、说明等	现场操作	□通过　□不通过	三权移交前完成
3	★综合后备盘(IBP)	提供 IBP 盘的 PSD 操作按钮和指示灯	现场操作	□通过　□不通过	三权移交前完成,仅车站具有该功能

注:表格中测试功能标注"★"为重要项目,其余为一般项目。

见证各方:

建设单位:　　　　综合监控承包商:

运营单位:　　　　接口专业承包商:

设计单位:　　　　监理单位:

系统集成商:　　　　施工单位:

(5)ISCS-AF 功能验证(见表 4-90)

表 4-90　ISCS-AF 功能验证

测试时间：			测试地点：		
序号	项　目	标　准	检验方法	判　定	备　注
1	显示视频图像	在工作站人机界面对指定的 AF 视频系统摄像机进行图像调用，对应摄像机图像在监视器中显示	现场查看	□通过　□不通过	试运营前完成
2	编辑/启动视频序列	在工作站人机界面对 AF 视频序列进行编辑，并且编辑成功； 通过工作站人机界面成功发送执行视频序列命令给 AF 系统，在监视器中显示对应的视频序列	现场操作	□通过　□不通过	试运营前完成
3	云台摄像机控制(车辆段)	在工作站人机界面对 AF 球机摄像头进行 PTZ 控制操作，并且操作成功	现场操作	□通过　□不通过	试运营前完成

见证各方：

建设单位：　　　　　综合监控承包商：

运营单位：　　　　　接口专业承包商：

设计单位：　　　　　监理单位：

系统集成商：　　　　施工单位：

(6)ISCS-ACS 功能验证(见表 4-91)

表 4-91　ISCS-ACS 功能验证

测试时间：			测试地点：		
序号	项　目	标　准	检验方法	判　定	备　注
1	显示 ACS 设备状态	正确显示 ACS 设备报警、故障、状态信息	现场操作	□通过　□不通过	三权移交前完成
2	ACS 设备描述	设备名称、位置、编号、说明	现场操作	□通过　□不通过	三权移交前完成
3	控制功能	在工作站人机界面选择 ACS 设备进行控制操作，成功下发命令至 ACS 系统，遥控结果在人机界面上显示	现场操作	□通过　□不通过	三权移交前完成
4	★综合后备盘(IBP)	提供 IBP 盘的紧急释放操作按钮和指示灯	现场操作	□通过　□不通过	三权移交前完成，仅车站具有该功能

注：表格中测试功能标注“★”为重要项目，其余为一般项目。

见证各方：

建设单位：　　　　　综合监控承包商：

运营单位：　　　　　接口专业承包商：

设计单位：　　　　　监理单位：

系统集成商：　　　　施工单位：

(7)ISCS-SIG 功能验证(见表 4-92)

表 4-92　ISCS-SIG 功能验证

测试时间：			测试地点：		
序号	项　目	标　准	检验方法	判　定	备　注
1	显示列车运行状态	工作站人机界面查看列车运行状态与列车实际运行情况相同	查看调试记录	□通过　□不通过	试运营前完成
2	获取并显示列车时间表	成功获取信号专业提供的列车时刻表，在工作站人机界面正确显示列车时刻表	现场查看	□通过　□不通过	试运营前完成

续上表

序号	项　目	标　准	检验方法	判　定	备　注
3	发送牵引电力状态	成功发送牵引电力状态给信号专业	现场查看	□通过　□不通过	试运营前完成
4	获取阻塞状态	获取阻塞状态信息，在工作站人机界面显示对应列车阻塞图符按照图标库的定义进行相应的显示	查看调试记录	□通过　□不通过	试运营前完成
5	获取列车到站信息	成功获取 SIG 提供的列车实时到站信息，并且将实时到站信息正确转发给 PIDS 进行显示	现场查看 PIDS 终端设备	□通过　□不通过	试运营前完成
6	★综合后备盘(IBP)	提供紧急停车按钮、取消紧急停车按钮、扣车按钮、放行按钮、灯光测试按钮和指示灯	现场操作	□通过　□不通过	试运营前完成，仅车站具有该功能
7	大屏幕显示(仅中心具有该功能)	提供大屏幕屏供 ATS 画面显示	现场查看	□通过　□不通过	试运营前完成

注：表格中测试功能标注“★”为重要项目，其余为一般项目。

见证各方：

建设单位：　　　　综合监控承包商：

运营单位：　　　　接口专业承包商：

设计单位：　　　　监理单位：

系统集成商：　　　　施工单位：

(8) ISCS-AFC 功能验证(见表 4-93)

表 4-93　ISCS-AFC 功能验证

测试时间：			测试地点：		
序号	项　目	标　准	检验方法	判　定	备　注
1	显示 AFC 设备状态	正确显示 AFC 设备报警、故障、状态信息	查看调试记录	□通过　□不通过	试运营前完成
2	AFC 设备描述	设备名称、位置、编号、说明	查看调试记录	□通过　□不通过	试运营前完成
3	显示 AFC 客流信息	接收并显示 AFC 客流信息	在工作站人机界面上查看实时客流信息，AFC 发送的数值与 ISCS 界面显示的数值一致	□通过　□不通过	试运营前完成
4	★综合后备盘(IBP)	提供 IBP 盘的 AFC 紧急释放按钮和指示灯	现场操作	□通过　□不通过	试运营前完成，仅车站具有该功能

注：表格中测试功能标注“★”为重要项目，其余为一般项目。

见证各方：

建设单位：　　　　综合监控承包商：

运营单位：　　　　接口专业承包商：

设计单位：　　　　监理单位：

系统集成商：　　　　施工单位：

(9) ISCS-CCTV 功能验证(见表 4-94)

表 4-94　ISCS-CCTV 功能验证

测试时间：			测试地点：		
序号	项　目	标　准	检验方法	判　定	备　注
1	显示视频图像	在工作站人机界面对指定的摄像机进行图像调用，对应摄像机图像在监视器中显示	现场查看	□通过　□不通过	试运营前完成

续上表

序号	项 目	标 准	检验方法	判 定	备 注
2	编辑/启动视频序列	在工作站人机界面对视频序列进行编辑，并且编辑成功； 通过工作站人机界面成功发送执行视频序列命令给 CCTV，在监视器中显示对应的视频序列	现场操作	□通过 □不通过	试运营前完成
3	大屏幕显示（仅中心具有该功能）	提供大屏幕屏供 CCTV 画面显示	现场查看	□通过 □不通过	试运营前完成

见证各方：
建设单位： 综合监控承包商：
运营单位： 接口专业承包商：
设计单位： 监理单位：
系统集成商： 施工单位：

（10）ISCS-PA 功能验证（见表 4-95 和表 4-96）

表 4-95 ISCS-PA 中心功能验证表

测试时间： 测试地点：

序号	项 目	标 准	检验方法	判 定	备 注
1	显示 PA 广播设备状态	中心工作站人机界面中能按照图标库的定义实时显示车站 PA 广播设备状态、广播区状态、后备控制台手动/自动状态	现场操作	□通过 □不通过	试运营前完成
2	音频输出	通过中心工作站的音频输出口将广播内容发给 PA，PA 系统按照控制命令的要求将音频播放到指定的区域	现场操作	□通过 □不通过	试运营前完成
3	播放预录广播	通过中心工作站人机界面，将播放预录广播命令成功发送给 PA，PA 系统按照控制命令的要求，把指定的广播发送到指定的区域	现场操作	□通过 □不通过	试运营前完成
3	广播编组设置	中心工作站人机界面可对任意车站广播区域进行广播编组设置，在编组列表中正确显示设置的广播编组	现场操作	□通过 □不通过	试运营前完成
4	广播监听	可选择任意车站的一个广播区，发送广播监听命令成功发送给 PA，操作员可通过 PA 监听设备对该区域现场播放的广播进行监听	现场操作	□通过 □不通过	试运营前完成

见证各方：
建设单位： 综合监控承包商：
运营单位： 接口专业承包商：
设计单位： 监理单位：
系统集成商： 施工单位：

表 4-96 ISCS-PA 车站功能验证表

测试时间： 测试地点：

序号	项 目	标 准	检验方法	判 定	备 注
1	显示 PA 广播设备状态	车站工作站人机界面中能按照图标库的定义实时显示车站 PA 广播设备状态、广播区状态、后备控制台手动/自动状态	现场操作	□通过 □不通过	试运营前完成
2	音频输出	通过车站工作站的音频输出口将广播内容发给 PA，PA 系统按照控制命令的要求将音频播放到指定的区域	现场操作	□通过 □不通过	试运营前完成

续上表

序号	项　　目	标　　准	检验方法	判　　定	备　　注
3	播放预录广播	通过车站工作站人机界面，将播放预录广播命令成功发送给 PA，PA 系统按照控制命令的要求，把指定的广播发送到指定的区域	现场操作	□通过　□不通过	试运营前完成
4	列车到站自动广播	采用合适的触发源，发送列车到站自动广播命令给 PA，由 PA 进行播放	现场操作	□通过　□不通过	试运营前完成
5	广播监听	可选择车站任意一个广播区域，发送广播监听命令成功发送给 PA，操作员可通过 PA 监听设备对该区域现场播放的广播进行监听	现场操作	□通过　□不通过	试运营前完成
6	广播编组设置	车站工作站人机界面可对本车站广播区域进行广播编组设置，在编组列表中正确显示设置的广播编组	查看调试记录	□通过　□不通过	试运营前完成

见证各方：

建设单位：　　　　综合监控承包商：

运营单位：　　　　接口专业承包商：

设计单位：　　　　监理单位：

系统集成商：　　　　施工单位：

(11) ISCS-PIDS 功能验证（见表 4-97）

表 4-97　ISCS-PIDS 功能验证

测试时间：				测试地点：	
序号	项　　目	标　　准	检验方法	判　　定	备　　注
1	编辑和发送文本信息	在工作站人机界面编辑文本信息，并且编辑成功；将指定的文本信息发送给选定的区域以及全线列车	现场查看	□通过　□不通过	试运营前完成
2	编辑自定义信息	在工作站人机界面进行自定义文本信息编辑操作，并且操作成功	现场查看	□通过　□不通过	试运营前完成
3	车载视频显示	在工作站人机界面对指定车载视频进行调用操作，车载视频调用命令成功发送给 PIDS，对应视频显示在工作站监视器上	现场查看	□通过　□不通过	试运营前完成
4	转发列车到站信息	将列车到站信息转发给 PIDS 进行显示	现场查看 PIDS 终端设备	□通过　□不通过	试运营前完成

见证各方：

建设单位：　　　　综合监控承包商：

运营单位：　　　　接口专业承包商：

设计单位：　　　　监理单位：

系统集成商：　　　　施工单位：

(12) ISCS-RCS 功能验证（见表 4-98）

表 4-98　ISCS-RCS 功能验证

测试时间：				测试地点：	
序号	项　　目	标　　准	检验方法	判　　定	备　　注
1	显示在线车辆故障状态信息(一、二类)	工作站人机界面的报警管理器显示的在线车辆故障状态与列车实际运行情况相同	查看调试记录	□通过　□不通过	试运营前

见证各方：

建设单位：　　　　综合监控承包商：

运营单位：　　　　接口专业承包商：

设计单位：　　　　监理单位：

系统集成商：　　　　施工单位：

(13)ISCS-TEL/ALARM 功能验证(见表 4-99)

表 4-99　ISCS-TEL/ALARM 功能验证

测试时间:				测试地点:	
序号	项　目	标　准	检验方法	判　定	备　注
1	告警监视	正确显示设备报警、故障、状态信息(包括设备名称、位置、编号、说明等)	查看调试记录	□通过　□不通过	试运营前完成

见证各方:

建设单位:　　综合监控承包商:

运营单位:　　接口专业承包商:

设计单位:　　监理单位:

系统集成商:　　施工单位:

(14)ISCS-CLK 功能验证(见表 4-100)

表 4-100　ISCS-CLK 功能验证

测试时间:				测试地点:	
序号	项　目	标　准	检验方法	判　定	备　注
1	同步对时	每隔一定时间接受一次 ms 级的标准时间信息	修改 FEP 时间达到与 CLK 时间不一致,等待下一个校时周期后,FEP 系统时间与 CLK 时间保持一致	□通过　□不通过	试运营前完成

见证各方:

建设单位:　　综合监控承包商:

运营单位:　　接口专业承包商:

设计单位:　　监理单位:

系统集成商:　　施工单位:

(15)ISCS-UPS 功能验证(见表 4-101)

表 4-101　ISCS-UPS 功能验证

测试时间:				测试地点:	
序号	项　目	标　准	检验方法	判　定	备　注
1	显示 UPS 设备状态	正确显示 UPS 设备报警、故障、状态信息	查看调试记录	□通过　□不通过	试运营前完成
2	UPS 设备描述	设备名称、位置、编号、说明	查看调试记录	□通过　□不通过	试运营前完成

见证各方:

建设单位:　　综合监控承包商:

运营单位:　　接口专业承包商:

设计单位:　　监理单位:

系统集成商:　　施工单位:

(16)ISCS-WF 功能验证(见表 4-102)

表 4-102　ISCS-WF 功能验证

测试时间:				测试地点:	
序号	项　目	标　准	检验方法	判　定	备　注
1	★单控-校验功能	在工作站人机界面进行遥控操作,按约定好的数据格式,成功下发设备校验指令至 WF 系统,遥控设备校验结果返回成功并在人机界面上显示,设备完成预定动作	现场操作	□通过　□不通过	三权移交前完成

续上表

序号	项　目	标　准	检验方法	判　定	备　注
2	★程控-校验功能	在工作站人机界面进行遥控操作，按约定好的数据格式，成功下发指令至WF系统，遥控设备校验结果返回成功并在人机界面上显示，设备完成预定动作	现场操作	□通过　□不通过	三权移交前完成
3	五防系统投入/退出功能	当系统处于无五防校验状态时“五防校验功能投/退”按钮红闪。对电力系统设备的控制操作（包括单控和程控）同原来未增加五防校验功能时的操作流程。 通过点击“五防校验功能投入”按钮直接重新投入五防校验功能	现场操作	□通过　□不通过	三权移交前完成

注：表格中测试功能标注“★”为重要项目，其余为一般项目。

见证各方：

建设单位：　　　　综合监控承包商：

运营单位：　　　　接口专业承包商：

设计单位：　　　　监理单位：

系统集成商：　　　　施工单位：

（17）ISCS-400 V（电能）功能验证（见表4-103）

表4-103　ISCS-400 V（电能）功能验证

测试时间：				测试地点：	
序号	项　目	标　准	检验方法	判　定	备　注
1	显示EMS设备状态	正确显示EMS设备报警、故障、状态信息	查看调试记录	□通过　□不通过	
2	★人工置数	在工作站人机界面进行人工置数操作，按约定好的数据格式，成功下发命令至400 V低压系统，人工置数结果在人机界面上显示，并且存储人工置数操作详细记录	现场操作或查看调试记录	□通过　□不通过	
3	实时趋势显示	在工作站人机界面正确显示实时趋势曲线	现场查看	□通过　□不通过	
4	历史趋势显示	在工作站人机界面正确显示历史趋势曲线	现场查看	□通过　□不通过	
5	电能数据查询	在工作站人机界面进行电能质量数据、能耗数据的查询，查询结果正确显示设备历史电能采集数据值	现场查看	□通过　□不通过	
6	★能耗统计显示	在工作站人机界面正确显示以下能耗统计信息图形界面： 全线车站电能统计图； 月分类能耗统计图； 日分类能耗统计图； 设备能耗趋势图	现场查看	□通过　□不通过	全线车站电能统计图只在OCC显示
7	★报表查看、打印和下载	在工作站人机界面报表数据显示正确，且对应的报表可打印、可下载	现场查看	□通过　□不通过	仅OCC具有该功能

见证各方：

建设单位：　　　　综合监控承包商：

运营单位：　　　　接口专业承包商：

设计单位：　　　　监理单位：

系统集成商：　　　　施工单位：

(18)视频分析系统功能验证(见表4-104)

表4-104 视频分析系统功能验证

测试时间:				测试地点:	
序号	项目	标准	检验方法	判定	备注
1	跨线检测	当人员跨越警戒线时,在工作站人机界面的实时报警栏里产生跨线报警信息,并且点击该报警条时显示跨线报警的视频截图	现场操作	□通过 □不通过	
2	进出区域检测	当人员进入或离开检测区域时,在工作站人机界面的实时报警栏里产生进入或离开区域报警信息,并且点击该报警条时显示进入或离开区域报警的视频截图	现场操作	□通过 □不通过	
3	区域内出现消失检测	当人员在检测区域内出现或消失时,在工作站人机界面的实时报警栏里产生区域内出现或消失报警信息,并且点击该报警条时显示区域内出现或消失报警的视频截图	现场操作	□通过 □不通过	
4	区域内徘徊滞留检测	当人员在检测区域内徘徊滞留时,在工作站人机界面的实时报警栏里产生区域内徘徊滞留报警信息,并且点击该报警条时显示区域内徘徊滞留报警的视频截图	现场操作	□通过 □不通过	
5	区域内异常奔跑检测	当人员在检测区域内异常奔跑时,在工作站人机界面的实时报警栏里产生区域内异常奔跑报警信息,并且点击该报警条时显示区域内异常奔跑报警的视频截图	现场操作	□通过 □不通过	
6	区域内遗留物检测	当人员遗留物品在检测区域内时,在工作站人机界面的实时报警栏里产生区域内遗留物报警信息,并且点击该报警条时显示区域内遗留物报警的视频截图	现场操作	□通过 □不通过	
7	物体丢失检测	当人员拿走警戒框内的物体时,在工作站人机界面的实时报警栏里产生物体丢失报警信息,并且点击该报警条时显示物体丢失报警的视频截图	现场操作	□通过 □不通过	
8	剧烈运动检测	当人员在检测区域内发生剧烈运动时,在工作站人机界面的实时报警栏里产生剧烈运动报警信息,并且点击该报警条时显示剧烈运动报警的视频截图	现场操作	□通过 □不通过	
9	人群密度检测	工作站人机界面的客流密度统计中显示的检测区域内实时人员密度与车站实际人员密度情况相同	现场查看	□通过 □不通过	
10	人数统计	工作站人机界面的客流人数统计中显示的检测区域内进入、离开的人数与车站实际进入、离开的人数相同	现场查看	□通过 □不通过	
11	任务的启动、停止	在工作站人机界面对视频分析任务进行启动或停止操作,视频分析任务启动或停止成功,并且结果在人机界面上显示	现场操作	□通过 □不通过	
12	图像质量诊断	工作站人机界面显示的实时视频质量状态与车站实际视频设备状态的情况相同	现场查看	□通过 □不通过	
13	显示视频图像	在工作站人机界面的CCTV视频管理中对指定的摄像机进行图像调用,对应摄像机图像在监视器中显示	现场操作	□通过 □不通过	

续上表

序号	项　　目	标　　准	检验方法	判　　定	备　　注
14	编辑/启动视频序列	在工作站人机界面的 CCTV 视频管理中对视频序列进行编辑,并且编辑成功; 通过工作站人机界面成功发送执行视频序列命令给 CCTV,在监视器中显示对应的视频序列	现场操作	□通过　□不通过	
15	大屏幕显示(仅中心具有该功能)	在工作站人机界面的 CCTV 视频管理中进行大屏幕 CCTV 画面显示操作,并且操作成功	现场操作	□通过　□不通过	

见证各方:

建设单位:　　　　运营单位:

设计单位:　　　　系统集成商:

(19)ISCS-FG 功能验证(见表 4-105)

表 4-105　ISCS-FG 功能验证

测试时间:				测试地点:	
序号	项　　目	标　　准	检验方法	判　　定	备　　注
1	显示 FG 设备状态	正确显示 FG 设备报警、故障、状态信息(包括设备名称、位置、编号、说明等)	现场操作	□通过　□不通过	三权移交前完成
2	★综合后备盘(IBP)	提供 IBP 盘的 FG 操作按钮和指示灯	现场操作	□通过　□不通过	三权移交前完成,仅车站具有该功能

见证各方:

建设单位:　　　　运营单位:　　　　系统集成商:

接口双方设计单位:　　　　接口双方施工单位:

接口双方监理单位:　　　　接口双方供货商:

(20)ISCS 辅助功能验证(见表 4-106 ~ 表 4-111)

表 4-106　NMS 功能验证表

测试时间:				测试地点:	
序号	项　　目	标　　准	检验方法	判　　定	备　　注
1	显示 ISCS 网络设备状态	正确显示 ISCS 网络设备的报警、故障、状态信息	现场查看	□通过　□不通过	

见证各方:

建设单位:　　　　运营单位:

设计单位:　　　　系统集成商:

表 4-107　IAS 功能验证表

测试时间:				测试地点:	
序号	项　　目	标　　准	检验方法	判　　定	备　　注
1	显示设备状态	正确显示设备报警、故障、状态信息(包括设备名称、位置、编号、说明等)	查看调试记录	□通过　□不通过	

见证各方:

建设单位:　　　　运营单位:

设计单位:　　　　系统集成商:

表 4-108　WEB 功能验证表

测试时间：			测试地点：		
序号	项　目	标　准	检验方法	判　定	备　注
1	显示人机界面图	通过 WEB 方式查看人机备图，界面显示图符状态颜色与 ISCS MFT 上显示的一直	现场查看	□通过　□不通过	
2	显示统计报表	通过 WEB 方式查看统计报表，显示的报表数据值与工作站上报表显示一致	现场查看	□通过　□不通过	

见证各方：
建设单位：　　　　运营单位：
设计单位：　　　　系统集成商：

表 4-109　TMS 功能验证表

测试时间：			测试地点：		
序号	项　目	标　准	检验方法	判　定	备　注
1	数据点位监视	使用模拟器模拟某个子系统，在工作站人机界面的对应设备图符按照图标库的定义进行相应的颜色显示	现场模拟	□通过　□不通过	
2	数据点位控制	使用模拟器模拟某个子系统，在工作站人机界面的选择该系统设备进行控制，控制命令成功发送给该子系统	现场模拟	□通过　□不通过	
3	培训功能	设置一台工作站为教师机，其他工作站作为学员机，学员机可以查看教师机的操作界面	现场模拟	□通过　□不通过	

见证各方：
建设单位：　　　　运营单位：
设计单位：　　　　系统集成商：

表 4-110　趋势功能验证表

测试时间：			测试地点：		
序号	项　目	标　准	检验方法	判　定	备　注
1	实时趋势显示	在工作站人机界面正确显示实时趋势曲线	现场查看	□通过　□不通过	
2	历史趋势显示	在工作站人机界面正确显示历史趋势曲线	现场查看	□通过　□不通过	

见证各方：
建设单位：　　　　运营单位：
设计单位：　　　　系统集成商：

表 4-111　报表功能验证表

测试时间：			测试地点：		
序号	项　目	标　准	检验方法	判　定	备　注
1	报表查看和打印	在工作站人机界面报表数据显示正确，并且对应的报表打印成功	现场查看	□通过　□不通过	系统进入 PAC 前完成

见证各方：
建设单位：　　　　运营单位：
设计单位：　　　　系统集成商：

第六节　验证测试结论

验证测试结论如表 4-112 和表 4-113 所示。

表 4-112　轨道交通 ×× 号线 ×× 专业功能验证结论

□通过　□不通过			
参加验证单位			
序号	参加单位名称	签字	日期
1	验交办公室		
2	建设单位		
3	运营单位		
4	设计单位		
5	监理单位		
6	施工单位		
7	设备监造商		

表 4-113　功能验证问题记录表

记录站点：　　　　　　　　　　　　　　　　　　表号：

序号	验证项目	问题描述	记录人	记录时间	备　注
1					
2					
3					

系统：综合监控、车站；
优先等级：紧急、重要、一般；
事件类型：软件、硬件、文档；
故障类型：控制失败、画面错误、系统死机、显示错误、数据丢失、响应时间、通信故障；
发生频率：可以重演、随机发生（经常）、随机发生（偶尔）、很少发生。

验证项目问题重要性分级规定如下：

（1）问题等级说明

①A 类问题定义：系统自身导致中心对车站失去监控权、控制失败、状态显示错误、数据丢失和功能未实现将无法使用的问题。

②B 级问题定义：接口专业导致中心对车站失去监控权、控制失败、状态显示错误、数据丢失的问题。

③C 级问题定义：系统监控界面设备名称、位置、编号描述与接口系统监控界面设备名称、位置、编号描述不一致及接口其他问题。

（2）验证设备及功能重要性分类（见表 4-114）

表 4-114　验证项目问题重要性分级规定

序号	验证项目	等　级	备　注
1			
2			
3			

第五章

调试及功能验证典型问题分析及处理

一、BAS 联调典型问题分析及处理

BAS 系统与隧道通风系统设备、车站通风空调大系统、通风空调小系统、空调水系统、给排水、消防电源、综合监控等机电系统有接口关系。FAS 系统与 AFC、消防水泵、气体灭火、防火卷帘门、400 V 动力照明(切非)、ACS、综合监控等均有接口关系。接口数量多,现场情况复杂,调不通的情况时有发生,主要的问题及原因分析如下:

①BAS、FAS 与相关专业设备之间的接线错误,原因是部分设备厂家未按相关文件实施,导致设备内部接线错误。

②FAS 切非回路易发生错误,原因是施工单位未按施工图纸接线;或低压专业和监控专业图纸版本不对应。

③风机和风阀的连锁错误,或与监控专业的环控工艺图不对应。

④系统调试用临电接线错误,接入 FAS 模块电源回路,导致模块损毁较多。

⑤设计图纸存在缺陷。

⑥土建环境差,导致一些线缆长期在水中浸泡。

⑦BAS 系统对空调水系统的精细化调试;温湿度传感器、二氧化碳传感器、流量传感器、二通阀、压差传感器的校正,以及对空调末端系统的诊断分析,需要花费大量的时间打磨。

综上所述,机电系统联调中可能出现的问题主要来自三方面:一是设计接口或缺陷问题;二是施工质量问题;三是设备质量问题。由于联调后很快就会试运行,因此,解决联调中出现问题的指导思想是:千方百计保工期、保开通。对联调中出现问题的处理原则是:不要把时间放在追究问题的责任者上,而是要集中精力研究问题的解决方案。特别是对可能影响开通的问题,要配合建设方,协调设计、施工、设备各方,讨论并提出正确、完善的解决方案和方法,以最短的时间解决联调中出现的问题。

另外,须提前对联调中可能出现的问题进行预想预案,在设计、生产制造、试验、安装调试的过程中加以重视,在问题的源头上就把好关。解决问题的具体建议如下:

①应尽量减少联调甩项,某线路 400 V“切非”回路遗留问题较多,只能在开通后修改,而每天请点时间最多 1 ~2 h,导致修改时间过长。因此,必须在全线 1 ~3 月的系统联调时间内完成所有的系统联调任务,需要精心策划、精心组织,保质保量完成全部联调任务。

②准备工作很重要,在系统联调前,设备内和设备间配线的梳理校对非常重要,做好梳理校对工

作,会节省系统联调的大部分时间。

③应首先重点检查电源回路的安全,注意对电源线的校线管理。

④把握重点难点环节,加强协调,对既有线换乘站的联调是一个重要环节,线路拆解对联调的影响,应专门研讨其联调方案。

二、与已开通运营线路换乘站既有机电、监控类系统间的联调措施

根据广州某些线路的系统联调经验,与已开通的运营线路的系统联调工作的重点是与换乘站的既有机电、监控类系统间的系统联调工作,其次是既有运营线路综合监控系统控制中心级软件修改以及与换乘站间的调试工作,前者是重点。

相比新建线路的系统联调工作,与已开通的运营线路换乘站的系统联调工作的工作量不大,但既不能影响既有线路的运营,也不能给既有线路的运营带来安全问题或安全隐患。为了做到这一点,需要做好如下安排。

第一,在建设单位的支持、领导下,组织已开通线路的运营方、设计方、供货商,和本线路的调试团队对接。向既有运营方和设计了解下列信息:

①换乘站形式和既有 FAS、BAS、综合监控、门禁、SCADA 等系统设备型号、配置、接口形式和接口预留等信息。

②设备用房和管理用房共用形式,是全部共用、部分共用还是全部分设。

③熟悉新建设备与既有设备之间的接口界面和管理界面。

④确认设计提交的接口方案,确认信息接口表和联动模式表,确认系统联调的前提条件、初期准备程序和联调方法、工作内容、注意事项和应急预案等。

因此,应充分发挥运营和设计在设备运行和接口方面掌握信息的全面性,使得有关各方详细了解情况,熟练掌握。

第二,经建设单位、设计、供货商、监造商、施工方、运营共同充分论证,详细讨论,制定切实可行的《运营组织管理办法》。规定相关方之间的管理界限、联动方式、测试流程等内容。运营、设计和双方设备供货商的参与非常重要,这会减少系统联调的风险。

第三,换乘站联调一般在夜间实施。换乘站调试的工作量不大,如果准备充分,一般一夜就能调通换乘站。夜间停运后开始调试前,先进行请点工作,允许调试后,先将既有运营设备进行数据备份,完成联调后,要进行既有设备的数据验证,准确无误后恢复系统,达到运行状态。如果当晚未调通,则需在第二天开始运营前,将备份数据复原至既有运营设备。白天分析原因,找出解决办法,第二天晚上在线路停运后重复前一天的换乘站系统联调工作。

第四,既有运营线路的综合监控中心级的数据库和软件是否需要调试,应根据设计方案进行,如果需要,可以安排控制中心调试员同时在已运营线路的控制中心进行调试配合。

三、低压动照专业和监控专业联调问题及原因分析

在广州某些线路机电系统联调阶段,普遍容易出现照明模式表、切非模式表和现场设备不对应的情况,个别出现环控模式表和现场设备不对应,无法执行模式的情况,经每周例会和建设方专门组织的接口协调会反复校核,各站点表和模式表才逐步稳定,但严重影响了系统联调进度。究其原因如下:

①设计院给到 BAS 和 FAS 厂家的图纸和给到施工方的施工图,可能为不同版本。

②受土建影响和运营需求，现场设备型号和数量有改动，但联调前未发给厂家最新版图纸，导致厂家一直沿用旧的图纸和点表。

③各专业提资一致性问题：图纸变更后，设计院低压、BAS、通风专业未同步告知所有厂家，导致低压厂家的设备编号、柜内连锁线、柜内端子等和 BAS 厂家的点表不匹配。通风厂家的设备编号、风机风阀连锁和低压厂家的点表和柜内连锁线不匹配。

④BAS 和 FAS 设备供货商在设计联络会后，未对设计提供的图纸、类表、模式表进行校核，结果是将所有问题带到调试现场。

⑤因现场设备数量变更频繁，图纸版本多，BAS 和 FAS 设备供货商均对自己的点表持观望态度，未及时更新，均坐等现场设备稳定后才更新点表，而综合监控设备供货商作为最后一环，同样不更新自己的点表，坐等下游供货商向其提供稳定版点表再更新。环环相扣，从而导致联调进度缓慢，问题丛生。

建议：

➢ 应加强对设计单位的管控，新版本图纸必须同时提供给相关联专业、施工单位和设备供货商。可由设计单位将最新版图纸发给设备监造商，再由其转发后请各方签收确认。

➢ 设计联络会后设备监造商应组织专门的点表校核会，对各专业点表进行核对，设计、厂家签字确认。

➢ 在厂家对最新版图纸签收确认后，持续跟进厂家依据新图纸对点表的更新。

四、BAS 专业和变流量制冷剂空调机组联调问题及原因分析

在某些线路机电系统调试过程中，BAS 和 VRV 设备的调试出现很大问题。究其原因如下：

①全线多家 VRV 设备供货商，设备规格不统一，网关寄存器设置不一致，导致对应 BAS 设备时，效果不同。

②VRV 设备为乙供设备，各供货商的配合水平不一，调试服务和整改态度也大相径庭。

③新建线路 VRV 设备纳入模式的线路，通风空调专业对每台室内机进行监控、监控哪些点位、通过哪些条件触发模式存在摇摆；BAS 和 VRV 接口协议虽然早就签署了，但是因为上述摇摆，接口协议中避重就轻，未对存在争议的地方进行明确。

建议：

➢ 监理单位应建议机电安装单位对全线 VRV 设备进行统一招标采购，招标一家 VRV 设备供货商，设备单大，供货商将更加重视，服务将得到保证。

➢ 设备监造商应在接口协议签订后，组织 BAS 和 VRV 厂家进行接口模拟测试。

图书在版编目（CIP）数据

轨道交通机电系统调试及功能验证指南/刘靖主编．—北京：中国铁道出版社有限公司，2021.9

ISBN 978-7-113-28047-5

Ⅰ.①轨…　Ⅱ.①刘…　Ⅲ.①城市铁路-轨道交通-机电系统-调试方法-指南　Ⅳ.①U239.5-62

中国版本图书馆 CIP 数据核字（2021）第 110892 号

书　　名：轨道交通机电系统调试及功能验证指南
作　　者：刘　靖　赵　驰　杨建兴　黄伟雄　王术合

策划编辑：律清涛
责任编辑：卢　笛　毛春玲　　　　**编辑部电话：**（010）63583193
封面设计：尚明龙
责任校对：孙　玫
责任印制：赵星辰

出版发行：中国铁道出版社有限公司（100054，北京市西城区右安门西街 8 号）
网　　址：http://www.tdpress.com
印　　刷：中煤（北京）印务有限公司
版　　次：2021 年 9 月第 1 版　2021 年 9 月第 1 次印刷
开　　本：880 mm×1 230 mm　1/16　印张：16.5　字数：430 千
书　　号：ISBN 978-7-113-28047-5
定　　价：260.00 元